STUDIENKURS SOZIOLOGIE

Lehrbuchreihe für Studierende der Soziologie
an Universitäten und Hochschulen

Wissenschaftlich fundiert und in verständlicher Sprache führen die Bände der Reihe in die zentralen Forschungsgebiete, Theorien und Methoden der Soziologie ein und vermitteln die für angehende Soziolog:innen grundlegenden Studieninhalte. Die konsequente Problemorientierung und die didaktische Aufbereitung der einzelnen Kapitel erleichtern den Zugriff auf die fachlichen Inhalte. Bestens geeignet zur Prüfungsvorbereitung u.a. durch Zusammenfassungen, Wissens- und Verständnisfragen sowie Schaubilder und thematische Querweise.

Boris Holzer

Politische Soziologie

3., vollständig aktualisierte Auflage

Onlineversion
Nomos eLibrary

Die Deutsche Nationalbibliothek verzeichnet diese Publikation in der Deutschen Nationalbibliografie; detaillierte bibliografische Daten sind im Internet über http://dnb.d-nb.de abrufbar.

ISBN 978-3-7560-1086-8 (Print)
ISBN 978-3-7489-4111-8 (ePDF)

3., vollständig aktualisierte Auflage 2025
© Nomos Verlagsgesellschaft, Baden-Baden 2025. Gesamtverantwortung für Druck und Herstellung bei der Nomos Verlagsgesellschaft mbH & Co. KG. Alle Rechte, auch die des Nachdrucks von Auszügen, der fotomechanischen Wiedergabe und der Übersetzung, vorbehalten. Gedruckt auf alterungsbeständigem Papier.

Vorwort

Diese Einführung soll einen systematischen Überblick über die Soziologie der Politik vermitteln. Diesem Anspruch könnte sie nicht gerecht werden, wenn sie einen detaillierten Vergleich unterschiedlicher Theorien versuchen würde. Natürlich kommen in diesem Buch verschiedene Ansätze zur Sprache, doch ein Vergleich oder gar ein Schönheitswettbewerb zwischen bestimmten Sozial- und Gesellschaftstheorien ist nicht das Ziel dieses Buches. Ein Fokus auf den Theorievergleich oder der Anspruch, allen Ansätzen der Politischen Soziologie gerecht zu werden, müsste sich auf wenige einschlägige Gegenstände beschränken und würde deshalb bedeuten, die Politik nicht in ihrer historischen und sachlichen Vielfältigkeit behandeln zu können (sofern dies im Rahmen einer beschränkten Zahl von Seiten überhaupt möglich ist). Aus diesem Grund werden in diesem Buch unterschiedliche theoretische Perspektiven vor allem dann herangezogen, wenn dies hilfreich ist, um unterschiedliche Facetten des Themas zu beleuchten – und nicht, um Punkte und Fleißbildchen im Wettstreit der Theorien zu verteilen. Politische Soziologie lässt sich nicht sinnvoll darstellen und anwenden, ohne – um nur einige Beispiele zu nennen – die Ergebnisse ethnologischer Forschung, das Modell rationaler politischer Wahl oder die unterschiedlichen Ansätze einer Soziologie sozialer Bewegungen zur Kenntnis zu nehmen. Für die Darstellung und Vermittlung dieser und weiterer Perspektiven hat es sich jedoch bewährt, einem roten Faden zu folgen. Eine grundsätzliche Orientierung an der System- und Differenzierungstheorie, wie sie dieser Einführung zugrunde liegt, schließt keineswegs aus, auch die Alternativen in den Blick zu nehmen und die Fruchtbarkeit unterschiedlicher Theorieansätze zu würdigen.

Diese Neuauflage gab Gelegenheit, gegenüber vorherigen Ausgaben einige Argumente zu präzisieren und weitere Themen und Beispiele hinzuzufügen. Zahlreiche Anregungen für Verbesserungen gaben die Teilnehmerinnen und Teilnehmern mehrerer Seminare und Vorlesungen zur Politischen Soziologie. Wertvolle Hinweise und Präzisierungen verdanke ich außerdem André Kieserling, Stefan Kühl und Philipp Neeb, die eine frühere Version des Buches gelesen und kommentiert haben. Anlässlich dieser Neuauflage gilt mein besonderer Dank Diana Burchardt für ihr sorgfältiges Lektorat. Für Geduld und Unterstützung bei der Anfertigung des Manuskripts danke ich den Mitarbeiterinnen und Mitarbeitern des Nomos Verlags, insbesondere Eva Lang und Fabiola Valeri.

Konstanz, Juli 2025
Boris Holzer

Inhalt

Vorwort	5
Abbildungsverzeichnis	11
Tabellenverzeichnis	12

1. Was ist Politische Soziologie?   13
- 1.1 Soziologische Ausgangspunkte   14
- 1.2 Politik und Soziologie   16
- 1.3 Zum Inhalt des Bandes   18

2. Macht   21
- 2.1 Macht als soziale Beziehung   21
- 2.2 Quellen der Macht   23
  - Positive und negative Sanktionen   23
  - Drohmacht   24
  - Gewalt und Zwang   26
  - Freiheit und Kontrolle   28
- 2.3 Macht in der Gesellschaft   29
- 2.4 Macht und Herrschaft   30
  - Befehl und Gehorsam   30
  - Legitimität   31
- 2.5 Zusammenfassung   33

3. Evolution der Politik   35
- 3.1 Staatenlose und staatlich organisierte Politik   36
  - Gesellschaftsstruktur und politische Ordnung   37
  - Zentralisierung   39
  - Moderne Staatlichkeit   40
- 3.2 Ausdifferenzierung von Politik   41
  - Differenzierungsformen   41
  - Vertikale und horizontale Ausdifferenzierung   42
  - Autonomie der Politik   45
- 3.3 Zusammenfassung   45

4. Grundzüge des politischen Systems   47
- 4.1 Die Funktion der Politik   47
  - Kollektiv bindende Entscheidungen   48
  - Konsens und Konflikt   48
- 4.2 Politik als gesellschaftlicher Teilbereich   50
  - Politik als Beruf   50
  - Politik als Feld   51
  - Politik als System   51
- 4.3 Interne Differenzierung   52
  - Verwaltung   52
  - Parteipolitik   53

		Publikum	54
	4.4	**Dynamik des politischen Systems**	55
		Machtkreislauf	55
	4.5	**Verwaltung und Politik**	56
		Verwaltungsrationalität	57
		Autonomie der Verwaltung	59
		Legitimität als Leistung der Politik	60
	4.6	**Zusammenfassung**	61
5.	**Staatsbürgerschaft**		63
	5.1	**Bürgerrechte und politische Inklusion**	63
		Die historische Entwicklung der Staatsbürgerschaft: Thomas Marshall	63
		Inklusion und der Wohlfahrtsstaat: Talcott Parsons	66
		Politische Inklusion: Niklas Luhmann	67
	5.2	**Inklusion und Migration**	69
	5.3	**Zusammenfassung**	71
6.	**Politische Wahlen**		73
	6.1	**Partizipation und Unterstützung**	73
	6.2	**Wahlforschung**	74
		Sozialstruktur und Wahlverhalten	74
		Wahlentscheidung als Prozess	75
	6.3	**Rationalität und Wahlentscheidung**	77
		Nutzenerwartung und Parteidifferentiale	78
		Grenzen der Rationalität	79
		Wahlparadoxon	80
	6.4	**Die Wählerrolle im politischen System**	80
		Ausdifferenzierung	81
		Generalisierung von Interessen	82
		Fordern und Unterstützen	83
	6.5	**Zusammenfassung**	83
7.	**Parteien**		87
	7.1	**Parteien im politischen System**	87
		Wettbewerb der Werte	87
		Cleavage structures: Alte und neue Konfliktlinien	88
		Ein- und Mehrparteiensysteme	90
	7.2	**Politische Organisationen**	91
		Parteiorganisationen	92
		Interessenvertretung vs. -pluralismus	93
	7.3	**Parteien als formale Organisationen**	94
		Gesetz der Oligarchie	94
		Zwecke und Motive	96
		Formale und informale Strukturen	97
		Innerparteiliche Demokratie	98
		Zweck-Mittel-Verschiebung	99
		Entwicklungstrends	100
	7.4	**Zusammenfassung**	100

8. Soziale Bewegungen   103

8.1 Formen sozialer Bewegungen   103
Was sind soziale Bewegungen?   103
Radikalität   104
Bewegung und Organisation   105
Nichtinstitutionalisierter Protest   105
Bewegung und Protest   105
Alte und neue soziale Bewegungen   106

8.2 Theorien sozialer Bewegungen   109
Kollektives Verhalten   109
Opportunitätsstrukturen   110
Ressourcenmobilisierung   111
Framing   111
Zustimmung und Unterstützung   112

8.3 Soziale Bewegungen und Massenmedien   115
Strukturelle Kopplung   115
Digitalisierung   116

8.4 Soziale Bewegungen und politische Entscheidungen   116
Zentrum und Peripherie   117
Institutionalisierung   117
Inkorporation   117

8.5 Zusammenfassung   119

9. Öffentlichkeit   121

9.1 Die bürgerliche Öffentlichkeit   121
Öffentliches Räsonieren   122
Neutralisierung von Rollen   123
Meinungs- und Pressefreiheit   123

9.2 Öffentlichkeit und Massenmedien   124
Professionalisierung   124
Selektivität der Massenmedien   125

9.3 Digitale Partizipation und algorithmische Kontrolle   126
Echokammern und Filterblasen   127
Polarisierung   128
Fake News   129

9.4 Öffentliche Meinung   130
Institutionalisierung von Themen   131
Agenda-Setting   132
Zuschauen statt diskutieren   132
Generalisierung   134

9.5 Zusammenfassung   134

10. Variationen und Komplikationen moderner Politik   137

10.1 Politische Modernisierung   138
Mobilität und Leistungsorientierung   138
Demokratie und Modernisierung   139
Konvergenz und Divergenz   140

10.2	**Anpassung und Abweichung**	142
	Bürokratischer Formalismus und Patronage	142
	Inklusion und Klientelismus	146
	„Versäulung" und Polarisierung	149
10.3	**Populistische Bewegungen und Parteien**	152
10.4	**Zusammenfassung**	153

11. Politik in der Weltgesellschaft 155

11.1	**Globalisierung**	155
	Periodisierung	156
	Denationalisierung und Transnationalisierung	157
	Globale Interdependenz	158
11.2	**Politische Globalisierung**	159
	Universalisierung des Nationalstaats	160
	Internationalisierung und Transnationalisierung	161
11.3	**Das politische System der Weltgesellschaft**	163
	Vom Kolonialismus zur formalen Gleichheit	164
	Weltstaat	166
11.4	**Zusammenfassung**	168

12. Herausforderungen und Perspektiven 169

12.1	**Die gesellschaftliche Stellung der Politik**	169
12.2	**Zukunftsperspektiven einer Soziologie der Politik**	171

Literaturverzeichnis 173

Sachregister 189

Bereits erschienen in der Reihe STUDIENKURS SOZIOLOGIE 193

Abbildungsverzeichnis

Abbildung 2.1:	Macht als soziale Konstellation	25
Abbildung 3.1:	Politik in einer segmentär differenzierten Gesellschaft	39
Abbildung 4.1:	Modell des politischen Systems	54
Abbildung 6.1:	„Kausalitätstrichter"	76
Abbildung 11.1:	Die Universalisierung des Nationalstaats	161
Abbildung 11.2:	Bumerang-Modell	163

Tabellenverzeichnis

Tabelle 2.1:	Webers Typologie der Herrschaftsformen	32
Tabelle 3.1:	Typologie politischer Organisation	37
Tabelle 5.1:	Historische Entwicklung von Staatsbürgerschaft	64
Tabelle 7.1:	Vergleich von Organisationsformen	91
Tabelle 8.1:	„Alte" und „neue" soziale Bewegungen	108
Tabelle 8.2:	Staatsformen und soziale Bewegungen	118

1. Was ist Politische Soziologie?

Der Name der wissenschaftlichen Disziplin, mit der sich dieses Buch beschäftigt, könnte Anlass zu einem Missverständnis geben: Die „Politische Soziologie" heißt nicht so, weil sie politisch ist, sondern weil sie sich mit politischen Phänomenen beschäftigt. Die Benennung ist ungewöhnlich im Vergleich zu anderen speziellen Soziologien, die sich in analoger Weise mit einem bestimmten Ausschnitt der gesellschaftlichen Wirklichkeit beschäftigen: Nach dem Muster anderer sogenannter „Bindestrich-Soziologien", wie zum Beispiel der Wirtschafts-, Religions-, Wissenschafts-, Familien- oder Bildungssoziologie, läge es eigentlich näher, von der „Politiksoziologie" zu sprechen oder, etwas umständlicher, von der „Soziologie der Politik". Diese Alternativen konnten sich jedoch nicht etablieren, und das Fach hat sich damit mehr oder weniger arrangiert. Zumindest im deutschen Sprachraum gab und gibt es jedoch durchaus unterschiedliche Meinungen zu der Frage, ob die Bezeichnung „Politische Soziologie" nicht nur als Außendarstellung irreführend sein könnte, sondern die soziologische Forschung auf eine politische Haltung zu sozialen Sachverhalten festlegen könnte (Nedelmann 1994).[1] Dies wäre in der Tat merkwürdig, denn die Religionssoziologie vertritt natürlich keine religiöse Glaubenseinstellung, und die Wirtschaftssoziologie rät nicht zu einer bestimmten ökonomischen Theorie. Die „politische" Soziologie, so dürfen wir annehmen, kann und sollte es genauso halten.

Eingebürgert hat sich trotz dieser Bedenken die Bezeichnung „Politische Soziologie", die auch international am geläufigsten ist (engl. *political sociology*). Die Abweichung von anderen Spezialsoziologien könnte mit der Besonderheit zu tun haben, dass die Politische Soziologie nicht nur in der Soziologie, sondern auch in der Politikwissenschaft eine Heimat hat – inhaltlich wie institutionell. Sektionen für Politische Soziologie findet man in soziologischen ebenso wie in politikwissenschaftlichen Fachverbänden, und entsprechende Professuren gibt es an soziologischen und politikwissenschaftlichen Instituten. Von einer Politischen Soziologie zu sprechen, könnte deshalb geeignet sein, ihren disziplinübergreifenden Charakter zu betonen (Sartori 1969). Auch wenn die Politische Soziologie also faktisch eine doppelte Identität hat, sprechen systematische Gründe dafür, sie als Teil der Soziologie zu begreifen. Die Politik ist Teil der Gesellschaft, und Soziologie ist die Lehre von der Gesellschaft. Deshalb lässt sich diese Einführung leiten von der disziplinären Perspektive der Soziologie. Sie nimmt die Einsicht ernst, dass das herausragende Merkmal der modernen *Politischen Soziologie* darin besteht, sich als Teil der *allgemeinen* Soziologie zu verstehen und zu entwickeln (Eisenstadt 1971a, S. 4). Die Politische Soziologie war und ist dann besonders informativ, wenn sie Begriffe und Erkenntnisse der allgemeinen Soziologie auf politische Phänomene anwenden und dadurch einen Beitrag zur Weiterentwicklung soziologischer Theorie leisten kann. Dafür gibt es ausreichend Vorlagen, denn alle anspruchsvolleren soziologischen Theorien wurden und werden auch zur Analyse

---

[1] Debattiert wurde diese Frage beispielsweise anlässlich der Einrichtung einer Sektion für „Politische Soziologie" innerhalb der Deutschen Gesellschaft für Soziologie (DGS). Einige Stimmen wandten sich vehement gegen diese Benennung, konnten sich aber am Ende nicht durchsetzen (Meuser 2003).

politischer Phänomene genutzt – von den „Klassikern" (Max Weber, Emile Durkheim, Karl Marx) über den Strukturfunktionalismus (Robert K. Merton, Talcott Parsons) bis zu Niklas Luhmanns Systemtheorie und Pierre Bourdieus Theorie der Praxis.

Der Vergleich dieser unterschiedlichen Theorien ist allerdings nicht Gegenstand des vorliegenden Buchs. Es liefe ansonsten Gefahr, den Gegenstand aus den Augen zu verlieren. Es soll vielmehr darum gehen, die grundsätzliche Fruchtbarkeit einer soziologischen Perspektive auf Politik zu vermitteln, und dafür müssen und können wir den Theorievergleich weitgehend vernachlässigen. Natürlich kommen unterschiedliche Positionen, nicht zuletzt jene der gerade genannten Theorieperspektiven, in den folgenden Kapiteln zur Sprache. Sie werden aber nicht in Form einer Aneinanderreihung oder eines Vergleichs von Positionen präsentiert, sondern stets mit Blick auf die Frage, wie sie zu einer allgemeinen soziologischen Perspektive auf die behandelten Phänomene beitragen. Das geht nicht ohne eine Festlegung dessen, was eine soziologische Perspektive ausmacht. Um Politik als Teil der Gesellschaft begreifen und beschreiben zu können, gehen wir im Folgenden von der Beobachtung aus, dass die (moderne) Gesellschaft *differenziert* ist. Damit ist nicht zwangsläufig eine systemtheoretische, aber eine differenzierungstheoretische Perspektive verknüpft. Die Grundzüge eines solchen Ansatzes und seiner Konsequenzen für die Beschreibung von Politik werden im folgenden Abschnitt erläutert, bevor wir uns einen Überblick über die Inhalte der einzelnen Kapitel verschaffen werden.

1.1 Soziologische Ausgangspunkte

Die Politische Soziologie beschäftigt sich mit dem Verhältnis von Politik und Gesellschaft. Insofern sie politische Phänomene auf die „Gesellschaft" bezieht, hängt viel davon ab, was darunter zu verstehen ist. In der Soziologie gibt es darüber unterschiedliche Auffassungen. Man muss gar nicht einzelne Definitionen studieren, um dies zu sehen. Es reicht bereits, die grundsätzlichen Alternativen zu sichten, die in verschiedenen Variationen in der soziologischen Theorie eine Rolle gespielt haben und großenteils nach wie vor in Gebrauch sind.[2]

Ein erster wichtiger Gesellschaftsbegriff begegnet uns in der antiken griechischen Philosophie, zum Beispiel bei Aristoteles in seinen Überlegungen zur „Politik".[3] Sein zentraler Begriff der *koinonia politike* setzt sich zusammen aus den Wörtern „Gemeinschaft" und „politisch". Diese politische Gemeinschaft wird unterschieden vom *oikos*, dem Haushalt. In den Haushalten wirtschaftet jeder für sich; in der politischen Gemeinschaft werden die gemeinsamen Belange verhandelt. Deshalb ist die umfassende soziale Einheit, die wir als Gesellschaft bezeichnen würden, dem antiken Verständnis nach politischer Natur. Man könnte annehmen, dass diese Vorstellung nicht mehr viel mit dem heutigen Gesellschaftsverständnis zu tun hat. In der Tat wird sich kaum jemand explizit auf den antiken griechischen Begriff berufen. Dennoch ist die Gleichsetzung von Politik und Gesellschaft

---

2 Vgl. zum Folgenden Luhmann (1972a).
3 Siehe Aristoteles, Politik, 1252a (Aristoteles 2012).

nach wie vor im Alltag prominent: Wenn beispielsweise zwischen der „deutschen" und der „französischen" Gesellschaft unterschieden wird, werden politische Grenzen zu Gesellschaftsgrenzen. Man unterstellt, dass politische, also letztlich territoriale Grenzen auch über die Politik hinaus gesellschaftliche Einheiten definieren. Ist im Alltag oder in den Massenmedien von „dieser" oder „unserer" Gesellschaft die Rede, wird in aller Regel vorausgesetzt, dass es sich dabei um eine durch politische Grenzen definierte Gesellschaft handelt.

Ein zweiter klassischer Gesellschaftsbegriff ist jener der „bürgerlichen" Gesellschaft. Im Gegensatz zur politischen Gemeinschaft hat dieser während der bürgerlichen Revolution in Westeuropa entstandene Begriff eine primär wirtschaftliche Konnotation: Die bürgerliche Gesellschaft ist in erster Linie eine *wirtschafts*bürgerliche Gesellschaft: nämlich die Sphäre des wirtschaftlichen Austauschs und der familiären Beziehungen, die von der Sphäre der politischen Herrschaft unterschieden wird. Auch dieser Begriff hat nach wie vor seine Anhänger, etwa wenn die „Zivilgesellschaft" dem „Staat" gegenübergestellt wird (Cohen und Arato 1992) oder die „Politik" dem „Sozialen" (Bottomore 1981). Derartige Unterscheidungen klingen, als befänden sich die Politik oder der Staat außerhalb der Gesellschaft – oder noch stärker: jenseits der Sphäre des Sozialen. Da dies kaum gemeint sein kann, benötigt man einen Gesellschaftsbegriff, der Politik innerhalb der Gesellschaft unterscheiden und bezeichnen kann.

Die dritte Alternative greift deshalb ein Element des Gesellschaftsbegriffs auf, das schon bei Aristoteles wichtig war, und setzt es konsequenter um: die Inklusivität der Gesellschaft gegenüber allen anderen sozialen Zusammenhängen. Die Gesellschaft ist demnach die umfassendste soziale Einheit, die alle anderen in sich einschließt. Mit diesem Vorschlag knüpft insbesondere Luhmann (1972a) an die klassische Vorstellung an. Weder die Politik noch die Wirtschaft werden herangezogen, um diese Einheit zu definieren. Sie sind vielmehr Teile eines größeren, differenzierten Sozialsystems namens „Gesellschaft". Diese kann aber nicht durch einen dieser Teile charakterisiert werden. Sie ist also weder politische noch wirtschaftliche Gesellschaft.

Das klassische aristotelische Gesellschaftsverständnis setzt die Gesellschaft gleich mit einer politischen Gemeinschaft; der bürgerliche Gesellschaftsbegriff hingegen unterscheidet die Gesellschaft vom Staat, weil er Gesellschaft als Sphäre der Wirtschaftsbürger und ihrer privaten und familiären Beziehungen begreift; demgegenüber bevorzugt die moderne Soziologie einen Gesellschaftsbegriff, der sie als eine umfassende, differenzierte soziale Einheit beschreibt, in der die Politik, aber auch Religion, Wirtschaft und Recht als eigenständige Teilbereiche unterschieden werden können.

Für welchen dieser Begriffe man sich entscheidet, hat Folgen dafür, was man in der Politischen Soziologie für erklärungsbedürftig und für erklärungsfähig hält. Das Verständnis der Gesellschaft als einer politischen Gemeinschaft ist – paradoxerweise – nicht sonderlich fruchtbar für Belange der Politischen Soziologie. Es bietet keine Möglichkeit, überhaupt zwischen Politik und Gesellschaft zu unterscheiden. Man kann damit zwar letztlich alles als Gegenstand der Politischen

1. Was ist Politische Soziologie?

Soziologie behandeln, also vom Parlament über die Hierarchien in Fabriken bis hin zu Liebesbeziehungen. Alles ist dann politisch und Gegenstand der Politischen Soziologie. Aber das erlaubt es offensichtlich nicht mehr, Politik und Gesellschaft sinnvoll miteinander in Beziehung zu setzen.

Der Begriff der bürgerlichen Gesellschaft ist nicht sehr viel ergiebiger. Theorien, die sich auf ihn stützen, begreifen Politik bzw. den Staat durchaus als einen eigenen Teilbereich, der von der Gesellschaft (also hier: von der Wirtschaft) unterschieden werden kann. Wenn aber gleichzeitig vorausgesetzt wird, dass die Wirtschaft der dominante Teil der Gesellschaft ist, kann Politik lediglich eine Art „Epiphänomen der Gesellschaft" darstellen (Landshut 1956, S. 413): Sie ist in diesem Fall insbesondere von wirtschaftlichen Faktoren abhängig. Es gibt dann gar nichts Besonderes, was man an der Politik zeigen könnte. Insbesondere ist es aus dieser Perspektive, die vor allem von der marxistischen Theorie vertreten wird, relativ fruchtlos, nach Wirkungen der Politik auf die Gesellschaft zu fragen. Insofern die Politik aus den wirtschaftlichen Verhältnissen abzuleiten ist und diese widerspiegelt, leistet sie auch keinen eigenständigen Beitrag zur gesellschaftlichen Entwicklung und Veränderung.

Mehr Spielräume der Analyse eröffnet das Konzept einer differenzierten Gesellschaft. Es ist deshalb fruchtbarer für die Politische Soziologie. Ausgehend von der Annahme, dass es sich bei der Politik, ähnlich wie bei anderen Teilen der modernen Gesellschaft wie Wirtschaft, Wissenschaft und Religion, um einen mehr oder weniger autonomen Teilbereich handelt, können die Beziehungen zwischen der Politik und der Gesellschaft sowie der Politik und anderen Teilbereichen thematisiert und begrifflich erfasst werden. Man gewinnt damit ein Schema, das es erlaubt, die Frage nach den Beziehungen zwischen Politik und Gesellschaft in kleinere Einzelfragen zu zerlegen.

Um diese Möglichkeiten auszunutzen, muss jedoch auch der Begriff der Politischen Soziologie entsprechend weit gefasst sein. Das ist nicht selbstverständlich, denn zumindest im deutschsprachigen Raum finden sich auch Auffassungen, die ein eher restriktives Verständnis von Politischer Soziologie vertreten.

1.2 Politik und Soziologie

Das Missverständnis, die Politische Soziologie sei politisch, hatten wir bereits zu Beginn ausgeräumt. Ganz so einfach ist es jedoch nicht. Für manche Vertreter der Politischen Soziologie besteht durchaus eine Kontinuität zwischen der Politischen Soziologie und ihrem Gegenstand. Es geht nicht darum, dass die Wissenschaft Partei ergreifen müsste. Aber es gibt die Vorstellung, dass Politische Soziologie eine besondere Affinität zur Demokratie habe. Hauptsächlich in Deutschland hat Otto Stammers Vorschlag, Politische Soziologie an den Begriff der Demokratie zu binden, einige Resonanz gefunden. Im Rahmen des allgemeinen Auftrags, den „Struktur- und Wirkungszusammenhangs der gesellschaftlichen, politischen und ideologischen Kräfte" zu analysieren, sieht er die „Analyse der Voraussetzungen und der Konsequenzen der Einführung einer sozialen Demokratie" als den Hauptgegenstand der Politischen Soziologie (Stammer 1965, 56f.). Weil sie als Disziplin mit der modernen Gesellschaft entstanden ist, sei „das demokratietheoretische Erkenntnisinteresse ein zentrales Element des Selbstverständnisses der Politischen Soziologie" (Stammer und Weingart 1972, S. 24).

Eine solche Festlegung hat zwei Konsequenzen: Erstens wird die Politische Soziologie damit zu einer „Demokratiewissenschaft" (so beispielsweise Kißler 2007), die sich mit den normativen Maßstäben ihres Gegenstandsbereichs identifiziert; zweitens legt sie ihre Zuständigkeit fest auf gesellschaftliche Verhältnisse, in denen Demokratie überhaupt möglich ist, und damit auf die Politik moderner Gesellschaften. Eine solche Engführung der Politischen Soziologie ist im Vergleich zu anderen Spezialsoziologien ungewöhnlich: Bisher ist niemand auf die Idee gekommen, die Wirtschaftssoziologie nur als „Wissenschaft effizienter Märkte" oder die Rechtssoziologie nur als „Wissenschaft des bürgerlichen Rechts" zu betreiben. In beiden Fällen wäre klar, dass damit ein großer Teil des interessierenden Gegenstandsbereichs außen vor bliebe. Markteffizienz, Privatrecht und Demokratie sind wichtige Themen, aber die Soziologien der Wirtschaft, des Rechts und der Politik können sich nicht auf sie beschränken.

Die Fokussierung der Politischen Soziologie auf Fragen der Demokratie hat bei Stammer den Hintergrund, dass er sie als eine „Gegenwartswissenschaft" begreift; das demokratietheoretische Erkenntnisinteresse umfasst deshalb – gewissermaßen als Kontrastfolie – auch den Blick auf totalitäre Systeme (Stammer 1955). Zweifellos ist die Analyse zeitgenössischer Entwicklungen von besonderem Interesse. Die Erfahrungen der Gegenwart haben ohnehin großen Einfluss darauf, welche Probleme und Fragen überhaupt in den Blick kommen. Auch in der Politischen Soziologie wandeln sich die Themen im „Licht der großen Kulturprobleme" (Weber 1968, S. 214). Trotzdem folgt daraus nicht, dass die Politische Soziologie sich auf die Gegenwart und auf die Probleme demokratischer politischer Systeme beschränken müsste. Demgegenüber den *universellen* Anspruch Politischer Soziologie zu betonen, ist wichtig, weil damit auch ein Unterschied zwischen Politikwissenschaft und Soziologie markiert wird: Insofern soziologische Analysen sich für Zusammenhänge zwischen Gesellschaft und Politik interessieren, müssen sie in der Lage sein, unterschiedliche Gesellschaftsformationen zu berücksichtigen. Also gehört nicht nur die Politik moderner, sondern auch vormoderner Gesellschaften zu ihren Untersuchungsgegenständen – und natürlich auch die Politik von Übergangsgesellschaften, Entwicklungsländern etc.

Einem solchen universellen Anspruch kommen die meisten Definitionen der Politischen Soziologie durchaus entgegen. Allgemein geht es ihr um die Beziehungen zwischen Politik und Gesellschaft oder, ausführlicher formuliert, um Zusammenhänge „zwischen Wirtschaftsordnung, Sozialstruktur, Ideologie und Verhaltensweise gesellschaftlicher Gruppen einerseits, dem Aufbau der politischen Ordnung und dem politischen Geschehen andererseits" (Stammer und Weingart 1972, S. 18). Es ist sicherlich zu einfach, wenn Bendix und Lipset (1957, S. 87) vor diesem allgemeinen Hintergrund das Gebiet der Politischen Soziologie dadurch von der Politikwissenschaft abgrenzen, dass sie den Einfluss der Gesellschaft auf den Staat untersuche, die Politikwissenschaft hingegen in umgekehrter Richtung den Einfluss des Staates auf die Gesellschaft. Vielmehr gehören *beide* Einflussrichtungen zum Gegenstand der Politischen Soziologie – ebenso wie die Untersuchung einzelner politischer Phänomene als eigenständige soziale Sachverhalte. Daraus ergibt sich eine Aufgabenbeschreibung mit drei Problembereichen (Pappi 2011, S. 479):

- erstens die „gesellschaftlichen Bedingungen politischen Verhaltens und politischer Ordnungen";
- zweitens die „Einwirkungen der Politik auf die Gesellschaft";
- und drittens Fragen „der Struktur von politischen Institutionen und des Ablaufs politischer Prozesse".

Der Unterschied zur Politikwissenschaft besteht demnach nicht darin, dass die Politische Soziologie sich nur mit gesellschaftlichen Bedingungen der Politik beschäftigte. Dies wäre schon deshalb unangemessen einseitig, weil diese Bedingungen ihrerseits durch politische Entscheidungen beeinflusst werden. Vielmehr können wir vor dem Hintergrund der bisherigen Überlegungen zwei andere Merkmale hervorheben, in denen sich die Soziologie der Politik von einem großen Teil politikwissenschaftlicher Forschung unterscheidet: Erstens beschäftigt sie sich nicht nur mit der Politik der modernen Gesellschaft; neben dem Vergleich politischer Systeme und der Analyse vormoderner Staatlichkeit gehören auch staatenlose Formen von Politik zu ihren Interessenfeldern.[4] Zweitens ist für das Verständnis der Politik in der modernen Gesellschaft entscheidend, dass sie als *Teil* einer komplexen und differenzierten Gesellschaft begriffen wird – die Politik ist dabei nur ein Teilbereich unter vielen (Eisenstadt 1971a, S. 4).

An diesen Vorgaben orientieren sich die folgenden Kapitel. Sie geben einen Einblick in unterschiedliche Möglichkeiten der soziologischen Analyse, orientieren sich aber an dem Leitgedanken, Politik als eine besondere Sphäre der Gesellschaft zu beschreiben. Die soziologische Differenzierungstheorie ist daher ein wichtiges Instrumentarium, das wir sowohl mit Bezug auf das Verhältnis von Politik und Gesellschaft als auch für die Binnenanalyse des politischen Systems nutzen werden. Aus diesem Grund werden insbesondere die Konzepte der soziologischen Systemtheorie (Luhmann 1972b, 1984) eine wichtige Rolle spielen. Dieses Buch ist jedoch weder eine Einführung in die systemtheoretische Analyse der Politik noch ein Vergleich dieser Perspektive mit anderen Theorieansätzen. Die einzelnen Kapitel sollen vielmehr eine genuin soziologische Perspektive auf politische Phänomene vermitteln, die sich jenseits paradigmatischer Unterschiede darin zeigt, dass Politik als Teil der Gesellschaft begriffen wird.

1.3 Zum Inhalt des Bandes

In den ersten Kapiteln dieser Einführung geht es um einige zentrale Grundbegriffe der Politischen Soziologie: um die Grundlagen und die Entstehung eines modernen politischen Systems sowie um die Grundzüge und Binnenstrukturen dieses Systems. Die Darstellung beginnt mit einer ausführlichen Diskussion des Macht-

---

4 Es gibt selbstverständlich auch politikwissenschaftliche Forschung zu vormoderner Politik. Allerdings konzentriert diese sich meist auf die Vor- und Entstehungsgeschichte des Staates, so beispielsweise Finers groß angelegte *„History of Government"* (Finer 1997).

begriffs im ersten Kapitel, das damit die enge Verzahnung von Politik und Gesellschaft zum Thema hat: Einerseits ist Macht ein gesellschaftliches Phänomen, das nicht auf Politik beschränkt ist, andererseits wird sie in einer spezifischen Form, die eng mit physischer Gewalt verknüpft ist, zur Grundlage politischer Herrschaft. Der Weg von der Herrschaft zum politischen System ist Thema des zweiten Kapitels, das die Evolution der Politik von den staatenlosen Stammesgesellschaften zur modernen, ausdifferenzierten Politik nachzeichnet. Mit den Mitteln der Differenzierungstheorie lässt sich beschreiben, dass alle Gesellschaften politische Probleme lösen müssen, aber nur die moderne Gesellschaft ein darauf spezialisiertes System ausgebildet hat. Die Grundstrukturen dieses politischen Systems als Teil einer funktional differenzierten Gesellschaft sind Gegenstand des vierten Kapitels. Um die interne Gliederung des politischen Systems zu beschreiben, greifen wir insbesondere den Vorschlag Niklas Luhmanns auf, zwischen Parteipolitik, Verwaltung und Publikum zu unterscheiden. Die Dynamik des politischen Entscheidungsprozesses erschließt sich, wenn man die Beziehungen zwischen diesen Teilen unter die Lupe nimmt.

Die folgenden Kapitel widmen sich unterschiedlichen Facetten der Einflussnahme auf politische Entscheidungen: erstens der Inklusion als Bürger und der politischen Partizipation in der Rolle des Wählers, zweitens der durch Parteien organisierten Teilhabe an Entscheidungsprozessen, drittens dem durch soziale Bewegungen artikulierten Protest und viertens der über die Massenmedien vermittelten Beobachtung von Politik. Das fünfte Kapitel diskutiert die historische und systematische Bedeutung von Staatsbürgerschaft entlang der Beiträge von T.H. Marshall, Talcott Parsons und Niklas Luhmann. Ein wichtiger Aspekt dieser Form von Inklusion in die Politik, die Wählerrolle, wird im sechsten Kapitel näher beleuchtet, insbesondere mit Blick auf die Frage nach der Rationalität der Wahlentscheidung. Im siebten Kapitel betreten politische Parteien die Bühne, die nicht nur in modernen Massendemokratien für Konfliktaustragung und Konsensfindung im Vorfeld bindender Entscheidungen von großer Bedeutung sind. Sie werden als „formale Organisationen" analysiert, die sich insbesondere hinsichtlich der Mobilisierung ihrer Mitglieder von anderen Organisationen unterscheiden. Im Vorfeld, aber auch in Konkurrenz zu Parteien versuchen auch soziale Bewegungen, Einfluss auf politische Entscheidungen zu nehmen. Das achte Kapitel fragt nach den historischen Hintergründen der zunehmenden Zahl sozialer Bewegungen und stellt verschiedene Theorien vor, die ihre Entstehung und ihre Erfolge zu erklären versuchen. Im neunten Kapitel steht eine weitere Besonderheit der modernen Politik im Vordergrund: ihr Bezug auf Öffentlichkeit und öffentliche Meinungsbildung. Hier ist insbesondere die Rolle der Massenmedien von Interesse, insofern diese die Art und Weise, wie öffentliche Meinung zustande kommt und was überhaupt zum politisch relevanten Thema werden kann, entscheidend beeinflussen.

Die verbleibenden drei Kapitel diskutieren aktuelle Fragestellungen der Politischen Soziologie, die zum einen die Verallgemeinerbarkeit des Modells eines demokratischen politischen Systems und zum anderen seine Ausdehnung über die Grenzen des Nationalstaats hinaus betreffen. Das zehnte Kapitel thematisiert die Erwartungen und Probleme, die sich aus den heterogenen gesellschaftlichen Rahmenbedingungen von Politik in unterschiedlichen Weltregionen ergeben können. Gegenüber der zu einfachen Annahme der klassischen Modernisierungstheorie, die eine weitgehende Konvergenz politischer Systeme in Aussicht stellte, gibt es markante Unterschiede und Abweichungen, die als eigenständige Lösungen politischer Probleme betrachtet werden müssen. Hinter diesen Schwierigkeiten verbirgt sich eine Entwicklung, die wir im elften Kapitel als Teil politischer Globalisierung beschreiben werden: die Universalisierung des modernen Nationalstaats. Gerade weil dieser mittlerweile mehr oder weniger überall auf der Welt vorausgesetzt und erwartet wird, muss man angesichts unterschiedlicher gesellschaftlicher und materieller Voraussetzungen mit Variationen rechnen. Diese werden einerseits dadurch aufgefangen, dass das System internationaler Beziehungen sich als Feld formal gleicher Staaten konstituiert; andererseits geben sie anderen, nichtstaatlichen Akteuren Anlass, Abweichungen und Normverletzungen aufzugreifen und zu kritisieren. Das weltpolitische System, von dem wir in diesem Kapitel ausgehen, beruht auf der universellen Normierung von Staatlichkeit im internationalen System ebenso wie auf transnationalen politischen Beziehungen.

2. Macht

Von Macht wird nicht nur viel gesprochen, sie ist auch überall in der Gesellschaft präsent: in Unternehmen, Parteien und Kirchen, in Familien, Gruppen und Paarbeziehungen – und natürlich in der Politik. Macht ist, anders ausgedrückt, ein „lebensweltliches Universale gesellschaftlicher Existenz" (Luhmann 1988, S. 91). In diesem Kapitel geht es darum, den Begriff der Macht so zu präzisieren, dass er dieser Universalität von Macht, aber auch den Besonderheiten *politischer* Macht Rechnung tragen kann. Wir beginnen mit der Frage, wie Macht soziologisch definiert werden kann. Dies führt uns zu der Anschlussfrage, was Macht leistet und wie sie funktioniert. Auf dieser Grundlage wird es möglich (und nötig), Macht abzugrenzen von Phänomenen, die manchmal mit ihr gleichgesetzt werden, insbesondere Gewalt und Zwang.

2.1 Macht als soziale Beziehung

Zu den Prämissen des modernen Machtverständnisses gehört die „Omnipräsenz der Macht" (Popitz 1992, 15ff.): Folgt man der Art und Weise, wie der Begriff im Alltag gebraucht wird, scheint Macht beinahe überall zu sein. Von der Macht der öffentlichen Meinung ist ebenso die Rede wie von der Macht der Ideen oder der Macht des Eigentums. Dies sind gebräuchliche und häufig verwendete Begriffe. Darüber hinaus scheint es aber auch zu geben (so behaupten zumindest entsprechende Buchtitel): die Macht der Masse, der Sprache, der Gefühle, des Unterbewussten, der Rothschilds, des Schicksals – und natürlich die der Paragraphen. Das sind nur ein paar Beispiele dafür, wem oder was wir anscheinend im Alltag Macht zusprechen. Bei genauerem Hinsehen kommt man schnell zu dem Ergebnis, dass es sich in manchen dieser Fälle um einen recht großzügigen, zum Teil auch metaphorischen Gebrauch des Wortes handelt. In vielen Sprachen bedeutet Macht (*power, pouvoir* oder auch die lateinische *potestas*) ein Vermögen, etwas zu tun. Es handelt sich nicht unbedingt um Macht von Menschen über Menschen, sondern im weitesten Sinne um die Möglichkeit, Wirkungen zu erzielen. Aber das Erreichen mehr oder weniger großer Wirkungen schlechthin kann man sich als solches nicht als Kriterium von Macht vorstellen. Es bliebe dann klärungsbedürftig, was als „Wirkung" zählt – ob zum Beispiel der Bau eines Staudamms oder auch schon das Bestehen einer Klausur als Ausdruck von „Macht" zu werten wären. Stellt man dagegen auf soziales Handeln bzw. soziale Beziehungen ab, kann man sinnvollerweise nur dann von Macht sprechen, wenn andere *Menschen* dazu gebracht werden, in bestimmter Weise zu *handeln*.

Bei sozialer Macht geht es also um das *Einwirken auf das Handeln anderer bzw. um die Kontrolle des Handelns anderer Menschen*. Eine solche Einwirkung kann unterschiedliche Form annehmen: durch eine klare Handlungsanweisung, aber beispielsweise auch durch eine Festlegung, die das Handeln anderer binden, zum Beispiel durch einen einzuhaltenden Termin. Auf diese Weise können erwünschte Handlungen mitgeteilt werden – oder auch, dass etwas Bestimmtes *nicht* getan werden sollte. Wer Leute daran hindert, ein bestimmtes Gebäude, zum Beispiel ein Gefängnis, zu verlassen, hat offensichtlich Macht über diese Insassen. Im

Gefängnis zu sitzen, Klausuren zu schreiben, Steuern zu bezahlen – gemeinsam ist diesen Beispielen, dass Personen dazu gebracht werden, in einer nicht selbstverständlichen und damit unwahrscheinlichen Weise zu handeln.

Mit diesen Vorüberlegungen können wir nun einige Definitionsversuche näher betrachten und prüfen, inwiefern sie uns dabei helfen, das Phänomen und seine Funktionsweise zu analysieren. Es reicht offensichtlich nicht, Macht zu definieren als „Erzielen intendierter Effekte", wie dies der englische Philosoph und Mathematiker Bertrand Russel (1938) vorschlägt. Macht wäre dann viel zu unspezifisch als ein generelles Handlungsvermögen bestimmt, das noch nicht einmal zwischen sozialen und physischen Aspekten unterscheiden würde. Ein anderer, schon deutlich spezifischerer Vorschlag stammt von Karl Deutsch, einem Politikwissenschaftler: Macht ist ihm zufolge „die Fähigkeit, nicht zu lernen" (Deutsch 1963, S. 111). Was ist mit dieser etwas ungewöhnlichen Formulierung gemeint? Wer Macht hat, kann annehmen, dass das, was er will, auch eintritt. Er muss sich deshalb darum, was andere dazu meinen, eigentlich nicht kümmern. Er muss seine Erwartungen nicht auf andere einstellen, sich nicht an anderen orientieren – also nicht „lernen" in dem Sinne, dass er Enttäuschungen durch das Handeln anderer in der Form verarbeiten müsste, dass er sein Handeln und seine Erwartungen in der Zukunft verändert. Stellt sich dennoch eine entsprechende Enttäuschung ein, hat die Macht offensichtlich versagt. Trotz seines Charmes überzeugt der Vorschlag von Deutsch jedoch nicht als Grundlage einer Theorie der Macht. Denn unklar bleibt, worauf diese Fähigkeit, nicht zu lernen, beruht. Reicht Sturheit dafür aus? Oder bedarf es spezifischer sozialer Bedingungen – zum Beispiel einer bestimmten Machtkonstellation?

Es reicht nicht aus, Macht als eine „Fähigkeit" zu beschreiben. Macht ist kein Merkmal von Individuen, sondern einer sozialen Beziehung, die mindestens zwei Personen oder Gruppen umfasst (Luhmann 2012). Es geht nicht nur um ein Vermögen des Machthabers, sondern um dessen Verhältnis zu einem Handlungspartner. Diese sehr allgemeine Ansicht wird häufig so formuliert, dass es bei Macht darum geht, sich und seinen Willen durchsetzen zu können. Damit ist klargestellt, dass es sich bei Macht um eine *soziale Beziehung* handelt und dass sich Macht in einer solchen Beziehung bewähren muss. Ganz explizit wird dies in einer der am häufigsten zitierten Definitionen von Macht, die Max Weber formuliert hat: Macht bedeutet demnach „jede Chance, innerhalb einer sozialen Beziehung den eigenen Willen auch gegen Widerstreben durchzusetzen, gleichviel worauf diese Chance beruht" (Weber 1972, S. 28). Diese Definition enthält drei wichtige Punkte: Erstens kommt Macht ins Spiel, wenn die *Orientierungen von zwei Akteuren* nicht übereinstimmen, der Wille des einen also nicht der des anderen ist. Zweitens ist Macht immer nur eine *Chance*. Sie muss sich in der konkreten Situation bewähren. Und drittens lässt der Machtbegriff offen, was die *Quelle der Macht* ist. Es gibt viele Möglichkeiten, worauf Macht beruhen kann.

Ein Problem bei der Anwendung dieses Machtbegriffs auf konkrete Situationen ist, dass der wissenschaftliche Beobachter und auch der Machthaber selbst vielleicht gar nicht *wissen*, was der Machtunterworfene will. Während das für die wissenschaftliche Analyse ein Erkenntnis- und Beobachtungsproblem darstellen mag, ist das für den Machthaber eigentlich unproblematisch: Bei genauerer Betrachtung ist es der Sinn von Macht, dass sie den Willen des Machtunterworfenen mehr oder weniger bedeutungslos macht, ihn gewissermaßen „neutralisiert". Es kommt bei genauerer Betrachtung also gar nicht darauf an, den Willen eines anderen zu brechen – und sich in diesem Sinne durchzusetzen –, sondern vielmehr darauf, dass man auf den Willen anderer keine Rücksicht nehmen muss. Was für eine Art Macht wäre das, wenn der Machthaber sich zuerst fragen und versichern müsste, was der Machtunterworfene eigentlich möchte? Aus diesem Grund schlägt Luhmann eine kleine, aber entscheidende Modifikation des Machtbegriffs vor: „Macht stellt mögliche Wirkungsketten *unabhängig vom Willen des machtunterworfenen Handelnden*" (Luhmann 1988, S. 11, Herv. B.H.). Es ist demnach gleichgültig, ob der Machtunterworfene ohnehin im Sinne des Machthabers handeln wollte oder nicht. Entscheidend ist: Der Machthaber kann mehr oder weniger sicher darüber entscheiden, wie jemand anderes *handelt*. Es gilt also: „Der Wille des Einen ist das Tun des Anderen" (Paris 2015). Genau dies eröffnet Möglichkeiten der Handlungskoordination, die nicht gegeben wären, wenn in jedem Fall die Motive und Intentionen des Machtunterworfenen geprüft und gewürdigt werden müssten.

2.2 Quellen der Macht

Die Einschränkung, dass eine Steuerung des Handelns nur „mehr oder weniger sicher" erfolgen kann, ist wichtig. Menschliches Handeln ist kontingent. Es kann Erwartungen erfüllen, aber auch enttäuschen – es ist, mit anderen Worten, frei. Das heißt: Wie der Andere („Alter") konkret handeln wird, ist für mich („Ego") stets ungewiss – auch und gerade, wenn etwas Bestimmtes erwartet wird. Auch Macht kann nicht sicherstellen, dass Alter so handeln wird, wie Ego es will. Menschen können immer anders handeln – und warum sollten sie sich in ihrem Handeln nach den Erwartungen eines anderen richten? Natürlich gibt es viele Bedingungen, unter denen man sich dies vorstellen kann. Sympathie oder Liebe kommen ebenso infrage wie Überredung. Oder eben: Macht, die es erlaubt, auf Konsens zu verzichten. Wer Macht hat, muss nicht überreden und auch nicht beliebt sein – und kann trotzdem damit rechnen, dass andere im eigenen Sinne handeln. Die Besonderheit der Macht – und der Grund für ihre Verlässlichkeit – liegt darin, wie sie diese eigentlich höchst unwahrscheinliche Akzeptanz der Erwartungen, Vorschläge oder Anweisungen wahrscheinlich und erwartbar macht. Dies geschieht über *Sanktionen*.

Positive und negative Sanktionen

Sanktionen stellen Konsequenzen des Handelns in Aussicht, zum Beispiel eine Belohnung (*positive Sanktion*) oder eine Bestrafung (*negative Sanktion*). Dadurch verändert sich die Handlungssituation: Eine Handlung wird aufgrund der mit ihr verbundenen Sanktion anders bewertet. Was ohne negative Sanktion nützlich erschien, wird mit Sanktion unangenehm; und umgekehrt kann eine positive Sanktion das Unangenehme akzeptabel machen. Sanktionen erlauben es also, die

2. Macht

Entscheidung über Handlungspräferenzen so zu manipulieren, dass am Ende das vom Machthaber gewünschte Ergebnis steht.

Der primäre Ansatzpunkt hierfür ist die physische Verletzbarkeit des Menschen (Popitz 1992, 24f.). Schmerzen oder sogar den eigenen Tod möchte fast jede(r) vermeiden, und sie sind daher wirkungsvolle negative Sanktionen. Weniger eindeutig liegt der Fall bei positiven Sanktionen. Je nach Situation und Präferenzen kann zum Beispiel eine finanzielle Belohnung ganz unterschiedliche Effekte haben. Den Milliardär ebenso wie den asketischen Mönch wird eine Geldzahlung nicht sehr beeindrucken; man muss also durchaus etwas über den zu Beeinflussenden wissen, damit man ihn mit positiven Sanktionen manipulieren kann. Es spricht deshalb viel dafür, dass Macht nur über negative Sanktionen einigermaßen verlässlich ausgeübt werden kann. Positive Sanktionen, wie zum Beispiel finanzielle Belohnungen, können den Erfolg der Macht eben nicht vom Willen des Machtunterworfenen unabhängig machen. Sie bleiben davon abhängig, dass sie vom Machtunterworfenen geschätzt oder sogar benötigt werden. Das gilt umgekehrt natürlich auch für negative Sanktionen: Sie müssen als unerwünscht betrachtet werden. Es bringt wenig, einem Vegetarier mit Fleischentzug zu drohen. Doch abgesehen von derartigen Sonderfällen wird gerade die Androhung physischer Gewalt relativ zuverlässig negativ bewertet und so auch andere Formen der Bestrafung oder des Entzugs. Negative Sanktionen sind aus diesem Grund eine üblicherweise verlässliche Basis für „Drohmacht" (Luhmann 2000, 52ff.).

Drohmacht

Macht auf die *Androhung negativer Sanktionen* zu gründen, hat einen weiteren wichtigen Vorzug: Drohungen müssen nicht realisiert werden, wenn sie erfolgreich sind. Belohnungen müssen als Teil eines Tauschs auch tatsächlich ausbezahlt werden. Die Drohung muss jedoch gerade dann, wenn sie den gewünschten Effekt hat, nicht realisiert werden. Die Pistolenkugel, mit der man jemanden bedroht, aber eben nicht erschossen hat, kann man ein anderes Mal einsetzen. Und ebenso kann man die diskreditierende Information, mit der man die Kollegin gezwungen hat, das eigene Blaumachen zu vertuschen, für sich behalten – und beim nächsten Mal erneut verwenden. Es ist mit negativen Sanktionen sehr viel einfacher, Macht auf Dauer stellen, weil sie im Erfolgsfall gar nicht eingesetzt und in diesem Sinne verausgabt werden müssen. Wenn die Macht erfolgreich ist, bleibt die negative Sanktion als Grundlage zukünftiger Drohungen prinzipiell erhalten.[5]

Es ist deshalb wichtig, die *Sonderstellung negativer Sanktionen* für die Konstitution von Macht zu betonen. Doch auch positive Sanktionen können unter bestimmten Bedingungen Drohmacht begründen: nämlich dann, wenn mit ihrem Entzug gedroht werden kann. Das ist dann der Fall, wenn die positive Sanktion bereits im Vorfeld regelmäßig erfolgt ist und sich daraus eine Gewöhnung oder sogar Abhängigkeit entwickelt hat. Der Beschäftigte zum Beispiel kann schlecht auf

---

5 Dass Macht auf der Negation von Handlungsmöglichkeiten und somit auf der Konstruktion von Alternativen beruht, die beide Seiten der Machtbeziehung zu *vermeiden* suchen, betont vor allem Luhmann (1988, 22f.), auf dessen Machtbegriff wir uns im Folgenden beziehen.

sein Gehalt – eine positive Sanktion – verzichten, da er davon seinen Lebensunterhalt bestreitet. Die Androhung, das Gehalt nicht mehr zu zahlen, bedeutet zwar eigentlich nur, dass eine Belohnung in Zukunft eingestellt wird. Unter diesen Bedingungen stellt dies aber letztlich eine negative Sanktion dar: Positive Sanktionen können also in negative transformiert werden, wenn mit ihrem Entzug gedroht werden kann. Angesichts der Tatsache, dass nicht nur in Organisationen, sondern auch in Wohlfahrtsstaaten regelmäßige Geldzahlungen eine große Rolle spielen, liegt hierin eine für die moderne Gesellschaft durchaus wichtige Machtquelle.

Wir hatten bereits weiter oben im Zusammenhang mit Webers Machtbegriff festgestellt, dass Macht ganz unterschiedliche Grundlagen haben kann. Die Überlegungen zur Bedeutung negativer Sanktionen ändern daran nichts, aber sie legen es nahe, einige Machtquellen besonders hervorzuheben: An erster Stelle zu nennen ist die Androhung *physischer Gewalt*. Zweitens kommt aber auch *Wissen* infrage, zum Beispiel der Besitz diskreditierender Informationen. Und drittens sind gegenseitige Abhängigkeiten oder *Interdependenzen*, mit deren Unterbrechung ich drohen kann, ein Ausgangspunkt für Drohmacht. Ob ein Machtgefälle vorliegt, hängt im letzten Fall natürlich davon ab, ob einer der beiden Partner mobiler ist, also eher auf die Leistungen des anderen verzichten kann. Unter diesem Gesichtspunkt gibt es im Verhältnis zwischen Organisationen und ihren Mitgliedern, aber zum Beispiel auch in Paarbeziehungen Grundlagen für die Bildung von Macht.

Die genannten Machtquellen eignen sich dazu, mit negativen Sanktionen zu drohen und auf diese Weise die Handlungssituation durch eine „Vermeidungsalternative" (Luhmann 1988, S. 22) im Sinne des Machthabers zu strukturieren. Entscheidend ist, dass nicht nur der Machtunterworfene diese Handlungsalternative (also in der Regel die negativen Sanktionen) vermeiden möchte, sondern auch der Machthaber selbst. Dies trifft normalerweise zu: Er möchte schließlich nicht die Sanktion ausführen, sondern eine bestimmte Handlung veranlassen. Die Vermeidungsalternative ist deshalb für beide Seiten unerwünscht. Der Unterschied liegt darin, dass sie dem Machthaber weniger Schwierigkeiten und Schmerzen bereiten würde als dem Machtunterworfenen.

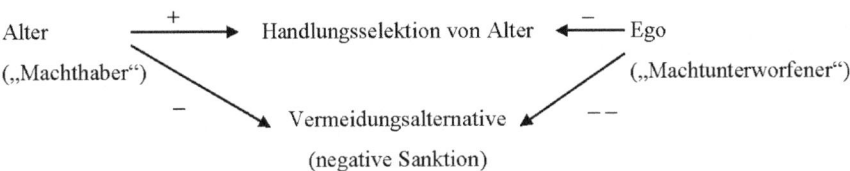

Erläuterung: + erwünscht; – unerwünscht; – – stark unerwünscht

Abbildung 2.1: Macht als soziale Konstellation

Macht ist nur erfolgreich, wenn die Drohung funktioniert. Muss die Vermeidungsalternative realisiert werden – muss man beispielsweise zur physischen Gewalt greifen, die kompromittierende Information veröffentlichen oder die Beziehung gegenseitiger Abhängigkeit abbrechen –, gibt es keine Macht (mehr). Macht erkennt man daran, dass man die negative Sanktion *nicht* sieht. Man kann deshalb sagen, dass zum Beispiel Eltern nur begrenzte Macht über ihre Kinder haben, weil sie letztlich oft zu den angedrohten Sanktionen greifen müssen. Im Vergleich dazu ist die Macht des Staates viel effektiver, denn man sieht nicht aller Tage, dass die Polizei wirklich durchgreifen müsste. Man kann sich Staaten auch kaum anders vorstellen als in der Form, dass ihre Machtansprüche nicht ständig auf die Probe gestellt werden.[6]

Gewalt und Zwang

Gewalt ist, so haben wir festgestellt, im Zusammenhang mit Macht interessant als eine Drohung, deren Sinn darin liegt, nicht realisiert zu werden. Gewaltanwendung ist kein Machtgebrauch, denn sie bedeutet den Verzicht darauf, das Handeln anderer im eigenen Sinne zu steuern.[7] Als Drohmittel jedoch ist Gewalt natürlich eine wichtige und besondere Quelle von Macht. Sie ist nicht die einzige, aber auch nicht irgendeine Machtquelle. Worin liegt die Sonderstellung von Gewalt begründet? Das hat zu tun mit der Frage, inwieweit der Bedrohte sich der Sanktion entziehen oder sich mit ihren Folgen arrangieren kann (Blau 1964, S. 118–125). Kompromittierende Informationen zum Beispiel verlieren ihren Drohcharakter gegenüber Personen, die gar keinen Wert auf ihre Reputation legen. Ist der Ruf erst ruiniert, lebt es sich in dem Sinne „ungeniert", dass diskreditierende Informationen kaum mehr als Bedrohung erscheinen. Sie taugen dann nicht als Druckmittel. Ähnlich verhält es sich mit finanziellen Vergünstigungen und ihrem Entzug. Einen buddhistischen Mönch, der keinen Wert auf materielle Reichtümer legt, wird man mit Einkommensverlusten nicht beeindrucken und motivieren können. Es gibt also Situationen und individuelle Präferenzstrukturen, die bestimmte Machtquellen unzuverlässig werden lassen.

Die These ist, dass dies für physische Gewalt nicht gilt. Sie hat – bei entsprechend robuster Anwendung – für jedes Individuum unerwünschte Folgen. Gewalt ist deshalb eine höchst universelle Machtquelle. Als zweites wichtiges Merkmal kommt hinzu, dass sie zentralisiert und kaserniert werden kann. Man kann die physische Gewalt – zumindest die besonders durchsetzungsfähige – in der Gesellschaft isolieren, unter Aufsicht stellen und organisieren. Genau dies ist natürlich die Grundlage der Staatsmacht: Der Staat verfügt über die überlegenen physischen Gewaltmittel – und kann eben deshalb davon ausgehen, in jedem Konflikt prinzipiell zu obsiegen und dass dies auch von anderen so erwartet wird. Gegenüber der zentralisierten und organisierten physischen Gewalt des Staates ist jeder Einzelne unterlegen.

---

[6] Wo dies nicht gilt, ist die Staatsmacht in der Regel schnell überfordert. Die Folge ist ein „anomischer Staat" (Waldmann 2002), der keine verlässliche Ordnung mehr garantieren kann.

[7] Die Unterscheidung von Macht und Gewalt ist ein kontroverses Thema der Machttheorie. Für eine klare Unterscheidung plädiert auch Hannah Arendt (1970), weil für sie Macht den „Besitz einer Gruppe" (S. 45) darstellt, der auf Einvernehmen (und nicht auf Drohung) basiert. Es sollte jedoch deutlich geworden sein, dass eine solche Einschränkung auf gemeinschaftliches Handeln Gefahr läuft, die bereits mit zwei Beteiligten mögliche Beziehung zwischen Machthaber und Machtunterworfenem aus den Augen zu verlieren.

Wer über überlegene Gewaltmittel verfügt, kann sich entweder nehmen, was er begehrt, oder andere zwingen, es herauszugeben. Doch zwischen der unmittelbaren Anwendung von Gewalt (*brute force*) und dem durch Gewaltandrohung ausgeübten Zwang (*coercion*) besteht ein wichtiger Unterschied: Im ersten Fall muss man über die Gewaltmittel nicht nur verfügen, sondern sie auch einsetzen; im zweiten Fall genügt es, überzeugend mit dem Einsatz drohen zu können (Schelling 1966, S. 2–6). Will man sich direkt bedienen, beispielsweise das Territorium eines anderen Staates besetzen oder sich Rohstoffe aneignen, muss der Gegner überwältigt werden. Möchte man ihn hingegen zu Zugeständnissen zwingen, muss man ihm lediglich einen Schaden zufügen können, vor dem er zurückschreckt. Zwang setzt an den Interessen des Gegners an, und sei es schlicht daran, Schmerz und Zerstörung zu vermeiden. Mit Gewaltanwendung drohen zu können, ist deshalb nicht nur eine Grundlage für die eigene Ausübung von Macht, sondern auch für die Abwehr fremder Machtansprüche.

Beispiel | Nukleare Abschreckung

Mit dem Buch „Arms and Influence" revolutionierte der spätere Nobelpreisträger Thomas Schelling das Denken über militärische Abschreckung. Um sich gegen einen tatsächlichen Angriff erfolgreich zu verteidigen, muss man Gewalt mit Gewalt beantworten können. Um einen Gegner abzuschrecken reicht dagegen die Fähigkeit aus, ihm zu schaden. Unabhängig von der Frage, wer bei einer Konfrontation den Sieg davontragen würde, kann bereits die Antizipation von Schäden und Verlusten ein ausreichendes Motiv sein, eine Auseinandersetzung zu vermeiden. Im „Kalten Krieg" beruhte Abschreckung auf der Drohung mit dem Einsatz nuklearer Waffen: Der Konflikt konnte letztlich nicht dadurch „entschieden" werden, dass die eine Seite die andere in einem nuklearen Schlagabtausch überwältigt und vernichtet. Es kam vielmehr darauf an, die Drohung mit ultimativem Schaden zu nutzen, um die Gegenseite zu beeinflussen. Nicht ihre Zerstörungskraft ist der entscheidende Punkt, in dem sich die Atombombe von konventionellen Waffen unterscheidet. Gegen einen unterlegenen Gegner, so Schelling, kann eine Nuklearwaffe auch nicht viel mehr ausrichten als ein Eispickel. Die Neuerung lag vielmehr darin, dass es wertvoller wurde, den Krieg zu verhindern, als ihn zu führen.
Doch wer mithilfe von Drohungen etwas erzwingen möchte, der muss glaubwürdig drohen können. Und das bedeutet nicht nur, über die entsprechenden Mittel zu verfügen, sondern sie nötigenfalls auch einzusetzen. Wenn der Bedrohte erwartet, dass sein Gegner hierbei zögerlich sein könnte, verpufft nicht nur die Drohung, sondern steigt auch das Risiko einer Eskalation. Schelling zog die wichtige, aber auch verstörende Schlussfolgerung, dass die Androhung von Schäden dann am überzeugendsten ist, wenn man die Kontrolle über die Entscheidung abgibt, sich also kein Schlupfloch lässt, im konkreten Fall doch zurückzustecken. Der Regisseur Stanley Kubrick setzte dieser Idee der „Selbstbindung" als Fundament effektiver Abschreckung ein cineastisches Denkmal: In seinem Film „Dr. Seltsam" hat die Sowjetunion eine „Weltuntergangsmaschine" entwickelt, die sich bei einem Angriff auf ihr Territorium automatisch aktiviert. Nur leider hat die sowjetische Führung vergessen, die Amerikaner darüber zu informieren – mit desaströsen Folgen. Selbstbindung setzt voraus, dass sie nicht nur glaubwürdig ist, sondern auch überzeugend vermittelt wird. Daraus ergibt

sich ein paradox erscheinender Ratschlag: Am Zug zu sein, kann einen Nachteil bedeuten – wenn es der mutmaßlich letzte Zug ist. Es ist besser, diese Entscheidung dem Anderen zu überlassen und die Kosten vorher entsprechend in die Höhe zu treiben.
Quelle: Thomas C. Schelling (1966): Arms and Influence. New Haven: Yale University Press.

Freiheit und Kontrolle

Bei Macht geht es darum, das Handeln anderer zu beeinflussen oder zu steuern. Das heißt aber auch: Macht setzt Freiheit voraus. Macht ist nur interessant, wenn der Andere die Freiheit des Handelns hat und ich eben genau deshalb sein Handeln beeinflussen kann. Denn darin liegt das Bezugsproblem und zugleich das Versprechen der Macht: Wenn ich andere motivieren kann, meinen Erwartungen entsprechend und auf meine Anweisung hin zu handeln, eröffne ich mir neue Handlungsmöglichkeiten. Wenn andere ihre Handlungen aber gar nicht frei wählen können, ist es praktisch nicht möglich, auf sie Macht auszuüben. Jedenfalls nicht in dem Sinne, dass ich ihre Handlungswahl steuern könnte.

Beispiel	Schutzgelderpressung

In einer Szene der US-amerikanischen Fernsehserie „The Sopranos" betreten zwei Mafia-Mitglieder die Filiale einer Kaffeekette, um ihrem Anspruch auf Schutzgeldzahlung Nachdruck zu verleihen. Im Gespräch mit dem Filialleiter machen sie indirekte, aber unmissverständliche Drohungen, was passieren könnte, falls diese Zahlungen ausblieben. Das reicht von einer zerstörten Fensterscheibe bis zur Körperverletzung des Filialleiters. Dieser zeigt sich zwar beeindruckt, sieht sich aber dennoch außerstande, Schutzgeld zu bezahlen: Er habe dafür schlicht keine finanziellen Mittel, weil jeder Cent in der Kasse genau mit der Zentrale abgerechnet werden müsse. Die Mafiosi ziehen frustriert von dannen und besprechen noch kurz, welches Ungemach dem Filialleiter nun drohe. Doch es ist offensichtlich, dass sie die Anwendung körperlicher Gewalt nicht als ihr eigentliches Ziel verstehen. Die „Vermeidungsalternative" körperlicher Gewalt ist auch für sie nur zweite Wahl. Sie müssen auf sie zurückkommen, weil der Filialleiter glaubhaft machen konnte, dass er trotz der angedrohten Sanktionen seine eigene Handlung gar nicht frei wählen kann. Ohne Freiheit auf Seiten des potenziell Machtunterworfenen läuft der Machtanspruch nicht nur in diesem Fall ins Leere.

Macht, so fasst Luhmann (1988) diese Überlegungen in seiner Machttheorie zusammen, bedeutet die *Übertragung von Selektivität*. Der Machthaber wählt eine bestimmte Handlung aus, die der Machtunterworfene ausführen soll, indem er die Selektion des Machthabers übernimmt. Das ist etwas Willkürliches und deshalb etwas Unwahrscheinliches: Warum sollte der Machtunterworfene diese Selektion nachvollziehen? Genau dies leistet Macht: Sie motiviert durch die Androhung negativer Sanktionen dazu, die Handlungswahl des Machthabers zu übernehmen. Das heißt natürlich nicht, dass diese Orientierung am Willen eines anderen in jedem Fall als *freie* Entscheidung erlebt würde. Sie kann aber durchaus als *eigene* Entscheidung zugerechnet werden.

> **Begriff | Macht**
> Macht ermöglicht die Übertragung von Selektionsleistungen: Alter motiviert Ego durch die Androhung negativer Sanktionen dazu, Alters Handlungswahl zu übernehmen.

2.3 Macht in der Gesellschaft

Der relativ *enge* Begriff von Macht, den wir in den vorangegangenen Abschnitten kennengelernt haben, stützt sich vor allem auf die Unterscheidung zwischen positiven und negativen Sanktionen. Der Fokus auf negative Sanktionen unterscheidet diesen Machtbegriff von anderen, breiteren Machtbegriffen in der sozialwissenschaftlichen Literatur. So findet man zum Beispiel bei Michel Foucault (1977b) eine Theorie der „Machttechnologien", die auf subtilen *Prozessen der Disziplinierung und Normierung* statt auf der Drohung mit Sanktionen beruhen. In ähnlicher Weise versucht Pierre Bourdieu mit seinem Begriff der „symbolischen Macht", Formen der Beeinflussung auf der Ebene der Definition sozialer Situationen und Kategorien zu erfassen. Symbolische Macht hat demnach, wer bestimmte „Sicht- und Teilungsprinzipien der sozialen Welt" (Bourdieu 2010a, S. 110) durchsetzen kann, zum Beispiel, inwiefern sozialer Status und Lebenschancen von ethnischen, Klassen- oder Geschlechterunterschieden abhängig sind.

Produktiv weiterentwickelt und angewendet wurde ein *weiter* Machbegriff vor allem in der feministischen Theorie. Insbesondere Judith Butler (1990) und Iris Marion Young (1990) zeigen, dass das Geschlechterverhältnis durch Machtasymmetrien gekennzeichnet ist, die weder auf die ungleiche Verteilung von Ressourcen noch auf explizite Drohmacht zurückzuführen sind. Unter anderem anknüpfend an Foucault, in dessen Werk das Thema Sexualität breiten Raum einnimmt (Foucault 1977a, 1986a, 1986b, 2019), und an das Konzept des „Patriarchats" (Cyba 2010) verweisen sie auf die vielfältigen, oft *subtilen Formen der Machtausübung im alltäglichen Leben* sowie in Institutionen und Organisationen. Normen richtigen Handelns in Geschlechterrollen sind zwar auch Gegenstand kollektiv bindender Entscheidungen, im Alltag werden sie aber vor allem durch kulturelle Selbstverständlichkeiten und praktische Routinen reguliert. Die darauf beruhende Macht ist weniger hierarchisch und weniger sichtbar, sondern vielmehr diffus und latent. Sowohl für die Analyse als auch für die Veränderung patriarchaler Machtverhältnisse ist deshalb der Blick auf Prozesse und Strukturen jenseits der formalen Politik entscheidend: Macht bedeutet auch, Verhältnisse als natürlich und selbstverständlich erscheinen zu lassen und sie auf diese Weise gar nicht erst in den Einzugsbereich politischer Entscheidungsprozesse kommen zu lassen (vgl. auch Bachrach und Baratz 1962). Das Risiko solcher Begriffserweiterungen liegt darin, dass Macht kaum mehr von anderen sozialen Phänomenen abgegrenzt werden kann. Für die Analyse kann eine solche Abgrenzung – zum Beispiel zwischen Macht im engeren Sinne und sozialem Einfluss – aber durchaus nützlich sein.

Die Vorteile eines relativ engen Machtbegriffs betonen insbesondere diejenigen Theorien, denen am systematischen Vergleich der Macht mit anderen Möglichkeiten der sozialen Beeinflussung gelegen ist. In diesem Sinne führte der Soziolo-

2. Macht

ge Talcott Parsons Macht als ein „generalisiertes Medium" ein, das mit Geld und anderen Medien vergleichbar ist (Parsons 1963). Die *medientheoretische Fassung des Machtbegriffs* wurde insbesondere von Habermas (1981) und Luhmann (1988) übernommen und weiterentwickelt. Sie bildet einerseits die Unterscheidung von positiven und negativen Sanktionen ab, indem sie zwischen Geld und Macht unterscheidet, und schafft andererseits Verbindungen zur Theorie gesellschaftlicher Differenzierung: Anhand ihres Bezugs auf spezifische „symbolisch generalisierte Kommunikationsmedien" wie Geld und Macht, aber auch Wahrheit und Liebe können demnach Teilsysteme der modernen Gesellschaft unterschieden werden (Luhmann 1997). Was der Wirtschaft das Geld, ist der Politik die Macht: Sie ist die Grundlage des spezifisch politischen Handelns, und die Erzeugung und Stabilisierung von Macht ist die Voraussetzung politischer Systeme.

Ohne Macht ist kein politisches System denkbar. Doch Macht in Form episodisch oder situativ ausgeübten Drucks ist keine hinreichend stabile Basis. Diese ist nur gegeben, wenn die Position des Machthabers nicht nur auf negativen Sanktionen, sondern auch auf einem gewissen Maß an Zustimmung beruht. Man kann diese besondere Form der Institutionalisierung und Legitimierung von Macht als „Herrschaft" bezeichnen.

2.4 Macht und Herrschaft

Machtbeziehungen sind nicht notwendig auf Dauer gestellt; mitunter entsteht Macht erst in der konkreten Situation und kann nicht über diese hinaus stabilisiert werden. Machtphänomene, die dauerhafter, aber auch voraussetzungsreicher sind, können unter dem Begriff der „Herrschaft" zusammengefasst werden. Ihre besondere Persistenz und Verlässlichkeit beruht darauf, dass eine Machtbeziehung als solche akzeptiert und anerkannt wird.

Befehl und Gehorsam

Weber zufolge besteht die Besonderheit von Herrschaft darin, dass sie mit „Gehorsam" rechnen kann.[8] Damit ist gemeint, dass der Herrschaftsunterworfene sich den Inhalt des Befehls „zu eigen" macht. Nicht allein die Furcht vor Sanktionen motiviert dann das Handeln im Sinne des Herrschers; sie wird ergänzt (oder sogar ersetzt) durch eine mehr oder weniger grundsätzliche Zustimmung zum Befehl selbst, zu seinen Gründen oder zur Position oder sogar zur Person des Herrschers. Zum Beispiel könnte man der Aufforderung, seine Steuern zu bezahlen, deshalb nachkommen, weil man die negativen Sanktionen (Bußgelder oder sogar Haftstrafen) vermeiden möchte. Es könnte aber auch eine Rolle spielen, dass man Steuern grundsätzlich für eine gute Sache hält – oder zumindest den Staat, der sie erhebt, als solchen anerkennt und seine Weisungen deshalb akzeptiert. Im zweiten Fall macht man sich den „Befehl", also die Anweisung der öffentlichen Verwaltung, zu eigen. Man hat Gründe, warum man das Verlangte im Grenzfall selbst wollen könnte. Herrschaft zeichnet sich dadurch aus, dass sie Motive für

---

8 Herrschaft bezeichnet demnach „die Chance, für einen Befehl bestimmten Inhalts bei angebbaren Personen Gehorsam zu finden" (Weber 1972, S. 28).

Gehorsam bereitstellt. Das setzt keine vollkommene Kongruenz der Interessen und der Willen voraus – dann wäre keine Herrschaft mehr nötig. Es geht vielmehr um eine Generalisierung der Folgebereitschaft, die den Sanktionsapparat der Macht in den Hintergrund treten lässt.

Für eine solche generalisierte Folgebereitschaft kann es unterschiedliche Gründe geben. Max Weber zum Beispiel nennt eine ganze Reihe von „Motiven der Fügsamkeit" (Weber 1972, S. 122). Gehorsam mag demnach auf „Sitte", d. h., auf eingelebten Gewohnheiten und Bräuchen beruhen. Man fügt sich, weil man selbst und andere es immer schon gemacht haben. Gehorsamkeit kleidet sich dann in den Mantel der Normalität, und es müssten erst einmal Motive auftauchen oder beschafft werden, die begründen könnten, warum man nicht mehr gehorchen will. Eine derartige Eingewöhnung von Gehorsam kann schon deshalb recht stabil sein, weil eine Änderung tradierter Handlungsorientierungen immer die Gefahr mit sich bringt, dass man in Widerspruch zu sich selbst gerät: Schließlich hat man gestern noch gehorcht; will man dies nun nicht mehr, muss auch die damit veränderte Selbstdarstellung begründet werden. Gewohnheit ist deshalb schon für sich ein Motiv dafür, morgen auch wieder so zu handeln, wie man gestern gehandelt hat. Eine weitere Grundlage von Gehorsamkeit können Gefühle sein: Die Herrschaft wird nicht (nur) gefürchtet, sondern ist emotional besetzt; man schätzt den Herrscher oder liebt ihn gar. Analog zum Fall der gewohnheitsmäßigen Herrschaft sichert Fügsamkeit dann vor allem die Konsistenz der eigenen Selbstdarstellung: Die positive Besetzung der Herrschaft würde durch die Ablehnung konkreter Befehle infrage gestellt werden.

Weder Gewohnheit noch Gefühle setzen voraus, dass über Gehorsamkeit im engeren Sinn entschieden wird. Sie bedürfen keiner Überlegung oder Abwägung, sondern lassen Fügsamkeit als selbstverständlich und mehr oder weniger alternativlos erscheinen. Anders verhält es sich mit materiellen Interessen. Auf ihrer Grundlage gerät Gehorsamkeit in den Bereich einer kalkulierenden Entscheidung: Man hat etwas davon, dass man gehorcht. Zum Beispiel motiviert in Arbeitsorganisationen das Gehalt dazu, den Befehlen der Vorgesetzten zu folgen. Komplementär zu dieser instrumentellen Motivation der Gehorsamkeit gibt es schließlich noch ideelle Motive: Man stimmt der Begründung der Herrschaft zu, d. h., man teilt ihre Wertgrundlagen und handelt deshalb im Sinne Webers „wertrational", wenn man sich fügt. Im Unterschied zu einer rein affektiven oder gewohnheitsmäßigen Bejahung der Herrschaft sind die beiden zuletzt genannten Motive also Beispiele für eine Form von Gehorsamkeit, die sich von der Erfüllung spezifischer Rationalitätsansprüche an Herrschaft abhängig macht.

Legitimität

Zu diesen unterschiedlichen und im konkreten Fall häufig in Kombination auftretenden Motiven tritt noch ein weiteres hinzu, und das ist der *Glaube an die Legitimität der Herrschaft*. Es ist eine wichtige soziologische These, dass keine Herrschaft allein auf isolierten Motiven der Fügsamkeit, insbesondere nicht auf materiellen Motiven und schon gar nicht auf Angst und Terror basieren kann. Jede stabile Herrschaft muss vielmehr irgendeine Art des Glaubens an ihre Richtigkeit voraussetzen können. Natürlich gibt es Herrschaft ohne Legitimität oder auf sehr schwacher Legitimitätsbasis, zum Beispiel rein gewaltmäßig fundierte Tyrannenherrschaft. Aber eine solche Herrschaft ist deutlich instabiler als eine Herrschaft, die sich auf Legitimität stützen kann.

In Webers Herrschaftssoziologie werden drei Typen der Legitimität unterschieden: Erstens die *traditionale Herrschaft*, die sich auf religiöse Prinzipien oder andere vor- und außerpolitische Geltungsansprüche gründet. Zweitens die *charismatische Herrschaft*, die an die Person des Herrschers, ihre Überzeugungskraft, ihr Heldentum oder ihre Vorbildlichkeit gebunden ist. Und drittens die *legal-rationale* Herrschaft, die allein darauf beruht, dass man an die Legitimität gesatzter, unpersönlicher Ordnungen glaubt (Weber 1972, S. 122–148). Sie ist gewissermaßen die moderne Form der Herrschaft, verwirklicht zum Beispiel im Modell des modernen Rechtsstaates, der ja seine Legitimität nicht daraus bezieht, dass man an die Heiligkeit der Verfassung oder die persönliche Tugend der Bundeskanzlerin glaubt, sondern daraus, dass die Herrschaft selbst an nachprüfbare Kriterien und Verfahren gebunden ist.

Tabelle 2.1: Webers Typologie der Herrschaftsformen (Quelle: eigene Darstellung)

traditionale Herrschaft	charismatische Herrschaft	rationale Herrschaft
Glaube an die Heiligkeit von Traditionen und an die Autorität Berufener	Glaube an die Heiligkeit, Heldenkraft oder Vorbildlichkeit einer Person	Glaube an die Geltung legaler Satzung

Man könnte Webers Typologie so verstehen, dass sie auch eine Entwicklungsrichtung politischer Herrschaft anzeigt. Doch das würde ihre Aussagekraft für konkrete politische Ordnungen überstrapazieren. Die Politik hat sich im Laufe der letzten fünftausend Jahre nicht einfach von traditionaler Herrschaft über charismatische Herrschaft zu legaler Herrschaft entwickelt. Auch wenn die legal-rationale Herrschaft für Weber ein wichtiger Orientierungspunkt der Analyse ist, stellt sie nicht zwingend den Endpunkt politischer Entwicklung dar. Sie tritt auch nicht in Reinform auf, da sie in Webers Verständnis ein „Idealtypus" ist, also eine analytische Zuspitzung, die bestimmte Elemente der Wirklichkeit herausgreift und verdichtet. Wollte man dennoch die gesamte Entwicklung der Politik auf dieser Basis rekonstruieren, müsste man zudem einen großen Teil der historischen politischen Phänomene im Bereich der traditionalen Herrschaft verbuchen; dies hieße aber, die heterogenen Formen der politischen Organisation in einen Topf zu werfen, die sich etwa in archaischen Gesellschaften, Häuptlings- und Königtümer und in den frühneuzeitlichen Hochkulturen entwickelt haben. Webers Typologie dient deshalb nicht dazu, die politische Entwicklung zu erklären, sondern sie ist ein Erkenntnisinstrument, um die Kernelemente bestimmter politischer Ordnungen zu erfassen.

2.5 Zusammenfassung

In diesem Kapitel haben wir einen Begriff der Macht vorgestellt, der im Vergleich zum recht diffusen und breiten Alltagsverständnis ein spezifisches Problem sozialen Handelns ins Zentrum stellt: wie und warum die Tatsache, dass eine Person eine bestimmte Handlung wählt, eine andere Person in derselben Richtung beeinflussen kann. Um den Mechanismus zu verstehen, der eine solche Übertragung einer Handlungswahl wahrscheinlicher macht, haben wir zwischen positiven und negativen Sanktionen unterschieden: Positive Sanktionen bieten Anreize, deren Wirksamkeit jedoch stark davon abhängt, ob sie gerade attraktiv sind. Mithilfe negativer Sanktionen ist es möglich, sich von den Präferenzen der Machtunterworfenen stärker unabhängig zu machen. Die Erfolgschancen von Macht werden besser kalkulierbar, wenn diese auf überlegener physischer Gewalt beruht. Die Zentralisierung, Monopolisierung und Legitimierung von Gewaltausübung – und somit die Etablierung dauerhafter Herrschaft – sind deshalb wichtige Variablen der politischen Entwicklung und die Grundlagen moderner Staatlichkeit.

Literaturempfehlungen

Arendt, Hannah (1970): Macht und Gewalt. München: Piper.
Blau, Peter M. (1964): Exchange and Power in Social Life. New York: Wiley.
Bourdieu, Pierre (1991): Politisches Feld und symbolische Macht. In: *Berliner Journal für Soziologie* 1 (4), S. 483–488.
Foucault, Michel (2005): Analytik der Macht. Frankfurt/Main: Suhrkamp.
Luhmann, Niklas (1988): Macht. 2. Aufl. Stuttgart: Enke.
Paris, Rainer (2015): Der Wille des Einen ist das Tun des Anderen. Aufsätze zur Machttheorie. Weilerswist: Velbrück.
Parsons, Talcott (1963): On the concept of political power. In: *American Philosophical Society* 107 (June), S. 232–262.
Popitz, Heinrich (1992): Phänomene der Macht. 2., stark erweiterte Aufl. Tübingen: J. C. B. Mohr (Paul Siebeck)
Weber, Max (1972): Wirtschaft und Gesellschaft. Grundriß der verstehenden Soziologie (orig. 1921/1922). 5. Aufl. Tübingen: J. C. B. Mohr (Paul Siebeck)

3. Evolution der Politik

Die Politische Soziologie behandelt nicht nur die Politik der modernen Gesellschaft, sondern im Prinzip *alle* Formen der Politik in *allen* Phasen der gesellschaftlichen Entwicklung. Dieses universalhistorische Interesse setzt voraus, dass Politik nicht mit dem modernen Staat gleichgesetzt wird. Um politische Phänomene außerhalb des vertrauten Rahmens der Gegenwartsgesellschaft analysieren zu können, ist ein Begriff der Politik nötig, der nicht auf zu spezifische Eigenschaften und Strukturen festgelegt ist. Lässt man sich beispielsweise zu stark vom modernen Politikverständnis leiten, kommen vormoderne Formen der Politik nur unter dem Gesichtspunkt ihrer Defizite in den Blick, nämlich als „staatenlose Politik". Eine zu starke Einengung des Begriffs vermeidet zum Beispiel Lasswell (1936), der Politik im weitesten Sinne als „Einflussnahme" versteht. Politik analysieren hieße daher, die Frage zu beantworten „who gets what, when, how". Damit wird das begriffliche Netz allerdings sehr weit gespannt. Was Politik von anderen Bereichen der Gesellschaft unterscheidet, bekommt man auf diese Weise nicht in den Blick.

Dies gelingt nur mithilfe eines Politikbegriffs, der problembezogen ist: Die Idee ist, dass Politik etwas ganz Bestimmtes leistet; die Art und Weise, wie dies geschieht, kann aber variieren. Politik ist dann ein allgemeiner Sammelbegriff für die unterschiedlichen Formen, in denen ein bestimmtes gesellschaftliches *Bezugsproblem* gelöst werden kann. Das Problem, auf das Politik reagiert, ist der gesellschaftliche Bedarf für *kollektiv bindende Entscheidungen* (Easton 1957; Parsons 1969b; Luhmann 2010). Dies ist ein plausibler Ausgangspunkt für historische Analysen, denn in allen Gesellschaften (und auch in anderen sozialen Systemen) mag es erforderlich sein, dass auf eine Weise entschieden werden kann, dass alle sich an diese Entscheidung gebunden fühlen. Man kann sich ein solches Erfordernis für Jäger- und-Sammler-Gesellschaften genauso vorstellen wie für moderne Gesellschaften: Die Anlässe, Inhalte und Durchsetzungsmöglichkeiten mögen sich dramatisch unterscheiden – von der Organisation der gemeinsamen Jagd bis zur Festlegung des Krümmungsgrades von Gurken. Doch stets geht es um ein gemeinsames Bezugsproblem: kollektiv bindende Entscheidungen. Entscheidungsprobleme dieser Art hat jede Gesellschaft, und somit gibt es auch einen mehr oder weniger universellen Politikbedarf, der in unterschiedlicher Weise bedient werden kann und bedient worden ist.

Die „Evolution" der Politik besteht demnach darin, dass sich Strukturen herausbilden, die auf das Problem kollektiv bindender Entscheidungen abgestellt sind. Wir benutzen den Begriff der *Evolution* – statt zum Beispiel jenen der Entwicklungsgeschichte –, um deutlich zu machen: Dies geschah schrittweise, unbemerkt und vor allen Dingen: unbeabsichtigt. Der Evolutionsbegriff bezeichnet Wandlungsprozesse, die nicht gesteuert und geplant sind. So auch im Bereich der Politik: Politische Strukturen und Institutionen haben sich häufig ungeplant, mitunter sogar gegen Pläne und Erwartungen der Beteiligten entwickelt. Zum Beispiel konnte niemand das „Fehlen" eines Staates bemerken, bevor es ihn gab. In einer archaischen Gesellschaft wurde die Staatenlosigkeit nicht als Defizit bemerkt. Also konnte auch nicht geplant werden, ihn einzurichten. Die Entwicklung politischer

3. Evolution der Politik

Entscheidungskapazität ist nicht notwendigerweise ein Ergebnis von Planung und Entscheidung.

Dieser sehr allgemeine Rahmen einer Evolutionstheorie der Politik wird in der Literatur auf unterschiedliche Weise interpretiert. In diesem Kapitel werden wir zwei Ansätze behandeln: erstens die *politische Ethnologie*, die sich mit nichtwestlichen, insbesondere Stammesgesellschaften beschäftigt und sich für deren politische Organisation interessiert. Sie analysiert die politischen Institutionen vormoderner Gesellschaften zunächst vor dem Hintergrund der Unterschiede zur modernen Politik, und das heißt: primär unter dem Aspekt, ob es einen Staat gibt oder nicht. Stammesgesellschaften, die zum Beispiel in Papua-Neuguinea oder in Teilen Afrikas anzutreffen sind, werden in diesem Sinne als „staatenlose Gesellschaften" beschrieben oder auch als „akephale", als kopflose Gesellschaften, da sie im Vergleich zur modernen Gesellschaft kein politisches Entscheidungszentrum aufweisen. Daran schließt sich einerseits die Frage an, wie politische Probleme ohne Staat gelöst werden; und andererseits, wie es zur Entstehung staatlicher Ordnungen kommt.

Die zweite Perspektive ist die *Systemtheorie*, die politische Evolution nicht als Entstehung von Staaten, sondern als Ausdifferenzierung politischer Herrschaft beschreibt. Damit sind ähnliche Entwicklungen und Resultate angesprochen, aber die Analyse ist nicht primär auf die Frage ausgerichtet, wie eine bestimmt politische Organisation entsteht, sondern darauf, wie Politik sich als ein autonomes Teilsystem aus der Gesellschaft ausdifferenziert hat, d. h. wie sie zunehmend unterscheidbar wurde von anderen Teilen der Gesellschaft. Dahinter steckt die These, dass archaische Gesellschaften nicht primär staatenlos sind, sondern vor allem „multifunktional": Es gibt keine spezialisierten politischen Institutionen, aber politische Probleme werden im Rahmen anderer Strukturen, zum Beispiel innerhalb der Familie oder des Clans, gewissermaßen mitbetreut. Die Form der Politik, der Grad ihrer Ausdifferenzierung hängt davon ab, wie die jeweilige Gesellschaft als Ganze differenziert ist. Der Frage nach der Staatsentstehung entspricht in der Systemtheorie also die Frage nach der Ausdifferenzierung eines spezialisierten politischen Systems.

3.1 Staatenlose und staatlich organisierte Politik

Die ethnologische Forschung bietet ein sehr facettenreiches Bild der Formen politischer Organisation. Eine von Service (1962) entwickelte Typologie ordnet diese in vier Kategorien ein: *Bands, Tribes, Chiefdoms* und *States*. Sie erfasst ein breites Spektrum und eine lange Entwicklungsgeschichte politischer Organisationen. Zumindest ein Teil dieser Geschichte ist aber nicht rekonstruierbar, weil zum Beispiel schriftlose Gesellschaften keine Überlieferungen ihrer politischen Strukturen hinterlassen haben. Was man über diese Gesellschaften weiß, beruht daher in der Regel auf der Beobachtung zeitgenössischer Gesellschaften, die Ethnologen dem Typ der „segmentären" Gesellschaft zuordnen, wie zum Beispiel die von Fortes (1945) und Evans-Pritchard (1940) beschriebenen Stämme der Tallensi (im heutigen Ghana) und der Nuer (Südsudan). Daran mag man kritisieren, dass die heute als „archaisch" klassifizierten Gesellschaften nicht mehr dieselben sind wie vor fünftausend Jahren. Das ist sicherlich richtig und trifft angesichts zunehmender globaler Verflechtung heute noch mehr zu als vor fünfzig Jahren. Für die Politische Soziologie ist aber nicht entscheidend, ob wir es mit genauen Abbildern zu tun haben. Wichtig ist vielmehr, dass man mit großer Plausibilität annehmen kann, dass es einmal Gesellschaften gab, die auf diese Weise ihre politischen Probleme gelöst haben – und dass es in diesem Sinne schon immer und in allen Gesellschaften „Politik" gegeben hat.

Gesellschaftsstruktur und politische Ordnung

Ein wichtiger Ausgangspunkt für eine Typologie politischer Ordnungen ist die Unterscheidung zwischen zentralisierten und nichtzentralisierten Formen. Horden und Stämme sind nichtzentralisiert. Erst Häuptlingstümer und später Staaten sind zentralisierte politische Systeme, die politische Entscheidungskompetenzen an einem identifizierbaren und adressierbaren sozialen Ort konzentrieren. Worauf ist dieser Unterschied zurückzuführen? Eine naheliegende und auch in der Tabelle angelegte Hypothese lautet, dass Unterschiede der politischen Organisation mit gesellschaftlichen Rahmenbedingungen korrelieren, die mögliche Entscheidungsprobleme vorzeichnen. Das kann beispielsweise die Art und Weise sein, in der die Gesellschaftsmitglieder sich versorgen, also die Subsistenzform. Jagen und Sammeln, Gartenbau, Viehzucht und Landwirtschaft bieten jeweils unterschiedliche (und unterschiedlich vielfältige) Anlässe für kollektiv bindende Entscheidungen: Zum Beispiel erfordert bereits eine Jagd, Aufgaben verteilen und gemeinschaftlich erledigen zu können. Ackerbau oder Viehzucht setzen eine noch dauerhaftere Verteilung von Einzel- und Gruppenaufgaben voraus.

Tabelle 3.1: Typologie politischer Organisation (nach Service 1962)

Politische Organisation		Subsistenzform	Beispiel
Horde (*band*)	unzentralisiert	Jäger & Sammler	Ju/'hoansi (Kalahari), Hadza (Tansania)
Stamm (*tribe*)		Gartenbau (*horticulture*)	Nuer (Sudan), Kapauku (Papua-Neuguinea)
Häuptlingstum (*chiefdom*)	zentralisiert	Viehzucht (*pastoralism*)	Kpelle (Liberia)
Staat (*state*)		Landwirtschaft, später Industrie	Swazi (Südafrika), ägyptisches Königstum, Nationalstaaten

Es gibt also Affinitäten zwischen Gesellschaftstypen und politischen Strukturen: *Horden* sind egalitäre Gesellschaften, die keine festen Führungspositionen kennen. Es gibt im Grunde keine politischen Institutionen – aber selbstverständlich politische Probleme. Doch diese können noch weitgehend situativ behandelt werden.

3. Evolution der Politik

Man setzt sich zusammen und redet darüber, und dann trifft man eine Entscheidung. Insofern es also lediglich auf einen konkreten Anlass bezogene „politische" Situationen gibt, ist die Gruppe der Entscheidenden nicht festgelegt. Dauerhafte Rollen für Entscheider sind gar nicht nötig. Die ethnologische Forschung geht davon aus, dass der entscheidende Schritt zur Institutionalisierung politischer Strukturen in *Stammesgesellschaften* („tribes") erfolgt, insofern in diesen Gesellschaften herausgehobene Positionen dauerhaft institutionalisiert werden. Das ist darauf zurückzuführen, dass Stämme sesshaft sind und deshalb bessere Möglichkeiten für die Akkumulation von Vorteilen bieten. Einzelnen Personen gelingt es, besonderes Prestige zu erwerben, zum Beispiel durch besondere Produktivität, die es wiederum ermöglicht, anderen zu helfen. Die Anerkennung der anderen macht sie dann beispielsweise zu sogenannten „Big Men", d. h. besonders geachteten Führungspersonen (Sahlins 1963). Eine solche Position muss jedoch beständig neu erarbeitet werden. Sie ist kein politisches „Amt". Für diese Art politischer Rollen ist typisch, dass ihre Inhaber unablässig damit beschäftigt sind, andere zu überzeugen, denn formale (Erzwingungs-)Macht besitzen sie nicht.

> **Beispiel | Ongkas Big Moka – ein „Big Man" bei der Arbeit**
>
> In dem ethnographischen Dokumentarfilm „Ongka's Big Moka" geht es um einen sogenannten „Big Man" eines Stammes der Kawelka in Papua-Neuguinea. Ongka möchte ein „Moka" organisieren, ein rituelles Fest, bei dem ein Big Man einen anderen Big Man beschenkt, um die gegenseitige Verbundenheit auszudrücken. Die Geschenke bestehen aus der wichtigsten Ressource der Kawelka: Schweine, die neben Yamswurzeln ein beliebtes Tauschgut darstellen. Die Viehzucht bestimmt die Gesellschaftsstruktur und das individuelle Prestige: Für die Schweinehaltung benötigt man Aufsichtspersonal, das in der Regel weiblich ist. Prestige erringen Männer dadurch, dass sie viele Frauen haben, die viele Schweine betreuen können. Ein besonders herausgehobener „Big Man" wird man, indem man andere durch Großzügigkeit überwältigt. Durch Geschenke bringt man sie in eine Dankesschuld, die einem selbst Prestige verleiht. Ähnliches gilt im Verhältnis der Big Men zueinander: Auch hier gilt das Prinzip, den anderen durch Großzügigkeit zu übertreffen.
> Im konkreten Beispiel möchte Ongka ein Moka erwidern, das sich zehn Jahre zuvor ereignete. Der Big Man des anderen Stammes schenkte ihm damals 400 Schweine. Er plant, sich mit dem Geschenk von 600 Schweinen zu revanchieren. Er ist jedoch auf die Hilfe anderer angewiesen, um die Schweine zu beschaffen, denn natürlich ist er nicht im Besitz einer so großen Zahl. Der Film zeigt Ongkas Bemühungen, die Moka-Zeremonie vorzubereiten. Sie bestehen vor allem aus vielen Gesprächen, die er mit den Mitgliedern seines Dorfes führt. Mit gutem Zureden und gelegentlichen Ermahnungen versucht er, diese für sein Vorhaben zu gewinnen. Am Ende gelingt es Ongka, 600 Schweine aufzutreiben – und dazu noch 10.000$, neun Kühe sowie ein Motorrad. Nachdem diese Geschenke übergeben wurden, fasst Ongka gegenüber seinem Big-Man-Kollegen zusammen: „Indem ich Dir all diese Dinge gegeben habe, habe ich Dich geschlagen!"
> Quelle: Ongka's Big Moka: The Kawelka of Papua New Guinea, Regie: Charlie Nairn, 1974.

Das Beispiel der Bemühungen Ongkas ist aufschlussreich für die Rolle des Big Man: Sie ist keine *Herrschafts*rolle, sondern allenfalls eine *Führungs*rolle. Sie beruht vor allem auf Prestige, das von der Zahl der Personen, die in der eigenen Schuld stehen, abhängt. Man muss viel besitzen, um anderen etwas geben zu können. Um die Mitglieder des eigenen Dorfs zu mobilisieren, ist Überzeugungskraft nötig. Anerkennung, gute Beziehungen und eine gute Redegabe sind typische Voraussetzungen dafür, eine Führungsposition in einer segmentären Gesellschaft zu erlangen. Entscheidend jedoch ist: Der Big Man mag zwar wichtig und prominent sein, aber er ist kein Herrscher. Er hat keine Amtsautorität, sondern muss andere stets aufs Neue überzeugen. Es gibt also keine dauerhafte Herrscherrolle, kein Amt, das man erlangen kann, sondern nur an eine konkrete Person und an deren Fähigkeiten geknüpfte Führungsaufgaben.

Zentralisierung

In Ermangelung konkretisierter und fixierter Führungsposition ist es für viele Stämme nicht möglich, sich in eine über die lokale Gemeinschaft hinausgehende politische Struktur einzufügen. Stammesgesellschaften bestehen aus einzelnen territorialen Einheiten, zum Beispiel Dörfern, deren Familien eine gemeinsame Abstammung haben. Die Familien eines Nachbardorfs können insofern zu derselben Gesellschaft gehören, als sie von gemeinsamen (Ur-)Ahnen abstammen. Doch auf der Ebene dieser aus mehreren Einheiten oder „Segmenten" bestehenden Gesellschaft gibt es typischerweise keine eigene politische Struktur. Wenn es zu Streitfragen oder Konflikten kommt, müssen die betroffenen Kollektive und damit die Ebene einer möglichen Entscheidungsfindung erst einmal identifiziert und zugeordnet werden. Man kann sich dies wie folgt vorstellen (Fallers 1963): In Abbildung 3.1 stehen die Buchstaben A bis D für lokale Gemeinschaften, die sich jeweils einer bestimmten Ahnenreihe zurechnen. So gehören A und B zur gemeinsamen Abstammungslinie E, während C und D sich der Gruppe F zurechnen. Sowohl E als auch F stammen wiederum von G ab.

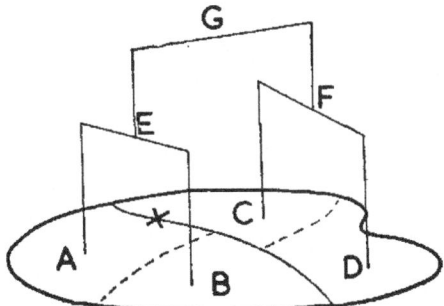

Abbildung 3.1: Politik in einer segmentär differenzierten Gesellschaft (Fallers 1963)

Ereignet sich zwischen zwei dieser territorial benachbarten Gruppen ein Konflikt, zum Beispiel zwischen zwei Angehörigen von A und C, so gibt es keinen Mechanismus, der diesen Konflikt behandeln könnte. Zwar würden jeweils die anderen Angehörigen von A oder C mobilisiert werden können, aber es gibt keine direkte

3. Evolution der Politik

„Klammer", die A und C verbinden würde. Eine solche wäre aber Voraussetzung dafür, dass sich beide Gruppen einer *gemeinsamen* Autorität, zum Beispiel im Rahmen einer Streitschlichtung, unterordnen. Erst nachdem B den Mitgliedern von A zu Hilfe kommt und D den Mitgliedern von C, kann die „komplementäre Opposition" der Abstammungsgruppen E und F ins Spiel kommen. Auf dieser Ebene ist eine politische Kompromissfindung möglich, weil – durch die gemeinsame Abstammungslinie G – ein geteilter gesellschaftlicher Rahmen konstruiert werden kann. Das politische „System" muss gewissermaßen anlassbezogen und durch Sortierung der entsprechenden Segmente erst formiert werden.

In diesem Punkt unterscheiden sich Stämme von dem, was als „Häuptlingstümer" bezeichnet wird. Diese haben eine *zentralisierte* politische Struktur: Es gibt also Herrschaftsrollen, die den Wechsel von Personen überdauern, und damit fest institutionalisierte Adressen für politische Probleme. Man kann sagen, dass Herrschaft im engeren Sinne erst mithilfe einer solchen Form politischer Organisation ausgeübt werden kann. In der damit ansetzenden politischen Entwicklung lassen sich Übergänge vom noch eher tribal geprägten Häuptlingstum zum staatlich organisierten Königtum beobachten, zum Beispiel im Fall der Zulu in Südafrika im 19. Jahrhundert (Gluckman 1940). Die Zentralisierung politischer Herrschaft war dort, wie auch in vielen anderen Fällen, eine wichtige Voraussetzung für ihre Verstetigung und somit für die Entstehung staatlicher Organisationen.

Moderne Staatlichkeit

Mit zentralisierter und dann auch bald amtsmäßig ausgeübter Herrschaft erreicht die politische Entwicklung die Schwelle zu dem, was man als „Staat" bezeichnen kann: eine Form von „Regierung" durch die dauerhafte Verwaltung eines Territoriums und einer Population. Im Staat wird Herrschaft nicht nur zentralisiert, sondern vor allem auch unpersönlich ausgeübt: Es mag noch einen Herrscher an der Spitze geben, doch dieser herrscht kraft eines Verwaltungsstabes. Es gibt also eine Mehrzahl von Rollen, die in ihrer Kombination und in ihrem Zusammenwirken die staatliche Form der Herrschaft begründen.

Heutzutage scheinen Staaten die normale, ja notwendige Form politischer Organisation zu sein. Der moderne Nationalstaat ist eine wichtige, aber keineswegs die einzige Realisierung von Staatlichkeit. Unter dem Staatsbegriff werden unterschiedliche historische Formen der Zentralisierung politischer Macht zusammengefasst, die vom Alten Ägypten bis zur Europäischen Union reichen. Der Begriff erfasst Königtümer ebenso wie Stadtstaaten oder moderne Nationalstaaten. Die räumliche Ausdehnung der staatlichen Herrschaft kann sich also auf eine Stadt beschränken, ein von anderen staatlichen Einheiten abgegrenztes Territorium umfassen oder auch ein großes „Reich" mit nicht immer klaren Grenzen (vgl. Finer 1997). Staaten können demokratisch regiert werden, aber auch monarchisch oder totalitär. Der Staatsbegriff macht also keine Vorgaben, zu welchen Zwecken zentralisierte politische Macht eingesetzt und wie diese legitimiert wird. Entscheidend ist, dass die Ausübung von Herrschaft systematisiert und auf eine dauerhafte Grundlage gestellt wird – in der Regel durch eine bürokratische Verwaltung.

Doch die Entstehung eines „rationalen Staates" (Weber 1972, S. 815–837) war keine Selbstverständlichkeit. Ansätze zu einer Zentralisierung politischer Entscheidungskompetenzen führten nicht in jedem Fall zu einer bürokratischen Verwaltung eines genau definierten Territoriums. In seiner umfangreichen Untersuchung der politischen Systeme vormoderner Reiche zeigt Eisenstadt (1963), dass eine solche Verstetigung politischer Herrschaft die Verfügbarkeit „freier" Ressourcen voraussetzt. Das heißt: Die gesellschaftliche Entwicklung, insbesondere der Wirtschaft, muss erst ausreichende Überschüsse produzieren, die sich ein bürokratischer Herrschaftsapparat aneignen und für die Umsetzung seiner Entscheidungen nutzen kann. Ein wichtiges Motiv, neue physische, personelle und finanzielle Ressourcen zu erschließen, ergab sich aus Konflikten mit anderen Staaten und um die Herrschaft konkurrierender Gruppen: Staaten mussten die Vorbereitung und Durchführung von Kriegen finanzieren und dafür Sorge tragen, dass sie militärisches Personal rekrutieren konnten. Diesen Zusammenhang zwischen Konflikten und Staatsbildung fasst der historische Soziologie Charles Tilly bündig zusammen: Staaten machen Kriege, und Kriege machen Staaten (Tilly 1985).

3.2 Ausdifferenzierung von Politik

Folgt man der historischen Rekonstruktion politischer Organisation bis zu diesem Punkt, können zwei Zwischenergebnisse festgehalten werden: Zum einen darf Politik nicht mit dem Staat gleichgesetzt werden. Es gibt staatenlose Gesellschaften, die auch politische Probleme haben, diese aber anders, unter Verzicht auf zentralisierte Strukturen lösen. Zum anderen scheint politische Evolution damit im Wesentlichen Staatsentwicklung zu sein: Staaten sind Produkte der – im Vergleich zu archaischen Gesellschaftsformen – jüngeren Geschichte; sie haben sich jedoch auf breiter Front durchgesetzt, sodass Politik *in der Gegenwart* mehr oder weniger mit staatlicher Politik gleichzusetzen ist.

Man kann diese Entwicklungsgeschichte aber auch unter etwas anderen Vorzeichen beschreiben. Der Fokus auf Staatsentstehung erklärt noch nicht, was sich eigentlich in der Gesellschaft und abhängig davon in der Politik auf dem Weg von Stammesgesellschaften zur modernen Gesellschaft verändert hat. Wir haben zwar bereits einige Elemente dieser Entwicklung angesprochen, vor allem die Entstehung und Stabilisierung von Herrschaftsrollen. Eine Einordnung und Erklärung dieser Entwicklung erlaubt die soziologische Differenzierungstheorie. Sie rekonstruiert die Evolution der Politik nicht primär als Entstehung von Staaten, sondern als Ausdifferenzierung politischen Handelns.

Differenzierungsformen

Die soziologische Differenzierungstheorie beschäftigt sich seit den klassischen Formulierungen von Spencer (1877) und Durkheim (1988 [1893]) mit der Frage, wie sich moderne von vormodernen Gesellschaften unterscheiden. Ausgehend von der Beobachtung, dass die moderne Gesellschaft sich durch mehr und unterschiedlichere Institutionen mit einer entsprechenden Vielfalt an Rollen auszeichnet, erkennt man schnell, dass es nicht nur um *mehr* Differenzierung geht, sondern um eine *andere* Differenzierung. Luhmann (1997) hat diese Einsicht in Form einer

Typologie verschiedener *Differenzierungsformen* ausgearbeitet. Sie unterscheidet nicht zwischen „traditionellen" und „modernen" Gesellschaften, sondern zwischen drei Formen der Differenzierung: *Segmentär* differenzierte Gesellschaften – die wir bisher als „archaische" oder „Stammesgesellschaften" bezeichnet haben – bestehen aus Teilen, die sich sehr ähnlich sind. Jedes Segment, zum Beispiel die lokale Dorfgemeinschaft, ist in gewisser Weise autark und reproduziert alle grundlegenden Merkmale der Gesellschaft. *Stratifizierte* Gesellschaften wie die mittelalterliche Ständegesellschaft bestehen aus sozialen Schichten, die ungleich und vor allem ungleichrangig sind, zum Beispiel Bauern, Bürger, Adel und Klerus. Die moderne *funktional* differenzierte Gesellschaft besteht aus Teilsystemen, die sich jeweils für bestimmte Bezugsprobleme, für „Funktionen" herausbilden und auf deren Betreuung spezialisieren.

Nimmt man diese Typologie als Folie, um den gesellschaftlichen Wandel zu beschreiben, dann stehen am Ausgangspunkt – in segmentären Gesellschaften – multifunktionale soziale Einheiten. Bezogen auf Politik bedeutet dies: Man kann Politik nicht trennen von Verwandtschaft, aber auch nicht von Religion. Verwandtschaftsverhältnisse sind konstitutiv dafür, wer überhaupt als politischer Freund oder Gegner infrage kommt, mit wem man politisch in Kontakt treten kann. Doch politische Beziehungen sind auch religiös fundiert. Jedes politische Handeln muss auf religiöse Bedürfnisse und Regeln Rücksicht nehmen. Die Politik ist eingebettet in – man könnte auch sagen: verschmolzen mit – Verwandtschaft und Religion.

Gegenüber beiden Bereichen wird die Politik im Zuge gesellschaftlicher Entwicklung zunehmend unabhängig. Das kann mit einem Bereich beginnen, zum Beispiel indem zunächst Verwandtschaft an politischer Bedeutung verliert und Religion dafür umso wichtiger wird – oder umgekehrt. Eine Theokratie wie im alten Ägypten kann so die religiöse Verankerung der Politik steigern und gleichzeitig auf die Rechtfertigung durch Verwandtschaft zum großen Teil verzichten. Eine solche einseitige Entwicklung kann die Legitimität der Herrschaft stabilisieren, indem zumindest eine der bisherigen Stützen politischer Autorität ihre Bedeutung vorläufig behält. Eine mehr oder weniger simultane Lockerung der Bindungen von Politik an Verwandtschaft und Religion ist dagegen riskant. Sie gelingt letztlich – mit gewissen Vorläufern im antiken Griechenland und in Rom – erst in der modernen Gesellschaft. Die moderne Politik ist gerade dadurch charakterisiert, dass sie unabhängig von diesen Bereichen ist. Zum einen von der Religion, nach einer im europäischen Fall langwierigen und konfliktreichen Entwicklung der „Säkularisierung", zum anderen von Verwandtschaft durch die Umstellung von vererbbaren politischen Herrschaftspositionen auf erworbene und als Beruf ausgeübte.

Vertikale und horizontale Ausdifferenzierung

Was geschieht aus soziologischer Perspektive in diesem Übergang von einer gesellschaftlich eingebetteten zu einer autonomen Politik? Das führt man sich am besten vor Augen, indem man segmentäre Gesellschaften als einen Ausgangspunkt, als eine Art Naturzustand begreift, von dem aus sich die politische Entwicklung als eine *Ausdifferenzierung von Politik* begreifen lässt. Luhmann (2010, S. 51–80) schlägt vor, zwischen zwei Aspekten dieser Ausdifferenzierung zu unterscheiden: *vertikale* und *horizontale Ausdifferenzierung*. Die vertikale Ausdifferenzierung meint die Etablierung stabiler Herrschaftsrollen, die horizontale die Abgrenzung der Politik gegenüber anderen Gesellschaftsbereichen. Wir hatten bereits festgehalten, dass segmentäre Gesellschaften im Grunde egalitär sind: Sie kennen keine dauerhaften und eindeutigen Herrschaftsrollen, sondern allenfalls spontan entstehende und ständig zu reproduzierende Führungspersonen, wie zum Beispiel Big Men. Was ist die Voraussetzung dafür, dass sich eine Form von Herrschaft etablieren kann, die von einzelnen Personen und auch von konkreten Familien entkoppelt ist und dadurch auf Dauer gestellt wird? Dafür, dass man sich darauf verlassen kann, dass es einen Herrscher gibt und dieser auch effektiv entscheiden kann?

Die gesellschaftliche Voraussetzung dafür ist zunächst einmal: Die Gesellschaft muss Rangverhältnisse kennen und akzeptieren, und das heißt: Ungleichheit bzw. Schichtung als legitim anerkennen. Die Tatsache, dass der eine mehr hat als der andere, muss dann nicht durch überreichliche Gaben wieder aus der Welt geschafft, sondern anderweitig kompensiert werden. Zum Beispiel dadurch, dass ranghöhere Personen Verpflichtungen haben, für andere zu sorgen. Je mehr solche asymmetrischen Beziehungen gesellschaftliche Normalität werden, desto plausibler wird auch Herrschaft, die eine dauerhafte Asymmetrie darstellt. Die Herrschaft kann sich dann von konkreten persönlichen Beziehungen lösen und zu einer dauerhaften Einrichtung werden. Sie kann die Form von Ämtern annehmen, denen wechselnde Personen zugewiesen werden.

Die Einrichtung solcher Herrschaftsrollen im Zuge einer *vertikalen Ausdifferenzierung* ist ein recht allgemeines Merkmal der gesellschaftlichen Entwicklung. Warum gibt es eigentlich kaum noch Gesellschaften, die ohne stabile politische Herrschaftsrollen funktionieren? Die Antwort lautet: Weil die Ausdifferenzierung von Herrschaft Vorteile hat – Vorteile, die weitere und komplexere gesellschaftliche Entwicklung ermöglichen. Diese Vorteile bestehen in der „Mehrstufigkeit" und „Unbestimmtheit" der Herrschaft (Luhmann 2010, S. 61–63). *Mehrstufigkeit* meint: Man muss nicht mehr für jedes politische Problem zuerst klären, wer darüber entscheiden kann. Vielmehr wird in einem ersten Schritt entschieden, wer generell zu entscheiden hat. Und in einem zweiten Schritt entscheidet diese Stelle dann, was für andere verbindlich ist. Das schafft die Verlässlichkeit, dass kollektiv bindende Entscheidungen getroffen werden können. Es ist nicht unsicher, ob es überhaupt jemanden gibt, der sie treffen kann. Wenn politische Probleme auftauchen, kann man sich an eine zuständige Stelle oder soziale Rolle wenden. Das bedeutet einen Gewinn an *Unbestimmtheit*: Es werden mehr Möglichkeiten in die Politik eingeführt, weil nur darüber entschieden wird, *dass* in Zukunft entschieden werden kann, aber offenlässt, *was* dann entschieden wird. Herrschaft macht nur dann Sinn, wenn die konkreten Entscheidungen offen sind. Man weiß also, *dass* die Entscheidung getroffen werden kann, aber man lässt offen, *welche* Entscheidungen es konkret sein werden. Vertikale Ausdifferenzierung bedeutet damit, dass Herrschaft aus persönlichen Beziehungen und aus dem ständigen Aushandlungsprozess herausgelöst und zu einer eigenen sozialen Tatsache wird.

Vertikale Ausdifferenzierung setzt allerdings nicht voraus, dass die Politik sich bereits von anderen gesellschaftlichen Bereichen entkoppelt. Königtümer zum Beispiel sind häufig religiös legitimiert, müssen dem Herrscher also auch eine herausgehobene religiöse Rolle reservieren. Das ist ein wichtiger Ausgangspunkt der vertikalen Ausdifferenzierung von Herrschaft, da sie auf diese Weise durch das im nichtpolitischen Bereich erworbene Prestige legitimiert wird. Erst im Zuge *horizontaler Ausdifferenzierung* kommt es zur Trennung der Politik von anderen gesellschaftlichen Bereichen. Es geht nicht mehr darum, Herrschaft als solche zu konstituieren, sondern darum, wie diese Herrschaft aus den Verflechtungen mit anderen Bereichen gelöst werden kann. Es müssen dann Rollen eingerichtet werden, die speziell für politisch-administrative Funktionen zuständig sind. Der prototypische Fall ist die Einrichtung eines politischen Verwaltungsstabes. Es werden Ämter geschaffen, die nicht mehr mit anderen, unpolitischen Rollen verknüpft sind. Man muss nicht mehr spezielle religiöse Merkmale mitbringen, nicht mehr einer bestimmten Familie angehören und auch nicht unbedingt reich sein, um politisch-administrative Rollen auszufüllen. Es findet also eine *Rollendifferenzierung* statt, eine Entflechtung politisch-administrativer von religiösen, Verwandtschafts- und anderen Rollen.

Durch den Verzicht auf die Vorgabe bestimmter Rollenkombinationen gewinnt die Politik mehr Flexibilität. Wenn der Herrscher einer bestimmten Familie angehören muss, zugleich aber auch religiös virtuos, wohlhabend, im Kampf erfahren und ein guter Redner sein soll, schrumpft die Zahl der Kandidaten ziemlich schnell. Das ist ein typisches Problem der Rekrutierung in vormodernen politischen Systemen. Sie müssen damit zurechtkommen, dass derjenige, der durch das Merkmal Verwandtschaft für die Übernahme der Herrschaftsrolle qualifiziert ist, gar keine exzellenten Leistungen in anderen Rollen vorweisen kann und sich deshalb eigentlich nicht für eine politische Rekrutierung eignen würde. Demgegenüber ist eine spezialisierte politische Rolle anspruchsloser gebaut. Dafür kommen mehr Leute infrage, und diese können unabhängig von ihren eigenen anderen Rollen und den dort erworbenen Merkmalen rekrutiert werden. Es ist nicht mehr wichtig, welche anderen Rollen ein Politiker hat. Die Bundeskanzlerin kann evangelisch oder katholisch sein, ihre religiöse Prägung ist kein Grund mehr, politische Macht zuzuweisen oder zu verweigern.

Die horizontale Ausdifferenzierung im Sinne einer Spezifizierung des politischen Handelns kann als problematisch wahrgenommen werden. Es wird gewissermaßen ein Problem gelöst und ein anderes geschaffen. In vormodernen Systemen sichert gerade die enge Verknüpfung von Rollen, die Bündelung herausgehobener Rollen in verschiedenen Bereichen, die Legitimität politischer Entscheidungen. Wenn man weiß oder unterstellen kann und muss, dass der Herrscher auch religiös einflussreich und wohlhabend ist sowie aus gutem Hause stammt, mag dies ein Motiv für Gehorsam sein. Demgegenüber bedeutet Rollentrennung, dass man auf diese externen Legitimierungen und Kontrollen von Politik verzichtet. Als Herrscher in vormodernen Kontexten muss man seine politischen Entscheidungen auch mit Rücksicht auf die eigene religiöse Rolle, mit Rücksicht auf die eigene Familie, mit Rücksicht auf die wirtschaftlichen Folgen treffen – und ist genau dadurch gesellschaftlich kontrolliert (Nadel 1953). Weil dies ein recht enges Korsett für die politische Rolle schnürt, sind letztlich nur relativ wenige Entscheidungen überhaupt möglich. Rollentrennung bedeutet mehr Autonomie, aber auch Verzicht auf Legitimität und Kontrolle.

Autonomie der Politik

Wodurch, wenn nicht mehr durch ihre eigenen anderen Rollen, werden „Herrscher" unter diesen veränderten Bedingungen kontrolliert? Wenn es nicht mehr die *eigenen* anderen Rollen sind, dann sind es eben die anderen Rollen der *Anderen*. Das ist die entscheidende Neuerung in der politischen Entwicklung, die mit dieser vertikalen und horizontalen Ausdifferenzierung verbunden ist: dass nicht mehr die eigenen anderen Rollen des Herrschers, sondern sogenannte *Komplementärrollen*, zum Beispiel Wähler, für die Orientierung des Rollenhandelns entscheidend sind (Luhmann 1972c). *Externe* Kontrollen, zum Beispiel durch religiöse, verwandtschaftliche oder wirtschaftliche Rollen, werden ersetzt durch die *interne* Kontrolle durch Rollen im politischen System. Was früher der Politik Halt in der Gesellschaft gab, muss dann kompensiert werden durch ein Arrangement, in dem die Leistungsrolle des Herrschers (bzw. des Politikers) orientiert ist an der Komplementärrolle des Wählers.

In diesem Sinne bedeutet Demokratie auch Autonomie der Politik. Sie wird, ebenso wie andere Gesellschaftsbereiche, zu einem Feld mit eigenen Rollen und Regeln. Diese werde zu einem großen Teil vom politischen Personal bestimmt, doch das „Monopol der Professionellen" (Bourdieu 2010b, S. 45–50) bleibt abhängig von der Zustimmung der Laien in den dafür vorgesehenen Publikumsrollen. Indem Politiker sich am Wähler orientieren (müssen), sind nicht mehr ihre Rollen in anderen gesellschaftlichen Bereichen die Richtschnur ihres Handelns, sondern Rollen im politischen System selbst. Ausdifferenzierung der Politik, wenn man sie als Rollentrennung versteht, bedeutet also: Lösung der politischen Rollen aus der Verbindung mit anderen Rollen und dadurch eine stärkere Autonomie der Politik.

3.3 Zusammenfassung

Diese kurze – und aus geschichtswissenschaftlicher Perspektive stark vereinfachte – Beschreibung wichtiger Stadien und Schwellen der Evolution von Politik sollte deutlich gemacht haben, dass es bereits vor der Entstehung moderner Staaten eine Fülle politischer Phänomene gegeben hat. Die „staatenlose" Politik archaischer Gesellschaften ist eine wichtige Kontrastfolie, um die spezifisch modernen Bedingungen politischen Handelns besser ins Licht zu rücken. Sie macht deutlich, dass nicht allein das Fehlen eines Staates, sondern vor allem die Verknüpfung der politischen mit anderen gesellschaftlichen Rollen die vormoderne Politik von der modernen unterscheidet. Politische Evolution bedeutet deshalb eine Ausdifferenzierung der Politik: Die Konturen eines auf politische Probleme spezialisierten Systems werden klarer erkennbar, wenn politisch-administratives Handeln in speziell dafür vorgesehenen Rollen erfolgt, die eine Rücksicht auf andere, nichtpolitische

Belange mehr oder weniger ausschließen. Wir können deshalb erst in der modernen Gesellschaft von einem „politischen System" sprechen, dessen Grundzüge wir im nächsten Kapitel behandeln.

Literaturempfehlungen

Bourdieu, Pierre (2014): Über den Staat. Vorlesungen am Collège de France 1989–1992. Berlin: Suhrkamp.
Eisenstadt, Shmuel N. (1963): The Political Systems of Empires. New York: Free Press.
Finer, Samuel E. (1997): The History of Government from the Earliest Times. 3 Volumes. Oxford: Oxford University Press.
Fortes, Meyer, und E. E. Evans-Pritchard (Hg.) (1940): African Political Systems. London: Oxford University Press.
Luhmann, Niklas (2010): Politische Soziologie. Frankfurt/Main: Suhrkamp.
Service, Elman R. (1962): Primitive Social Organization: An Evolutionary Perspective. New York: Random House.
Tilly, Charles (1992): Coercion, Capital, and European States, AD 990–1992. Cambridge, MA: Blackwell.
Wimmer, Hannes (1996): Evolution der Politik. Von der Stammesgesellschaft zur modernen Demokratie. Wien: WUV-Universitätsverlag.

4. Grundzüge des politischen Systems

Auf die Frage, was die Politik von anderen Handlungsbereichen unterscheidet, erhält man unterschiedliche Antworten – je nachdem, ob man sich am Alltagsverstand, an der Soziologie und Politikwissenschaft oder am Selbstverständnis derjenigen orientiert, die Politik zu ihrem Beruf gemacht haben. Von den am politischen Geschehen Beteiligten wird man am ehesten mit der Auskunft rechnen dürfen, dass Politik etwas mit dem „Gemeinwohl" zu tun hat – oder zumindest: zu tun haben *sollte*. Es geht, so eine gängige Selbstbeschreibung der Politik, nicht um einzelne Individuen und deren Interessen, sondern darum, für viele, mitunter widerstreitende Interessen innerhalb einer Gesellschaft einen gemeinsamen Nenner zu finden. Doch das Gemeinwohl kann seinerseits mit den Interessen einzelner Gruppen oder Individuen kollidieren. Deshalb gestehen auch optimistische Beobachter zu, dass Politik die Macht haben muss, sich auch gegen Widerstand durchzusetzen. Ob sie am Gemeinwohl orientiert ist oder nicht – Politik setzt Macht voraus. Während Politikerinnen und Politiker oft zögern, diese Verbindung zwischen Politik und Macht in den Vordergrund zu rücken, haben der Alltagsverstand und die Sozialwissenschaft damit keine Probleme. In den Massenmedien herrscht kein Mangel an Beschreibungen, die den Politikerinnen und Politikern vor allem eine robuste Orientierung am Gewinnen und Erhalten von Macht unterstellen. Blendet man den damit oft verbundenen Vorwurf der „Machtgier" aus, würden soziologische und politikwissenschaftliche Beschreibungen dem durchaus zustimmen. Prominent definiert beispielsweise bereits Weber Politik als „Streben nach Machtanteil oder nach Beeinflussung der Machtverteilung, sei es zwischen Staaten, sei es innerhalb eines Staates zwischen den Menschengruppen, die er umschließt" (Weber 1971, S. 506). Ganz in diesem Sinne werden Politik und Macht in der Soziologie ebenso wie in der Politikwissenschaft häufig miteinander verknüpft oder sogar mehr oder weniger gleichgesetzt (Lange 1961, 13ff.).

Dass Politik etwas mit Macht zu tun hat, beantwortet aber noch nicht die Frage, *warum* Macht in der Politik einen so hohen Stellenwert genießt. Welchen Beitrag leistet Macht zur Politik oder, anders formuliert, zur Lösung politischer Probleme? Eine Antwort auf diese Frage setzt eine genauere Vorstellung davon voraus, was politische Probleme eigentlich sind. Offensichtlich handelt es sich um Probleme, von denen *andere* erwarten, dass sie von der Politik gelöst werden. Es geht also nicht darum, dass Politikerinnen und Politiker sich mit selbst geschaffenen Problemen beschäftigen. Das gehört natürlich auch zur Politik, erklärt aber nicht, warum es – wie im letzten Kapitel erläutert – spezifisch politische Rollen in fast allen Gesellschaften gibt. Die Probleme der Politik müssen auch solche der Gesellschaft sein, ansonsten bliebe unverständlich, warum politische Aktivitäten nicht lediglich geduldet, sondern sogar geschätzt werden.

4.1 Die Funktion der Politik

Es ist nicht einfach, die vielfältigen Erwartungen an die Politik auf einen gemeinsamen Nenner zu bringen. Das gilt selbst dann, wenn wir von individuellen Wünschen und Präferenzen absehen und nur kollektive Interessen berücksichtigen,

4. Grundzüge des politischen Systems

die sich in Form stabiler und relativ allgemeiner Erwartungsmuster in anderen Teilbereichen der Gesellschaft identifizieren lassen. Das Rechtssystem zum Beispiel erwartet von der Politik die Verabschiedung und Inkraftsetzung von Gesetzen, das Erziehungssystem Vorgaben für Lehrpläne und Ausstattung. Die Wirtschaft interessiert sich für Subventionen (und unter umgekehrten Vorzeichen: für Steuern), die Wissenschaft für Förderung und Ressourcen (und, wiederum aus einer negativen Perspektive, für mögliche Einschränkungen der Forschungsfreiheit). Schon diese Beispiele zeigen, dass die Erwartungen an das politische System auf der Ebene konkreter Leistungen kaum auf einen Nenner zu bringen sind. Eine Gemeinsamkeit liegt darin, dass es um Regelungen geht, deren Einhaltung für alle verbindlich gemacht werden kann. Die Leistungen der Politik beruhen auf der Fähigkeit, über solche Regeln zu entscheiden – und darauf sind andere Gesellschaftsbereiche angewiesen.

Kollektiv bindende Entscheidungen

Die angedeutete besondere Fähigkeit des politischen Systems gibt einen ersten Hinweis auf die *Funktion* von Politik.[9] Was leistet Politik – und nur Politik – für die Gesellschaft? Zum Teil ist die Antwort auf diese Frage bereits in den genannten Erwartungen an Politik enthalten: Von der Politik werden bestimmte *Entscheidungen* erwartet, zum Beispiel über Steuern, Subventionen, Lehrpläne und Forschungsförderung. Das Besondere an diesen Entscheidungen ist, dass sie für *alle* gelten – dass sie, anders formuliert, *kollektiv bindend* sind. Das unterscheidet sie von den Entscheidungen beispielsweise eines Industrieunternehmens: Ein Automobilkonzern, der sich für die Produktion von Elektrofahrzeugen entscheidet, bindet dadurch seine eigenen Ressourcen. Er legt sich selbst auf etwas fest, nicht aber seine Kunden oder Konkurrenten. Wenn jedoch der Gesetzgeber festlegt, dass nur noch Elektroautos verkauft werden dürfen, so gilt diese Festlegung für alle. Ein Bedarf für derartige *kollektiv bindende Entscheidungen* ist offensichtlich vorhanden. Ebenso klar ist jedoch, dass vor allem die Durchsetzung solcher Entscheidungen voraussetzungsvoll ist. Das heißt nicht, dass Macht eine notwendige Voraussetzung für kollektiv bindende Entscheidungen ist. Es gibt andere Möglichkeiten, zu Entscheidungen mit einer kollektiven Bindungswirkung zu gelangen, zum Beispiel wenn man sich auf die Zustimmung der Beteiligten berufen kann.

Konsens und Konflikt

Wenn die Mitglieder einer Gruppe ihre Zustimmung zu einer Entscheidung signalisieren, spricht viel dafür, dass sie diese auch als bindend akzeptieren. Es wird niemand gezwungen, sondern allenfalls überzeugt. Das kommt vor allem in kleineren Gruppen vor, z. B. in einer Freundesclique, die entscheiden muss, in welchen Film sie geht. Man wird sich in den meisten Fällen einigen und einen Konsens erzielen können. Auch wenn nicht alle mit der Entscheidung zufrieden sind, wird

---

9 Mit der Unterscheidung von Funktion und Leistung folgen wir Luhmann (1981b, 81ff.): Demnach betrifft die *Funktion* den Bezug zum „Ganzen" der Gesellschaft, während es bei *Leistungen* um Beziehungen zu anderen Teilsystemen geht. Zum Folgenden siehe auch Luhmann (2010, 35ff.).

sie als gemeinsame Entscheidung akzeptiert. Die Grenzen des Konsenses sind aber leicht erkennbar: Schon allein die Zahl derer, die eine Entscheidung am Ende mittragen sollen, korreliert negativ mit den Konsenschancen. Je mehr Stimmen, desto weniger Konsens. Auch kann man in einer größeren Gruppe selbst bei nur leicht abweichenden Meinungen kaum mehr darauf hoffen, dass diese aus Rücksicht auf die Gruppe zurückgestellt werden. Der Individualismus der modernen Gesellschaft gesteht Individuen zu, ihre eigenen Wünsche zu artikulieren und auf ihnen auch gegen Widerstreben anderer zu bestehen. Konsens reicht deshalb offensichtlich nicht aus, wenn wir an große Gruppen und Kollektive denken. Zudem können auch kleine Gruppen oder einzelne Individuen ihre Meinung ändern: Konsens ist nicht zeitstabil und schon deshalb keine sehr tragfähige Grundlage für bindende Entscheidungen.

Wenn es möglich sein soll, kollektiv bindende Entscheidungen gerade in komplexen Sozialsystemen regelmäßig und verlässlich zu treffen und dabei unterschiedliche und mitunter unerwartete Probleme zu lösen, ist Macht unverzichtbar. Was kann man mit Macht erreichen, nicht aber mit Konsens? Offensichtlich ermöglicht es Macht, kollektiv bindend *auch bei Dissens* zu entscheiden. Wenn trotz unterschiedlicher Auffassungen für alle bindend entschieden werden soll, kann Macht andere dazu bringen, sich der kollektiv bindenden Entscheidung zu fügen, *obwohl* sie eigentlich anderer Meinung sind. Der Politikwissenschaftler Fritz Scharpf weist auf diesen Punkt hin und bezieht ihn auf Politik schlechthin: „Ausgangsproblem der Politik ist letztendlich die Möglichkeit kollektiven Handelns bei nicht vorauszusetzendem Konsens" (Scharpf 1973, S. 33). Das macht noch einmal deutlich: Wenn kollektiv bindendes Entscheiden auch ohne Konsens möglich sein soll, wird Macht benötigt. Man kann sich nicht auf Überredung oder Überzeugung alleine verlassen, wenn die Ergebnisse einigermaßen verlässlich und damit die Entscheidungskapazität von Dauer sein sollen.

Insofern Politik Entscheidungsfähigkeit sicherstellt, kann sich eine Gesellschaft demnach Dissens leisten und zulassen. Umgekehrt bedeutet dies, dass Konflikt ein Problem darstellt für Gesellschaften, in denen Politik keine entsprechende Zuverlässigkeit garantieren kann, zum Beispiel, weil Entscheidungen von den Überredungskünsten eines *Big Man* abhängen. Dort können Dissens und Konflikt zerstörerische Folgen haben. Es ist unklar, ob am Ende eine Entscheidung getroffen werden kann, an die sich alle halten werden. Die Konsequenz, den Streit eher zu vermeiden, wird in archaischen Gesellschaften durch entsprechende Normen der Konfliktvermeidung gezogen. In der modernen Gesellschaft ist diese Lösung verstellt, weil sie einen hohen Entscheidungsbedarf hat: Immer mehr Sachverhalte werden *kontingent*, weil es mehr Möglichkeiten und Alternativen gibt. Ob der Steuersatz 20 oder 30 % beträgt, ob und in welcher Höhe Erziehungszeiten kompensiert werden, wer an der Kreuzung Vorfahrt hat – all dies muss durch explizite Entscheidung festgelegt werden. Im Vergleich zu den überschaubaren Möglichkeiten archaischer Gesellschaften ist die moderne Gesellschaft reich an Alternativen, die unkoordiniert in allen Bereichen der Gesellschaft entstehen – und dort oft nicht verbindlich entschieden werden können. Wenn die Entscheidung für oder gegen eine Alternative nicht zum unvorhersehbaren Dauerkonflikt führen soll, ist ein Entscheidungszentrum für kollektiv bindende Entscheidungen nötig.

Dies führt nicht nur dazu, dass vorhandene Konflikte von der Politik betreut und im günstigsten Fall entschieden werden, sondern dass Politik selbst zu einem Mechanismus der Erzeugung von Konflikten wird. Das Dissens- und Konfliktpotenzial der modernen Gesellschaft wird durch Politik noch einmal deutlich gesteigert. Sie sorgt dafür, dass zu allen Entscheidungsfragen nicht nur eine, sondern mindestens zwei Meinungen vorhanden sind, nämlich jene der Regierung und jene der Opposition. Diese politisch erzeugte Konfrontation stellt sicher, dass es immer eine Gegenmeinung gibt. Dies sind in vielen Fällen „künstliche", von der Politik selbst produzierte Konflikte, die es ohne sie nicht gäbe. Doch das heißt auch, dass die Politik daran mitwirkt, neue Alternativen zu produzieren. Die Struktur des politischen Felds zwingt dazu, zu jedem Vorschlag einen Gegenvorschlag zu ersinnen. Politik nimmt also nicht nur Konflikte aus der Gesellschaft auf und entgegen, sondern sie produziert selbst neue Konflikte, die dann wiederum den Bedarf für Entscheidungen vergrößern.

4.2 Politik als gesellschaftlicher Teilbereich

Die Analyse der Funktion von Politik liefert wichtige Hinweise, warum Politik in der modernen Gesellschaft deutlicher als eigenständiger Handlungsbereich erkennbar wird: Die moderne Gesellschaft hat einen hohen Bedarf an Politik, da sie Konflikte und offene Probleme durch Entscheidungen lösen (lassen) muss. Dieser Bedarf lässt sich am besten befriedigen durch ein eigenes System, dass sich auf die Herstellung verbindlicher Entscheidungen spezialisiert.

Politik als Beruf

Wir haben im vorangegangenen Kapitel nachvollzogen, wie sich in einer langen historischen Entwicklung verschiedene Rollen und Institutionen herausgebildet haben, die mehr oder weniger dauerhaft mit politischen Entscheidungen betraut sind. Dabei wurden Herrscherrollen, die auf Abstammung beruhten oder nur gelegentlich ausgeübt wurden, zunächst flankiert und dann zunehmend ersetzt durch die Berufsrolle des Politikers. Politik zum Beruf zu machen, so formulierte es Max Weber 1919 in seinem bekannten Vortrag „Politik als Beruf", kann bedeuten, „für die Politik", aber auch „von der Politik" zu leben (Weber 1971, S. 513). Politik hauptberuflich zu betreiben, ohne dafür bezahlt zu werden, können sich nur diejenigen leisten, die über ausreichende Ressourcen verfügen und deren Engagement nicht anderswo benötigt wird. Wenn eine solche ökonomische Unabhängigkeit Voraussetzung für Berufspolitik ist, kommen nur Vermögende (und möglicherweise Rentner) in Frage. Das liefe auf eine Herrschaft der Reichen, auf eine Plutokratie hinaus. Lässt sich durch eine politische Tätigkeit ein Einkommen erzielen, wird sie hingegen auch und gerade für Nichtvermögende interessant. Diese Möglichkeit kann darauf beruhen, dass politische Ämter mit materiellen Vorteilen verbunden sind. Dann wird der Staat zu einer „Pfründenversorgungsanstalt" (ebd., S. 516). Oder es entwickelt sich ein politischer „Betrieb", in dem Fachbeamte und Politiker für ihre Arbeit ein reguläres Einkommen beziehen.

Politik als Feld

Je mehr die Politik zu einer Sache von Spezialisten wird, die sich ihr routinemäßig und dauerhaft widmen, desto deutlicher hebt sie sich von anderen Bereichen der Gesellschaft ab. Die Politik wird zu einer Sphäre, die nicht nur über ihr eigenes Personal, sondern auch über eigene Regeln verfügt. Bourdieu (2010a) spricht in diesem Sinne von einem politischen „Feld", das sich durch eine Autonomie gegenüber anderen sozialen Feldern auszeichnet. Dabei hat er ebenfalls die Berufspolitik vor Augen, die sich mit ihren eigenen Regeln und Interessen von der Gesellschaft abgrenzt. Gleichzeitig kommt der Politik eine herausgehobene Stellung zu: Die Professionellen fechten dort die „Form *par excellence* des symbolischen Kampfs um die Bewahrung oder Veränderung der sozialen" Welt aus, insofern im politischen Feld die „Veränderung der Sicht- und Teilungsprinzipien" der Gesellschaft verhandelt wird (Bourdieu 2010b, S. 57). Welche Kategorien und Klassifizierung als legitim gelten, hat unmittelbare Folgen für die Möglichkeiten, Gruppen politisch zu mobilisieren. Der Klassenkampf muss ebenso wie der Feminismus die Gruppen, deren gesellschaftliche Stellung verändert werden soll, benennen und sichtbar machen. Neue Klassifizierungen müssen sich gegen vertraute und institutionalisierte durchsetzen und dazu den Widerstand der etablierten Kräfte im Feld überwinden.

Politik als System

Die Politik als ein „System" aufzufassen, lenkt die Aufmerksamkeit auf ähnliche Sachverhalte wie der Feldbegriff: Beide Ansätze begreifen Politik als einen autonomen Bereich der Gesellschaft neben anderen (Kieserling 2008).[10] Auf diesen Aspekt und damit auf die Besonderheiten des politischen Bereichs und seine innere Struktur wollen wir uns im Folgenden konzentrieren. Systembildung beruht auf spezialisierten Rollen und Institutionen, die sich auf das Problem kollektiv bindender Entscheidungen konzentrieren. Das heißt: Es entsteht ein „politisches System". Der Systembegriff ist im Zusammenhang mit politischen Phänomenen in verschiedenen Varianten der Systemtheorie in Soziologie und Politikwissenschaft gebräuchlich, prominent zum Beispiel bei Easton (1957), Parsons (1969a) und Luhmann (1972c).[11] Er soll der Tatsache Rechnung tragen, dass die Politik in der Gesellschaft als eine Einheit aufeinander bezogener Rollen und Organisationen erlebt wird, die eine innere Logik und Geschlossenheit aufweist. Wir haben im vorangegangenen Kapitel gesehen, dass die Ausdifferenzierung eines politischen Systems mit der Entstehung von Rollen zusammenhängt, die zunehmend von anderen gesellschaftlichen Rollen unabhängig und dadurch „politischer" werden. Damit entsteht eine Unterscheidung zwischen politischem und nichtpolitischem Handeln, eine System-/Umwelt-Differenz.

---

10 Da die Begriffe „Feld" und „System" mit Blick auf die hier interessierende Frage – der Abgrenzung der Politik von anderen gesellschaftlichen Sphären – in eine ähnliche Richtung zielen, beschränken wir uns hier auf eine Ausarbeitung der systemtheoretischen Perspektive. Zum Vergleich der sozialtheoretischen Positionen von Bourdieu und Luhmann, den wir an dieser Stelle nicht vertiefen können, siehe jedoch Nassehi und Nollmann (2004).
11 Für einen Überblick zu Systemmodellen der Politik siehe Czerwick (2011).

4. Grundzüge des politischen Systems

> **Begriff | System und Ausdifferenzierung**
>
> „Von einem sozialen System kann man nur sprechen, wenn und soweit das System sich von seiner Umwelt unterscheiden läßt; und zwar muß es für die Handelnden selbst, nicht nur für die Wissenschaft, in seinen Grenzen erkennbar sein. In dem Maße, wie dies der Fall ist, ist ein System ausdifferenziert. Was in seiner Umwelt wirkt oder gilt, wirkt oder gilt dann nicht mehr ohne weiteres auch im System."
>
> Niklas Luhmann, Soziologie des politischen Systems (1972c, S. 155)

Aus der Perspektive des politischen Systems sind andere gesellschaftliche Teilsysteme und die Gesellschaft insgesamt Teile einer (sozialen) Umwelt, die nur selektiv erfasst werden kann. Das heißt, dass der Rest der Gesellschaft nach Maßgabe politischer Kriterien beobachtet wird. Von Interesse sind nicht Wirtschaft, Wissenschaft oder die Sozialstruktur an sich, sondern Fragen der Art: Wie beeinflusst die wirtschaftliche Konjunktur die Erfolgschancen in der nächsten Wahl? Welcher Entscheidungsbedarf entsteht durch neue wissenschaftliche Erkenntnisse? Was sind die politischen Folgen des demografischen Wandels und inwiefern kann dieser beeinflusst oder gesteuert werden? Für das politische System sind Ereignisse und Entwicklungen relevant, insofern sie in Probleme politischer Entscheidungsfindung übersetzt und transformiert werden können.

4.3 Interne Differenzierung

Komplementär zur Ausdifferenzierung der Politik ist dessen Binnendifferenzierung von Bedeutung – und damit jene internen Dynamiken und Konflikte, die auch Bourdieu im Blick hat. Vor dem Hintergrund der *äußeren* Grenzziehung gegenüber der Gesellschaft entwickeln sich spezifisch *politische* Strukturen und damit auch *innere* Grenzen, die einzelne Bereiche des politischen Systems voneinander unterscheiden. Eine Möglichkeit, die interne Struktur demokratischer politischer Systeme zu beschreiben, ist das Modell der *Gewaltenteilung* bzw. der Gewaltentrennung in Gesetzgebung (Legislative), Regierung bzw. Vollzug (Exekutive) und Rechtsprechung (Judikative). Dies ist kein aus der Wissenschaft stammendes Analyseraster, sondern eine durch Verfassung und andere Gesetze vorgegebene Trennung von Entscheidungsinstanzen, die zwar weit verbreitet ist, aber durchaus unterschiedlich ausgestaltet wird (Möllers 2008). Ihr Sinn besteht in der wechselseitigen Kontrolle (*checks and balances*) der Staatsorgane. Die Schärfe der Trennung ist aber variabel: Im politischen System der BRD zum Beispiel wählt das Parlament (Legislative) die Regierungsspitze (Exekutive), und Personen können gleichzeitig beiden Organen angehören.

Verwaltung

Die Unterscheidung von Legislative, Exekutive und Judikative thematisiert nur Staatsorgane im engeren Sinne, also Teile der Staatsverwaltung. *Verwaltung* bedeutet in diesem Zusammenhang einen speziellen organisatorischen Komplex für die regelorientierte Anfertigung und Durchsetzung von Entscheidungen. Derartige Einrichtungen lassen sich schon relativ früh in der politischen Evolution beobachten. Bereits in vielen Hochkulturen entsteht eine *Bürokratie* im Sinne eines regelorientierten Entscheidens, das von bestimmten dafür spezialisierten Personen in spezifischen *Ämtern* ausgeübt wird (Eisenstadt 1963; Parsons 1964). Es werden Stellen geschaffen, die dann Kompetenzen im Rahmen bestimmter Regeln haben und verbindliche Entscheidungen treffen. Zu diesem Komplex gehört alles, was im Englischen als „*Government*" bezeichnet wird. So ist auch die Regierung Teil der Verwaltung, denn sie kann ihre Entscheidungen nur nach den Regeln der von der Legislative erlassenen Gesetze treffen.

Mit ihrem Fokus auf staatliche Verwaltungsorgane erfasst der Begriff der Gewaltentrennung allenfalls einen Teil der Binnenstruktur des politischen Systems (Luhmann 1971a, S. 48): Es ist weder vom *Volk* (bzw. von den oben erwähnten Publikumsrollen) die Rede noch von der *Parteipolitik*, die sich auch außerhalb des Parlaments abspielt. Beide sind mindestens ebenso zentrale Bausteine eines (demokratischen) politischen Systems – wenn man darunter nicht nur den Staat im engeren Sinne verstehen möchte, sondern die Gesamtheit der Strukturen, die kollektiv bindende Entscheidungen produzieren. Ein Modell des politischen Systems muss deshalb neben der staatlichen Verwaltung auch das Publikum und die Parteipolitik berücksichtigen. Luhmann schlägt dementsprechend vor, zwischen Politik (im Sinne von: Parteipolitik), Verwaltung und Publikum zu unterscheiden (Luhmann 1972c, 163ff., 2010, 130ff.). An diesem Vorschlag werden wir uns im Folgenden orientieren.[12]

Parteipolitik

Dass Parteipolitik von der Verwaltungstätigkeit unterschieden werden muss, ist am deutlichsten aus der Perspektive der Verwaltung selbst: Wenn eine Entscheidung, zum Beispiel die Besetzung einer Spitzenposition, in der Verwaltung als „politisch" verstanden wird, dann handelt es sich um eine nicht gemäß den Routinen und Regeln des Verwaltungshandelns entscheidbare Frage. Es geht dann gewissermaßen um die Prämissen dafür, was eine verwaltungsmäßig „richtige" Entscheidung sein könnte. Es handelt sich um Fragen, für die Unterstützung oder gar Konsens nicht unterstellt werden kann, sondern erst noch mobilisiert werden muss. Genau dies ist die Aufgabe von Parteipolitik: die Machtchancen für bestimmte Entscheidungen oder politische Programme zu testen, also Interessen zu artikulieren und Konsenschancen zu verdichten. Anders ausgedrückt: Parteipolitik stellt die Legitimität im politischen System sicher, konstituiert politische Macht als legitime Macht. Die Verwaltung muss sich dann um die Legitimität dieser Macht nicht mehr kümmern und kann eben deshalb voraussetzen, dass ihre „richtigen" Entscheidungen auch als verbindlich anerkannt werden.

---

12   Auch wenn die Unterscheidung von Politik, Verwaltung und Publikum hier systemtheoretisch ausbuchstabiert wird, ist sie auch in anderen Ansätzen der Politischen Soziologie gebräuchlich. Ähnlich argumentieren zum Beispiel Peters (1993, 322ff.) und Habermas (1992, 429ff.): Sie unterscheiden zwischen einem organisierten „Zentrum" (Verwaltung, Gerichte, Parlament und Parteien) und einer „Peripherie" von Organisationen, Gruppen und Individuen, die auf die Institutionen des Zentrums Einfluss auszuüben versuchen. Siehe zum Verhältnis von Zentrum und Peripherie auch Luhmann (2000, 244ff.).

Publikum

Wie wir im vorangegangenen Kapitel gesehen haben, ist der Einbezug der Bevölkerung ein wichtiges Merkmal moderner Politik: Ihre zentrale Unterscheidung ist nicht die zwischen Herrschern und Untertanen, sondern zwischen politischen *Berufs- und Laienrollen*. Sowohl Bourdieu (2010a) als auch Luhmann (1972c) heben die Komplementarität von Berufspolitikern und Wählern als eine Eigenschaft moderner und ausdifferenzierter Politik hervor. Sie stellt einerseits eine Gemeinsamkeit mit anderen Gesellschaftsbereichen dar, insofern diese ebenfalls Leistungs- und Publikumsrollen aufweisen (zum Beispiel in Form der Unterscheidung von Arzt und Patient in der Medizin). Es ist andererseits jedoch eine Besonderheit der Politik, dass die Laien an einem wesentlichen Punkt – wenn es um die Machtverteilung durch Wahlen geht – die Chancen der Professionellen mitbestimmen. Gegenüber den ausführenden Staatsorganen nimmt das Publikum auf den ersten Blick eine andere, passive Rolle ein: Als Staatsbürger ist man Adressat von Gesetzen und Verwaltungsentscheidungen. Allerdings existiert parallel dazu auch die Möglichkeit, nach Maßgabe entsprechender Rechte als Antragsteller aufzutreten. Es handelt sich, das muss betont werden, um zwei *unterschiedliche,* voneinander getrennte Rollen. Das Publikum steht der Parteipolitik und der Verwaltung also jeweils in spezifischen Rollen gegenüber. Gegenüber der Politik kann das Publikum Interessen und Forderungen artikulieren. Gegenüber der Verwaltung ist es primär Empfänger von Entscheidungen (was unwillkommene Entscheidungen und Zwangsmaßnahmen ebenso einschließt wie Begünstigungen, für die man einen Antrag stellt). Doch beide Kontaktbahnen folgen ihrer eigenen Logik und unterschiedlichen Kommunikationsregeln: Politische Forderungen bedürfen keines Formulars, während „Formlosigkeit" im Kontakt mit der Verwaltung eher die Ausnahme ist. Das heißt: Die Trennung von Politik und Verwaltung spiegelt sich wider in einer Differenzierung entsprechender Publikumsrollen.

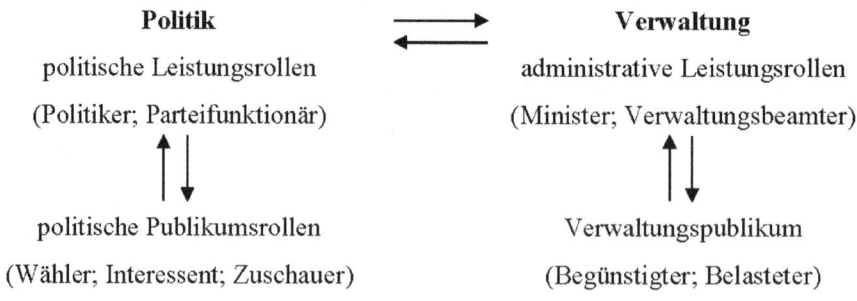

Abbildung 4.1: Modell des politischen Systems (vereinfacht nach Luhmann 2010, S. 133)

Aus den drei Elementen Politik, Verwaltung und Publikum lässt sich ein überschaubares, analytisch fruchtbares Modell des politischen Systems zusammensetzen. Im Vergleich zum auf den Staatsapparat fokussierten Konzept der Gewaltentrennung ist es wesentlich besser geeignet, die Dynamik des politischen Systems abzubilden. Das politische System ist demnach auf der Ebene von Rollen differenziert, nicht auf der Ebene von Personen: Selbstverständlich ist eine Parteifunktionärin nicht nur Politikerin. Sie kann auch wählen gehen. Durch das Handeln in einer dieser Rollen des politischen Systems – und nur dann – nimmt sie in unterschiedlicher Weise an Politik teil. Doch auch als Betroffene von Verwaltungsakten, z. B. wenn sie einen Bußgeldbescheid erhält, ist sie – wiederum in einer anderen Rolle – im politischen System engagiert. Verwaltungsentscheidungen beruhen auf politischen Vorentscheidungen. Der Kontakt mit der Verwaltung, die politische Entscheidungen gegenüber dem Publikum vertritt und durchsetzt, gehört deshalb ebenfalls zum politischen System.

4.4 Dynamik des politischen Systems

Das klassische Demokratiemodell sieht vor, dass das Volk die Politik kontrolliert, indem es Repräsentanten als ausführende Organe seines Willens einsetzt. Parlament und Regierung steuern dann ihrerseits die Verwaltung. Das Parlament erlässt Gesetze, und die Regierung formuliert konkrete Handlungsanweisungen, die von der öffentlichen Verwaltung auszuführen sind. Folgt man dieser Darstellung, so bestehen zwischen dem Publikum (als Wählerinnen und Wähler), der Politik (im Parlament) und der Verwaltung jeweils hierarchisch geordnete Beziehungen: Die Wählerschaft bestimmt die Machtverteilung im Parlament. Dort beschließt die Politik Programme, die von der Verwaltung lediglich umgesetzt werden. Anders formuliert: Die Verwaltung ist lediglich ein *Mittel* für von der Politik – und indirekt von der Wählerschaft – gesetzte *Zwecke*. Die Politik formuliert Ziele, wie zum Beispiel Wirtschaftsförderung, Infrastrukturausbau oder Landesverteidigung, und die Verwaltung muss die geeigneten Mittel aussuchen, um diese zu verwirklichen. Diese Einschätzung des Verhältnisses von Politik und Verwaltung prägt auch die Selbstbeschreibung der Verwaltung, insofern sie sich als nur ausführendes Organ versteht – und in diesem Sinne als „unpolitisch".

Machtkreislauf

Doch diese Darstellung ist unvollständig. Sie ist zu ergänzen um die Tatsache, dass die produzierten Entscheidungen auf das Volk zurückwirken: Es ist somit einerseits *Quelle*, andererseits aber auch *Adressat* politischer und administrativer Entscheidungen. Die Dynamik des politischen Systems wird also nicht durch eine Kontrollhierarchie (mit dem Volk, je nach Perspektive, am oberen oder unteren Ende) bestimmt, sondern durch eine Art „*Machtkreislauf*" (Luhmann 1981b, S. 42–49, 2010, S. 139–141): Die Politik hat Macht über die Verwaltung und kann ihr konkrete Handlungsziele vorgeben, wie z. B. Straßenbau, Betrieb von Bildungseinrichtungen, Familienförderung usw. Die Verwaltung hat im Rahmen dieser Prämissen Macht über das Publikum: Bürgerinnen und Bürger sind einerseits Empfänger von Leistungen, können andererseits aber auch zu bestimmten Handlungen verpflichtet und gezwungen werden, z. B. zur Zahlung von Steuern und Abgaben. Das Publikum wiederum hat Macht über die Politik: Es entscheidet in regelmäßigen Abständen durch Wahlen darüber, wie die Macht in der Politik verteilt wird.

Dieser offizielle Machtkreislauf wird ergänzt durch einen inoffiziellen „Gegenkreislauf". Unter bestimmten Bedingungen liegt die Macht auf der Seite derjenigen, die laut der offiziellen Darstellung die Weisungen anderer entgegennehmen: Das Publikum zum Beispiel bestimmt in Wahlen zwar die Grundlagen der Machtverteilung, aber nicht konkrete Entscheidungen. Es muss sich nach den von den politischen Parteien vorgeschlagenen Alternativen und Programmen richten. Doch auch die Politik ist nicht souverän in ihren Entscheidungen – sie muss sich nach den Informationen richten, die sie von der Verwaltung erhält. Diese wiederum kann Verwaltungsakte notfalls auch gegen den Willen der Bürgerinnen und Bürger durchsetzen; doch kann sie diese Möglichkeit nicht überstrapazieren, zum Beispiel durch regelmäßigen Einsatz von Gewalt. In manchen Fällen ist die Verwaltung auch auf die Mitarbeit und das Wissen des Publikums angewiesen – große Organisationen und Verbände haben dann durchaus auch Einfluss auf Verwaltungsentscheidungen und können diese in ihrem Sinne beeinflussen. Es gibt demnach einen zum offiziellen Kreislauf gegenläufigen zweiten Kreislauf, der keineswegs unbedeutend ist. Im Gegenteil: Er beruht auf Beziehungen und Situationen, die typisch sind für den Alltag des politischen Geschäfts, ist also in gewisser Weise der „Routinemodus", in dem politische Entscheidungen erarbeitet werden.[13] Die offiziellen Machtbeziehungen setzen sich demgegenüber in bestimmten kritischen Momenten durch, zum Beispiel bei der politischen Wahl oder wenn der Verwaltungsstab eine unpopuläre Entscheidung mit Zwangsgewalt durchsetzt.

4.5 Verwaltung und Politik

Vor diesem Hintergrund stellt sich insbesondere die Rolle der Verwaltung im politischen System anders dar als häufig angenommen. Sie ist nicht einfach ein Instrument zur Verwirklichung der politisch gesetzten Ziele. Erstens trifft die Politik ihre Entscheidungen nicht ins Blaue hinein, sondern auf der Grundlage von Informationen, die ihr von der Verwaltung zur Verfügung gestellt werden: Die politische Entscheidung erfolgt anhand von Budgets und Alternativen, die auf dem Fachwissen der Verwaltung beruhen. Zweitens ist die Wahl der Mittel nicht wertneutral und in diesem Sinne unpolitisch, also lediglich eine Frage der technischen Optimierung. Vielmehr können Ziele gar nicht sinnvoll formuliert werden, ohne auch die Mittel zu bedenken: Sollen die CO_2-Emissionen gesenkt werden, muss sichergestellt sein, dass die geeigneten Mittel – zum Beispiel die Stromerzeugung aus Atomenergie – nicht anderweitig politischen Schaden anrichten. Und auch in diesem Punkt hat nicht die Politik das letzte Wort: Gerade bei der Bewertung von Politikinstrumenten (und deren Kosten) ist sie wiederum auf Informationen und Einschätzungen der Verwaltung angewiesen. Angesichts ihres erheblichen Einflusses auf Entscheidungen könnte man von einer „Vorbereitungsherrschaft der Verwaltung" (Böhret 1983, S. 16) sprechen. Eine klare Trennung von Zweck

---

13 Zur Unterscheidung von „Routine-" und „Problemmodus" im politischen System siehe Peters (1993, S. 344–352).

und Mittel im Sinne einer damit korrespondierenden Arbeitsteilung von Politik und Verwaltung gibt es jedenfalls nicht.

> **Beispiel | Der Einfluss der Verwaltung auf politische Entscheidungen**
>
> „Die Verwaltung hat – innerhalb der Exekutive und gegenüber dem Parlament – ihre Entscheidungs- und Handlungsspielräume beachtlich ausdehnen können. Sie ist am politischen Entscheidungsprozeß maßgeblich beteiligt, sie erbringt viele Innovationsanstöße für die politische Führung und für das Parlament; sie hat den Vorsprung des »Handelnden«. [...] Schon durch ihre Kontinuität und Stabilität ist sie längst unentbehrlich geworden. Das Parlament und der einzelne Abgeordnete können mit den wachsenden informationellen und personellen Ressourcen der Exekutive (speziell: der Verwaltung) nicht mehr konkurrieren. Das bedeutet aber ein wachsendes Defizit an detaillierter Kontrollfähigkeit; denn eine Institution, die mehr Zeit, mehr Geld und mehr Information hat als eine andere, kann von dieser anderen kaum mehr effektiv kontrolliert werden. [...] Weitaus die meisten Gesetzes-Initiativen entstammen der sachkompetenten Exekutive (die Bundestagsfraktionen bringen z. B. nur noch ein Fünftel der Gesetzentwürfe ein); die Vorlagen sind bereits so weit vorgeformt, daß Alternativen nicht mehr möglich erscheinen. [...]
> Der einzelne Abgeordnete unterliegt hier ohnehin einer Informationsüberflutung. Er kann die Fülle von Gesetzentwürfen und Materialien nicht mehr verarbeiten und ist fachlich überfordert: es bleibt auch ihm nur die Flucht in die Spezialisierung gegenüber den Spezialisten der »vorbereitenden« Verwaltung. So wird die Verwaltung immer mehr zum materiellen Gesetzgeber, während die Legislative zur Ratifizierung und zur Legitimierung der vorher schon von der Administration getroffenen Entscheidungen degradiert."
> aus: Carl Böhret, *Politik und Verwaltung* (1983, S. 11–17)

Verwaltungsrationalität

Die Verwaltung ist kein neutrales Instrument von Herrschaft. Vielmehr handelt es sich um ein System, das sich zwar an den von der Politik gesetzten Entscheidungsprämissen orientiert, aber eine eigene Rationalität besitzt. In der Verwaltung geht es um *„programmiertes" Entscheiden*: Die Verwaltung richtet sich nach von anderen gesetzten Prämissen. Das kann man als Kontrollnachteil sehen, es hat aber auch einen entscheidenden Vorteil: Sie hat es mit reduzierter Komplexität zu tun. So gibt es zum Beispiel sachlich definierte Zuständigkeiten: Auch wenn es um große Summen und möglicherweise um schwere, aber ungewisse Folgen geht, beziehen sich ihre Entscheidungen auf einen ganz bestimmten Ausschnitt der Wirklichkeit. Die Schulverwaltung muss sich nicht darum kümmern, ob es Straßen und öffentliche Verkehrsmittel gibt, damit die Schülerinnen und Schüler überhaupt zur Schule kommen können. Sie muss auch nicht wählen, ob sie ihr Budget für den Bau von Schulen oder doch lieber für den Bau von Studentenwohnheimen verausgaben sollte. Sie kann sich auf einen bestimmten Ausschnitt der sozialen Wirklichkeit konzentrieren, der relativ klare Vergleichs- und Rationalisierungsmöglichkeiten bietet. Grundsätzliche Wertkonflikte müssen auf dieser Ebene nicht berücksichtigt werden. Das Wissenschaftsministerium kann sich darauf spezialisieren, die Wissenschaft zu fördern. Es muss nicht entscheiden, ob

4. Grundzüge des politischen Systems

es sinnvoller sein könnte, das Geld für Gesundheit statt für Wissenschaft auszugeben.

Neben der *sachlichen Spezifizierung* und der daran orientierten Arbeitsteilung entlasten weitere Vorgaben die Verwaltungsentscheidung. *Fristen und Budgets* begrenzen die infrage kommenden Alternativen. Die Finanzierungsfrage zwingt dazu, Entscheidungsalternativen zu quantifizieren: Wenn die Maßnahme A bereits einen bestimmten Betrag kostet, kommt die Maßnahme B vielleicht gar nicht mehr in Betracht. Die Summenkonstanz des verfügbaren Budgets ist eine effektive Möglichkeit, Entscheidungssituationen zu strukturieren. Die Verwaltung hat also nicht zuletzt stets gute Anhaltspunkte dafür, was sie *nicht* kann. Dadurch wird es überhaupt erst möglich, sich die Aufgabe der Verwaltung als die Erarbeitung richtiger Entscheidungen vorzustellen. Nur unter der Prämisse, dass es um einen ganz bestimmten Ausschnitt des Entscheidens geht, kann man beurteilen, ob eine Entscheidung richtig oder falsch ist. Man würde kaum zu einem eindeutigen Ergebnis kommen, wenn man sich zwischen Wahrheit und Gesundheit entscheiden müsste. Hingegen kann man sich eine rational abwägende Entscheidung zwischen zwei möglichen Verläufen einer neuen Autobahnverbindung durchaus vorstellen. Toulmin (1964, S. 354) bezeichnet dies als das „Kreide-und-Käse-Prinzip":[14] Kreide mit Kreide und Käse mit Käse zu vergleichen, aber nicht Kreide mit Käse – also stets zwischen kommensurablen Alternativen zu wählen (vgl. auch Luhmann 1971c, S. 169)

Politik ist also auf den Sachverstand der Verwaltung angewiesen. Sie muss sich aber auch in einer weiteren Hinsicht an den Erwartungen der Verwaltung orientieren: Damit die Verwaltung überhaupt etwas mit politischen Programmen anfangen kann, müssen diese in eine bestimmte Form gebracht werden, nämlich in jene von Gesetzen, Verordnungen oder sonstigen rechtsförmigen Entscheidungen. Das setzt voraus, dass diese Entscheidungen mit anderen, bereits vorhandenen Gesetzen kompatibel sein müssen. Es heißt aber auch, dass Partikularinteressen nicht offen gefördert werden können. Schließlich kann ein Gesetz nicht so formuliert werden, dass es einzelne Individuen adressiert: „Dieses Gesetz gilt nur für Herrn Schmidt und Frau Müller" ist also keine Option. Natürlich können Gesetze unterschiedliche Formen der Behandlung unterschiedlicher Gruppen vorsehen, z. B. die Bevorzugung von weiblichen Bewerberinnen vorschreiben. Aber dies muss einen sachlichen Grund haben, muss also selbst *universalistisch* gerechtfertigt werden (Luhmann 1965, 178ff.). Was immer an Einzel-, Gruppen- und Lobbyinteressen hinter einer politischen Entscheidung stehen mag, gesetzmäßig durchsetzbar sind diese nur in Form universalistischer Programme. Insofern die Verwaltung den Formzwang der Gesetze gegenüber der Politik vertritt, muss diese ihre eigenen Programmvorstellungen anpassen.

---

14 So die wörtliche Übersetzung von „*Chalk-and-Cheese-Principle*". Toulmin bezieht sich dabei auf die englische Redewendung „*as different as chalk and cheese*".

Autonomie der Verwaltung

Wir haben bereits gesehen, dass die Politik in wichtigen Fragen auf die Verwaltung angewiesen ist. Das gilt natürlich insbesondere für Fragen der Umsetzung politischer Programme. Die Politik macht die Gesetze, aber die Politik wendet diese nicht an. Polizei und die Gerichte sind dem direkten Zugriff der Parteipolitik entzogen. Damit wird die Autonomie der Verwaltung gesichert, die sich deshalb in zentralen Punkten nicht dafür interessieren muss, was die Parteipolitik möchte. Die Verwaltung ist in diesem Sinne „entpolitisiert". Zwar werden die Verwaltungsspitzen bei politischen Veränderungen ausgetauscht, aber nicht die gesamte Verwaltung hängt von politischen Präferenzen ab.[15] Mindestens ebenso wichtig wie eine gewisse Distanz zur Parteipolitik ist aber auch die Autonomie gegenüber den eigenen Mitgliedern. Als formale Organisation inkludiert die Verwaltung ihre Mitglieder nur in Form einer genau spezifizierten Rolle. Bereits Max Weber hat die Trennung des Amtes von der Person als ein zentrales Merkmal der „legalen Herrschaft mit bureaukratischem Verwaltungsstab" hervorgehoben (Weber 1972, 124ff.). Diese Trennung ist historisch jüngeren Datums. Sie setzt voraus, dass das Amt nicht als freie Verfügungsmasse des Inhabers fungiert – wie dies in vormodernen Verwaltungen durchaus üblich war. Der moderne Verwaltungsbeamte ist nicht Eigentümer der Mittel zur Ausübung seiner Tätigkeit, nämlich der dafür nötigen Macht- und Gewaltmittel. Über sie kann er nicht nach persönlichem Gutdünken verfügen, sondern nur im Rahmen seiner Mitgliedschaft in der Organisation (und der entsprechenden formalen Regeln). Den Verwaltungsbeamten wurden also, im Vergleich zur vormodernen Verwaltung, die Mittel des Verwaltungshandelns entzogen – sie wurden gleichsam „enteignet", analog zur von Marx und Weber beschriebenen „Expropriation der Arbeiter" vom Besitz der Produktionsmittel (Weber 1972, S. 22–23). Die Verwaltung ist damit unabhängiger von konkreten Personen, die im Rahmen der festgelegten Rolle wechseln können. Umgekehrt muss der Verwaltungsbeamte unterscheiden zwischen seinen persönlichen Anliegen und denen des Amtes. Alle Interessen werden zu einer Umwelt der Organisation. Um sich selbst vor dem Durchgriff privater Interessen zu schützen, muss die Verwaltung jedoch sicherstellen, dass die Beamten ein Auskommen haben. Die Beamten sollen sich nur um die Regeln des Amtes selbst kümmern, eben weil sie sich um ihre Existenz keine Sorgen mehr machen müssen. Hingegen liegt es in Ländern, in denen Beamte nur unzureichend alimentiert werden, nahe, dass das Amt primär als Ausgangspunkt für profitable wirtschaftliche Aktivitäten benutzt wird, sprich: als Hebel für Korruption. Nur wenn die Verwaltung gegenüber ihren eigenen Mitgliedern autonom ist, kann die Politik frei über Entscheidungsprogramme disponieren und grundsätzlich davon ausgehen, dass die Verwaltung diese auch durchführen wird.

---

15 Inwieweit das Verwaltungspersonal nach parteipolitischen Kriterien rekrutiert wird, kann aber durchaus variieren. In den USA zum Beispiel führt ein Regierungswechsel zu umfangreichen Neubesetzungen im Verwaltungsapparat. Doch auch dort gibt es seit der *Civil Service Reform* im 19. Jahrhundert keine komplett von der Politik abhängige – und damit zu ihrer Beute werdende – „Dilettantenverwaltung" mehr Weber (1972, S. 831).

4. Grundzüge des politischen Systems

Auch die Autonomie der Verwaltung gegenüber dem Publikum ist historisch nicht selbstverständlich. Hier bedeutet Autonomie, dass die Legitimität von Entscheidungen vorausgesetzt werden kann und nicht fallweise geprüft werden muss. Ansonsten müsste die Verwaltung bei Entscheidungen stets fragen: Wessen Interessen werden konkret berührt? Wie kann man es dem Publikum recht machen? Die Verwaltung würde eine sehr konkrete Orientierung an bestimmten Personengruppen benötigen, um die Akzeptanz ihrer Entscheidungen abschätzen zu können. Davon entlastet zu sein, bedeutet einen Autonomiegewinn: Man muss nicht bei jeder Entscheidung fragen, ob das Publikum oder konkrete Interessengruppen damit einverstanden sein werden. Vielmehr wird das Problem der Legitimität pauschal als gelöst angesehen – weil es andere Teile des politischen Systems gibt, die dafür zuständig sind. Dies ist eine spezifische Leistung der (Partei-)Politik, und die Verwaltung setzt schlicht voraus, dass die Legitimität ihrer Entscheidung gegeben ist.

Legitimität als Leistung der Politik

Zwischen Politik und Verwaltung besteht demnach eine Art Arbeitsteilung: Die Verwaltung produziert im Rahmen der von der Politik gesetzten Prämissen richtige Entscheidungen und sorgt für deren Umsetzung; die Politik sorgt für die pauschale Legitimität des politischen Systems, indem sie Interessen artikuliert und Konflikte ermöglicht. Diese Aufgabenteilung erinnert an ein Modell der soziologischen Kleingruppenforschung: die *Doppelführungstheorie* (Etzioni 1965). Diese geht davon aus, dass aufgabenorientierte Gruppen zwei Probleme lösen müssen: Auf der einen Seite müssen sie selbst gesteckte oder von anderen vorgegebene Ziele erreichen („getting things done"), auf der anderen Seite die Mitglieder sozial integrieren. Aufgabenbezogene und sozio-emotionale Führung – anders ausgedrückt: „instrumentelle" und „expressive" Funktionen – können sich jedoch widersprechen. Um diesen Widerspruch aufzulösen bzw. handhabbar zu machen, ist eine Rollendifferenzierung nützlich: nämlich eine Trennung zwischen instrumenteller und emotionaler Führung, also eine Unterscheidung zwischen einer Art *good cop*, der für das gute Klima sorgt, und einem *bad cop*, der die Ziele, z. B. das Geständnis eines Verdächtigen, im Auge behält.[16] Lässt sich eine solche Aufgabenteilung nicht innerhalb eines Systems herstellen, kann eines der Probleme externalisiert werden, z. B. indem integrative bzw. legitimierende Funktionen nach außen delegiert werden. Ein Beispiel dafür ist die religiöse Legitimation von Herrschaft (Luhmann 2010, S. 154).

Die Unterscheidung zwischen instrumentellen und expressiven Funktionen ist eine Möglichkeit, das Verhältnis von Verwaltung und Politik zu begreifen: Im Rahmen der Parteipolitik werden politische Optionen sortiert, Konsenschancen geprüft und die Zustimmung der Beteiligten sichergestellt. Weil die Verwaltung von außen, nämlich durch die Politik legitimiert wird, kann sie sich auf das instrumentelle Problemlösen spezialisieren – also darauf, für vorgegebene Ziele die passenden Mittel zu finden. Ihr Erfolgskriterium liegt einerseits darin, bestimmte Ziele erreichen zu können, andererseits aber auch in der fehlerfreien Befolgung

---

16 In Familien, so Parsons und Bales (1955), erfüllt die (traditionelle) Rollendifferenzierung zwischen Vater und Mutter ähnliche Funktionen.

von Regeln. Die Verwaltungsarbeit kann danach beurteilt werden, ob sie auf der Basis der von der Politik gesetzten Prämissen *richtige* Entscheidungen trifft. Das heißt: Entscheidungen, die den Programmvorgaben – insbesondere Gesetzen – entsprechen. Diese Orientierungspunkte machen es möglich, das Verwaltungshandeln als strikt regelgebunden zu begreifen – und mit Max Weber genau darin seine spezifische Rationalität im Vergleich zur Politik zu sehen.

4.6 Zusammenfassung

Die Entstehung eines politischen Systems ist Folge und Ausdruck der Ausdifferenzierung der Politik. Je klarer sich politische Rollen und Entscheidungen von anderen gesellschaftlichen Bereichen unterscheiden lassen, desto deutlicher treten sie als eigenständiger Handlungszusammenhang hervor. Auf dieser Grundlage werden politische und administrative Rollen einerseits stärker spezialisiert (zum Beispiel in Form darauf abgestimmter Karrieren) und andererseits deutlicher getrennt. Die Trennung von Rollen für (Berufs-)Politiker und Verwaltungspersonal entspricht der „internen Differenzierung" des politischen Systems in Politik und Verwaltung als zwei Subsystemen mit je spezifischen Aufgaben und Funktionen: Während es in der Parteipolitik um das Austragen von Konflikten, das Testen von Machtchancen und die Sicherstellung von Legitimität geht, konzentriert sich die Verwaltung auf das Anfertigen „richtiger" Entscheidungen nach Maßgabe politisch gesetzter Prämissen. Das Verhältnis von Politik und Verwaltung ist vor allem durch diese Asymmetrie von programmierendem und programmiertem Entscheiden geprägt – das aber nicht als Hierarchie missverstanden werden sollte, da die Verwaltung ihren eigenen Beitrag zum Entscheidungsprozess leistet.

Im Publikum spiegelt sich die Differenzierung von Politik und Verwaltung wider in der Trennung entsprechender Rollen: Für den Mitwirkenden an und Betroffenen von Verwaltungsentscheidungen gelten andere Erwartungen und Kommunikationsmöglichkeiten als für die Wählerin. Die Selbstkontrolle des politischen Systems wird im Publikum in Form einer Generalisierung geleistet: Da keine direkte Übersetzung von Erfahrungen mit der Verwaltung in politische Wahlentscheidungen möglich ist, muss Zustimmung letztlich pauschal erteilt oder entzogen werden. Die Legitimität der Politik wird dadurch in gewisser Weise entlastet und stabilisiert, da sie nicht von einzelnen Entscheidungen abhängt.

Literaturempfehlungen

Bourdieu, Pierre (2010): Das politische Feld. In: ders.: Politik. Schriften zur politischen Ökonomie 2. Konstanz: UVK, S. 97–112.
Easton, David (1965): A Systems Analysis of Political Life. New York: Wiley & Sons.
Luhmann, Niklas (1981): Politische Theorie im Wohlfahrtsstaat. München/Wien: Olzog.
Luhmann, Niklas (2010): Politische Soziologie. Frankfurt/Main: Suhrkamp (hg. von André Kieserling).
Mayntz, Renate (1978): Soziologie der öffentlichen Verwaltung. Heidelberg: C.F. Müller.
Weber, Max (1971 [1919]): Politik als Beruf. In: Gesammelte Politische Schriften. 3. Aufl. Tübingen: J. C. B. Mohr (Paul Siebeck), S. 505–560.

5. Staatsbürgerschaft

Das Verhältnis zwischen dem Staat und seinen Bürgerinnen und Bürgern ist eine der zentralen Variablen politischer Systeme: *Wer* nimmt *wie* am politischen Entscheidungsprozess teil? Die Gegenüberstellung von „Staat" und „Bürger" setzt bereits eine bestimmte Form politischer Systeme voraus: Staatenlose Systeme sind ebenso ausgeschlossen wie Staaten, die keine Bürger, sondern beispielsweise nur Untertanen kennen. Der Begriff des Bürgers hat seine Wurzeln in der Antike: In den griechischen Stadtstaaten und im antiken Rom bezeichneten die Begriffe des *polites* bzw. des *civis* eine mit Rechten und Pflichten verbundene Mitgliedschaft in der politischen Gemeinschaft. Dieser Status war nicht jedem zugänglich: Frauen und Sklaven hatten keine politischen Rechte, und auch „Zugereiste" wurden meist nur als Bürger zweiter Klasse geführt. Die Entwicklung von hier zum modernen Staat, in dem es keine derartigen Einschränkungen mehr gibt, war nicht geradlinig.

5.1 Bürgerrechte und politische Inklusion

Die Idee, dass politische Herrschaft sich auf Teilhabe aller stützen könnte, musste sich erst durchsetzen. Spätestens seit dem 18. Jahrhundert lässt sich aber, zumindest in Westeuropa, eine schrittweise Institutionalisierung von Bürgerrechten beobachten. Nicht nur kommen nach und nach alle als Bürger und Bürgerinnen infrage, sondern sie genießen als solche auch immer umfangreichere Rechte gegenüber dem Staat.

Die historische Entwicklung der Staatsbürgerschaft: Thomas Marshall

Diesen Prozess hat T.H. Marshall in einer einflussreichen Studie zur Soziologie der Staatsbürgerschaft beschrieben und dabei die Entwicklung des modernen Staates als eine historische *Ausweitung von Staatsbürgerrechten* rekonstruiert (Marshall 1950; dt. 1992). Marshall unterscheidet drei Bündel von Rechten, die nach und nach zu Bestandteilen des westeuropäischen Modells von Staatsbürgerschaft wurden: Im 18. Jahrhundert werden erstmals die *bürgerlichen Rechte* kodifiziert. Es geht um Freiheitsrechte, welche die Gleichheit vor dem Gesetz und die grundsätzliche Rechtsfähigkeit aller Bürger festhalten. Dazu kommen im Laufe der folgenden beiden Jahrhunderte *politische Rechte*, die den Status des Staatsbürgers über das Recht hinaus in den Bereich der Politik ausweiten. So wird politische Teilhabe zu einem allgemeinen Recht. Jeder – und vor allem auch *jede* – kann wählen und gewählt werden. Vollständig eingelöst wurde diese Erwartung zum Teil erst im 20. Jahrhundert. In der Zeit nach dem zweiten Weltkrieg trat schließlich eine dritte Komponente hinzu, die Marshall als *social rights* oder auch *welfare rights* bezeichnet. Der Wohlfahrtsstaat kennt nicht nur Abwehrrechte, sondern auch Ansprüche, z. B. auf einen bestimmten Lebensstandard oder auf Bildung und Gesundheit.

5. Staatsbürgerschaft

Tabelle 5.1: Historische Entwicklung von Staatsbürgerschaft (Quelle: eigene Darstellung)

Rechte	Beispiele	Zeit der Einführung
bürgerliche Rechte	Meinungs- und Glaubensfreiheit, Vertragsfreiheit, Gleichheit vor dem Gesetz	18. Jahrhundert
politische Rechte	aktives und passives Wahlrecht	19. Jahrhundert
soziale Rechte	Zugang zu Bildung und medizinischen Leistungen, Sozialversicherungen	20. Jahrhundert

In dieser historischen Reihenfolge findet eine Kumulation von Rechten statt: Zu den Grundrechten kommen politische und soziale Rechte hinzu. Gleichzeitig werden immer mehr Gruppen der Gesellschaft inkludiert, zum Beispiel Grundbesitzlose und Frauen. Im Wohlfahrtsstaat wird dieses Prinzip nochmals verallgemeinert: Man erkennt, dass bestimmte Gruppen spezifische Teilhabeprobleme haben, und bemüht sich darum, diese Probleme durch finanzielle oder andere Formen der Unterstützung zu kompensieren. In diesem Sinne ist Staatsbürgerschaft ein Vehikel der „Inklusion" – über eine wachsende Zahl von *Rechten*, die immer mehr *Bürger* in Anspruch nehmen können. Dabei handelt es sich zunächst vor allem um Abwehrrechte, die das Individuum vor staatlichen Eingriffen schützen. Dazu gehört auch, dass Minderheiten vor der Willkür einer demokratisch regierenden Mehrheit geschützt werden. In einem Rechtsstaat kann eine Mehrheit ihre Wert- und Moralvorstellungen nicht für alle verbindlich machen. Verfassungen schränken Mehrheitsrechte ein und schützen auf diese Weise Minderheiten, die sich im politischen Prozess nicht durchsetzen können. Das Majoritätsprinzip der Demokratie findet seine Grenzen in den individuellen Freiheitsrechten. Die Demokratie wird durch Freiheitsrechte also nicht einfach komplettiert, sondern insofern beschränkt, als diese Fragen des richtigen Lebens zur Privatsache erklärt und damit dem politischen Zugriff entzieht.

Beispiel | Multikulti per Gesetz

Am Beispiel des „Multikulturalismus" zeigt Joppke (2017), wie die liberalen Verfassungen Deutschlands und der Vereinigten Staaten den Multikulturalismus gefördert haben. Vor allem zwei Gruppen konnten sich Freiräume und Anerkennung für ihre Werte und Lebensstile erstreiten – und könnten dabei nicht unterschiedlicher sein: Homosexuelle und Muslime. In christlich geprägten Ländern stehen beide Gruppen einer ablehnenden Mehrheitskultur gegenüber. Individuelle Freiheitsrechte, die zunächst dem Schutz des Individuums vor staatlichen Übergriffen dienen, eignen sich jedoch, um Gruppeninteressen zu fördern: Die Religionsfreiheit des Einzelnen zum Beispiel ist ein Hebel, über den eine religiöse Gemeinschaft ihre Spielräume sichern kann. So gründen viele scheinbare Privilegien, die einzelnen Religionsgemeinschaften eingeräumt werden, bei genauerem

> Hinsehen auf Freiheitsrechte des Individuums: Einem gläubigen Sikh kann gestattet werden, statt eines Motorradhelms einen Turban zu tragen und damit die Straßenverkehrsordnung zu ignorieren, weil die grundrechtliche Religionsfreiheit Vorrang vor einem gewöhnlichen Gesetz beanspruchen kann.
> Das Beispiel der US-amerikanischen *„gay rights"*-Bewegung zeigt, wie höchstrichterliche Entscheidungen im 20. Jahrhundert einen starken *„legal multiculturalism"* begründet haben. Bis in die 1970er Jahre wurde Homosexualität in vielen US-Bundesstaaten durch Gesetze kriminalisiert, die „Unzucht" auch in den eigenen vier Wänden unter Strafe stellten. Obwohl spezifische sexuelle Handlungen – und nicht etwa die sexuelle Orientierung als solche – betroffen waren, wurden die Regelungen insbesondere gegen Homosexuelle angewandt. Dies wurde schließlich vom Supreme Court unterbunden. Dieser entschied, dass homosexuelle Beziehungen durch die Freiheitsrechte der Verfassung geschützt seien und die Beteiligten „Respekt für ihr Privatleben" verlangen könnten. Damit war der Weg für eine weitergehende Gleichstellung geebnet: Die Anerkennung der Vielfalt privater Lebensformen bedurfte keiner eigenen Begründung mehr, sondern ergab sich aus den freien Entscheidungen von Individuen.
> Allerdings setzt der Rechtsstaat auch Grenzen: Er muss Ansprüche auf Gleichbehandlung würdigen, aber nicht in gleicher Weise dem Wunsch nach Ausnahmen entsprechen. So hat sich die Rechtsprechung in der Frage, ob die Teilnahme am gemischtgeschlechtlichen Sport- und Schwimmunterricht auch Muslimas zugemutet werden könne, in Richtung einer restriktiven Auslegung von Ausnahmeregelungen entwickelt. Der liberale Rechtsstaat bietet durch seine „Ausdünnung der öffentlichen Moral" Minderheiten alle Möglichkeiten, ihre Kultur zu leben. Vom Anspruch, gleiche Rechte wie andere Gruppen zu genießen, führt aber kein direkter Weg zu einer Spezialbehandlung, insbesondere wenn diese für einzelne Individuen eine Beschränkung ihrer Freiheit bedeuten würde.
> Quelle: Christian Joppke (2017): Multiculturalism by liberal law: The empowerment of gays and Muslims. In: European Journal of Sociology, 58(1), 1–32. https://doi.org/10.1017/S0003975617000017.

Bereits die Institutionalisierung von Grundrechten bedeutet, dass eine basale rechtliche Gleichheit hergestellt wird, die im Widerspruch zu faktischen sozialen Ungleichheiten steht. Die Geschichte der Staatsbürgerrechte ist in Westeuropa eng mit der Industrialisierung und der Entstehung des modernen Kapitalismus verknüpft. Vor dem Hintergrund sich verschärfender ökonomischer Ungleichheiten, die Friedrich Engels in seinem Bericht über die „Lage der arbeitenden Klasse in England" beschrieb (Engels 1972), fällt die Gleichheit der staatsbürgerlichen Rechte umso deutlicher auf. In diesem Spannungsfeld zwischen rechtlich-politisch hergestellter Gleichheit und wirtschaftlich produzierten Ungleichheiten vollzieht sich später auch die Entwicklung des Wohlfahrtsstaates. Indem Staatsbürgerschaft rechtliche Gleichheit trotz wirtschaftlicher Ungleichheiten kodifiziert, ermöglicht sie, so Marshall, soziale Integration: Man ist bereit, sich mit bestimmten Ungleichheiten abzufinden, weil diese auf basaler Gleichheit beruhen. Durch die Ausweitung der Rechte des Staatsbürgers wird Ungleichheit also nicht abgeschafft, aber sie wird in Richtung legitimer Formen von Ungleichheit gelenkt, die sich auf der Basis von Chancengleichheit ergeben. Das zentrale Instrument dafür ist die Bildung, die Ungleichheiten einen Stempel der Legitimität aufdrückt. Ungleichheit, die auf Bildungsunterschieden beruht, wird als legitim erachtet – weil diese Ungleichheit erworben ist, also auf Leistung beruht und nicht allein auf dem Zufall der Geburt.

Inklusion und der Wohlfahrtsstaat: Talcott Parsons

Dies ist der Ansatzpunkt für die an Marshall anschließende Soziologie der Staatsbürgerschaft von Talcott Parsons, der Marshalls Modell in seine Gesellschaftstheorie integriert (Parsons 1965, 1969b). Er geht davon aus, dass alle Gesellschaften ein bestimmtes Verhältnis zwischen Gleichheit und Ungleichheit aufweisen. Für die moderne Gesellschaft ist charakteristisch, dass Ungleichheiten zwar legitim sind, sie aber „universalistisch" begründet und durch „Leistung" erworben werden müssen: Moderne Gesellschaften zeichnen sich dadurch aus, dass sie auf *universalistischen* Wertmustern beruhen, das heißt, dass Regeln ebenso wie Aufstiegschancen in gleicher Weise für alle gelten. Partikularistisch wäre es im Gegensatz dazu, wenn es legitime Kriterien dafür gäbe, bestimmte Gruppen zu bevorzugen (z. B. die eigene Familie). Ein solcher Partikularismus ist typisch für vormoderne Gesellschaften, in denen zum Beispiel moralische Maßstäbe deutlich zwischen der eigenen und der fremden Gruppe differenzieren. Es mag dann zum Beispiel legitim sein, Mitglieder der eigenen Gruppe zu bevorzugen. Es gibt sicherlich Reservate einer solchen „archaischen" Alltagsmoral.[17] Allgemein gilt in der modernen Gesellschaft jedoch, dass sowohl Verteilungsregeln als auch moralische Maßstäbe für alle gelten. Dementsprechend gibt es auch universalistische Kriterien für die Bewertung individueller Leistungen.

Die Frage nach der *Leistung* berührt den zweiten wichtigen Punkt: dass für den Status in der modernen Gesellschaft die Zuschreibung von Qualitäten (engl. *ascription*), zum Beispiel aufgrund eines durch Familienzugehörigkeit ererbten Status, an Bedeutung verliert gegenüber dem, was durch eigene Leistung (*achievement*) erworben wurde. Das heißt natürlich nicht, dass die Bedeutung von Herkunft gänzlich verschwindet. Die Soziologie sozialer Ungleichheit zeigt, dass dies nicht der Fall ist. Doch die offiziellen Normen der Gesellschaft sehen vor, dass Leistung prämiert wird. Man kann aus der Herkunft also keinen Anspruch ableiten, auch wenn sie durchaus faktische Vorteile vermitteln mag. Es gilt ein „institutionalisierter Individualismus" (Parsons), der dazu zwingt, Leistungen selbst zu erbringen bzw. sie zumindest als eigene darstellen zu können.

Im Anschluss an diese Überlegungen argumentiert Parsons, dass die bürgerlichen Rechte in dieses Muster universalistischer Orientierungen passen. Sie bilden eine Basis absoluter Gleichheit, zum Beispiel vor Gericht und auch gegenüber der Staatsmacht. In dieser Hinsicht kann und muss man sich keine Verdienste erwerben, sondern kann grundsätzlich mit Gleichbehandlung rechnen. Im Vergleich hierzu begründen politische und soziale Rechte – Parsons nennt als vierte Kategorie noch kulturelle – zwar eine prinzipielle Gleichheit, nämlich eine *Chancengleichheit*, die aber in dem jeweiligen Bereich zu Ungleichheiten führen kann und diese gerade legitimiert (Parsons 1970). Es hat zwar jeder das Recht, für ein politisches Amt zu kandidieren – aber genau deshalb akzeptieren wir, dass es nur

---

[17] Zum Beispiel berichtet Banfield (1958) von vergleichbaren Phänomenen in Dörfern Süditaliens.

manche Leute gibt, die durch solche Ämter mehr Macht haben als andere. So wird politische Ungleichheit auf der Basis einer prinzipiellen Gleichheit hergestellt. Ähnliches gilt für soziale Rechte. Im Wohlfahrtsstaat wird jedem ein *Mindest*standard zugesichert, aber nicht der *gleiche* Lebensstandard für *alle*. Ökonomische Ungleichheiten werden dadurch erträglich, dass sie sich vor dem Hintergrund prinzipieller Gleichheit ergeben. Das gilt dann auch für die kulturellen Rechte, die Parsons dem Modell Marshalls hinzugefügt. Dabei denkt er primär an Bildungsrechte. Auch für diese gilt, dass Chancengleichheit vorhanden sein muss: Alle müssen zur Schule gehen können, und, wenn sie möchten, auch an die Universität. Aber was genau sie dort erreichen, ist Sache ihrer eigenen Leistung und damit natürlich ein Generator für Ungleichheit.[18] Aus Bildungsunterschieden erwachsen weitere, zum Beispiel ökonomische Unterschiede. Deshalb sind die kulturellen Rechte von besonderer Bedeutung, weil sie dort ansetzen, wo Status in der modernen Gesellschaft primär zugewiesen wird: am Bildungssystem.

Zusammengenommen sind diese unterschiedlichen Dimensionen von Staatsbürgerschaft *Vehikel für Inklusion* – und zwar für Inklusion in die Gesellschaft. Indem diese Rechte ein Bündel bilden, das die Mitgliedschaft in der Gesellschaft vermittelt (oder in Parsons' Terminologie: in der *societal community*, der gesellschaftlichen Gemeinschaft), wird es im Zuge gesellschaftlicher Differenzierung und zunehmender Durchsetzung von Universalismus unabdingbar, dies allen zuzugestehen. Die Vollmitgliedschaft in der Gesellschaft wird zunehmend auf alle Gruppen der Gesellschaft ausgeweitet. Dieser Prozess war zu der Zeit, in der Parsons ihn beschrieb, keineswegs abgeschlossen: Noch im Jahr 1965 setzte Parsons in einem Artikel ein Fragezeichen hinter die Vollmitgliedschaft für Farbige: „Full citizenship for the Negro American?" (Parsons 1965). Schließlich war es damals im Hinblick auf politische Rechte nicht selbstverständlich, alle Amerikaner miteinzubeziehen. Parsons jedoch argumentierte, dass dies eine unausweichliche Entwicklungslogik der modernen Gesellschaft sei. Es könne (und sollte) demnach nicht verhindert werden, dass letztendlich alle in diesem Sinne die volle Staatsbürgerschaft erhalten. Interessanterweise bezog Parsons diese Aussagen auch auf Migranten: Sie müssten ebenfalls in Form einer Vollmitgliedschaft integriert werden, weil es unter den Bedingungen universalistischer Wertmuster auf lange Sicht keinen Grund dafür gäbe, sie anders zu behandeln.

Politische Inklusion: Niklas Luhmann

Luhmanns Version der Soziologie der Staatsbürgerschaft schließt an die Modelle Marshalls und Parsons' an, modifiziert sie aber in einer entscheidenden Hinsicht. Wenn Parsons die Mitgliedschaft in der Gesellschaft als Staatsbürgerschaft beschreibt, muss Luhmann aus der Perspektive der Theorie funktionaler Differenzierung deutlicher zwischen Gesellschaft und dem politischen System unterscheiden. Inklusion in die Politik ist demnach nur *ein Fall* von Inklusion (Luhmann 1997, S. 618–634). Inklusion in die funktional differenzierte Gesellschaft heißt, dass

---

18 Die Ungleichheitsforschung zeigt, dass die Chancenverteilung durch das Bildungssystem nicht nur auf Leistung beruht, sondern sie ihrerseits von der Herkunft abhängt. Kritiker sprechen deshalb von der „Illusion der Chancengleichheit" (Bourdieu und Passeron 1971).

man in unterschiedliche gesellschaftliche Teilbereiche inkludiert ist, nicht nur in die Politik, sondern auch in die Wirtschaft, in die Religion, in die Erziehung usw.; politische Inklusion ist folglich ein Sonderfall (Stichweh 1998).

In allen Teilsystemen bringt Ausdifferenzierung und Modernisierung eine Ausweitung des *Publikums* mit sich. In der modernen Wirtschaft ist Grund- und Geldbesitz nicht auf eine bestimmte Schicht beschränkt; jeder kommt als Konsument infrage. Das gilt auch für die Religion, zumindest für die Weltreligionen, die für jeden zugänglich sind. Und sehr deutlich ist die Universalisierung des Zugangs in der Erziehung, die nicht nur die *Möglichkeit* vorsieht alle zu erziehen, sondern in Form der Schulpflicht auch den *Zwang*, dass alle tatsächlich in dieses System inkludiert werden müssen. Wenn man die politische Inklusion als Modell dieser Universalisierung versteht, kann man von unterschiedlichen Ausprägungen einer „funktionellen Demokratisierung" sprechen, also von einer Art Demokratisierung der Funktionsbereiche der modernen Gesellschaft (Elias 2003, 291f.). Überall sind nicht allein die beruflichen Leistungsrollen von Belang, sondern auch das Publikum.

In anderen Gesellschaftsbereichen lassen sich, ähnlich wie in der Politik, Entwicklungen in Richtung einer breiteren Beteiligung der gesamten Bevölkerung beobachten. Und in der Rolle des Konsumenten, Patienten oder Wählers wurde und wird den Laien eine zunehmend aktive Rolle zugestanden.[19] Doch es handelt sich nicht um eine Demokratisierung in dem Sinne, dass andere Gesellschaftsbereiche sich an dieser der Politik zuzuordnenden Entwicklung orientierten. Zum einen wäre diese Bezeichnung, wenn man zum Beispiel an die wenig „demokratische" Inklusion in die Wirtschaft denkt, schon begrifflich nicht ganz überzeugend. Zum anderen ist die Demokratisierung der Politik aus historischer Perspektive eher ein Nachzügler gewesen. Deshalb ist genau umgekehrt die politische Inklusion ein Sonderfall eines allgemeinen Musters (und nicht etwa das Vorbild). Unter Inklusion ist folgerichtig nicht nur die Teilnahme am politischen System, sondern die Einbeziehung der Gesamtbevölkerung in die Leistungen *aller* Teilbereiche der Gesellschaft zu verstehen.

Im Anschluss daran kann man fragen: Was sind die Folgen dieser Vollinklusion für die Politik? Für das politische System läuft Vollinklusion hinaus auf die Entwicklung von *Wohlfahrtsstaaten* (Luhmann 1981b). Je mehr die ganze Bevölkerung an Politik teilnimmt, desto mehr muss sich die Politik an den Erwartungen und Ansprüchen *aller* orientieren. Das setzt entsprechende Angebote und Leistungen voraus, und genau das ist leicht vorstellbar als Ausgangspunkt wohlfahrtsstaatlicher Programme: Herrschaft wird nicht mehr im Auftrag kleiner, einflussreicher Bevölkerungsgruppen ausgeübt, sondern für alle. Unter der Bedingung universeller Inklusion verspricht es *politischen* Erfolg, den Wählerinnen und Wählern etwas zu bieten. Aus der Perspektive der Differenzierungstheorie folgt die politische Inklusion den Prinzipien einer funktional differenzierten Gesellschaft: nicht nur die Politik, sondern auch andere Gesellschaftsbereiche eröff-

---

19 Gerhards (2001) spricht angesichts dieser von Interessengruppen erkämpften Aufwertung der Publikumsrollen von einem „Aufstand des Publikums".

nen im Rahmen von Publikumsrollen Inklusionsmöglichkeiten für die gesamte Bevölkerung. Das heißt nicht, dass alle in gleicher Weise inkludiert wären und am Geschehen teilnähmen, und auch nicht, dass eine Teilnahme verpflichtend wäre. Doch während man sich individuell durchaus entscheiden kann, das Wahlrecht oder Konsumchancen nicht wahrzunehmen, gibt es keine gesellschaftliche Instanz mehr, die eine derartige Exklusion begründen oder gar vorschreiben könnte.[20]

Inklusionschancen geben Anlass zu Inklusionserwartungen und -forderungen. Das Angebot der Teilhabe ermutigt zur Formulierung von entsprechenden Ansprüchen, zum Beispiel an ein gut sortiertes und verfügbares Warenangebot, an sinnstiftende und verständliche Predigten oder an umfängliche und überall zugängliche Krankenbehandlung. Aus der Perspektive der Wirtschaft, der Religion oder der Medizin gibt es keinen Grund, diese Erwartungen abzulehnen. Im Gegenteil: Im Sinne des eigenen Wachstums liegt es nahe, immer neue Ansprüche zu stimulieren. Es kommt zu einer „Anspruchsinflation" (Luhmann 1983a). Dies gilt auch für die moderne Politik, die keine prinzipiellen Schranken für politische Ansprüche und Forderungen vorsieht. Insbesondere der moderne Wohlfahrtsstaat sieht sich mit immer mehr Ansprüchen von Seiten immer zahlreicherer Gruppen konfrontiert, die seiner eigenen Logik nach nicht unbegründet sind. Das geht über die grundsätzliche Erwartung, offene Probleme durch kollektiv bindende Entscheidungen zu lösen, hinaus: Im Kontext der Institutionalisierung „sozialer Rechte" soll der Wohlfahrtsstaat bei der Einlösung der vielfältigen Inklusionsversprechen der modernen Gesellschaft aktiv mitwirken: Er wird gewissermaßen zum „Inklusionsvermittler" (Bommes 1999, S. 148–174). In Ermangelung systeminterner Stoppregeln für das, was politisch gefordert werden kann, kommen externe Limitierungen zum Tragen: Es ist mehr politisch wünschbar (und im abstrakten Sinne auch machbar) als faktisch finanzierbar ist. Die Ressource Geld stellt die „Energiezufuhr" des politischen Systems dar (Luhmann 1983a, S. 37–38). Nicht gute Argumente, sondern die begrenzten finanziellen Mittel regulieren, ab welchem Punkt Ansprüche an die Politik nicht mehr bedient werden können.

5.2 Inklusion und Migration

Angesichts der vielfältigen Möglichkeiten, an einzelnen Bereichen der Gesellschaft teilzunehmen (als Konsument, Patient, Schüler und Student etc.), kann man von einer „Vollinklusion aller Menschen in die Gesellschaft" (Luhmann 1997, S. 630) sprechen. Allerdings fällt gerade im Vergleich zu anderen Gesellschaftsbereichen eine Besonderheit der politischen Inklusion auf: Sie ist durch den Nationalstaat vermittelt und somit nicht in derselben Weise global übertragbar wie zum Beispiel in der Wirtschaft. Dies ist unproblematisch, wenn nationalstaatliche Inklusion überall vorhanden ist und das allgemeine Inklusionsproblem somit lediglich an einzelne Instanzen „delegiert" wird (Goodin 1988). Doch dann bleibt eine weite-

---

20 Selbst der temporäre Ausschluss wird in der Moderne *innergesellschaftlich* vollzogen, wie man am Beispiel des Gefängnisses zeigen kann (Stichweh 1997). Natürlich gibt es in Ausnahmefällen auch dramatische Verkettungen von Exklusion (zum Beispiel ohne Wohnsitz kein Pass, ohne Pass keine Arbeit, ohne Arbeit keine Familie). Solche, vor allem aus Entwicklungs- und Schwellenländern berichteten Phänomene (Luhmann 1995a) werden vor dem Hintergrund global akzeptierter Inklusionsnormen aber als problematisch angesehen und auch entsprechend skandalisiert.

re Besonderheit erwähnenswert: Politische Inklusion, also Staatsbürgerschaft, ist eigentlich das Paradebeispiel für ein *askriptives* Kriterium (Shachar 2009). Dies steht im Gegensatz zu Parsons' Deutung, dass Inklusion allgemein von Zuschreibung auf Leistung umgestellt wird. Es ist schließlich nicht Resultat von Leistung, dass man Bürger eines bestimmten Nationalstaats wird, sondern von Geburt: Ähnlich wie Familienzugehörigkeit wird die Staatsangehörigkeit vererbt (Mahlert 2008). Man kann sich für eine Staatsbürgerschaft nur entscheiden, wenn weder die Abstammung (*ius sanguinis*) noch der Zufall des Geburtsortes (*ius soli*) den alleinigen Ausschlag geben. Um eine Staatsbürgerschaft im engeren Sinne erwerben zu können, muss sie von eigener *Leistung* abhängen – das können besondere Verdienste sein oder auch der Wechsel des Wohnortes. Inwiefern ein Erwerb (und Wechsel) von Staatsbürgerschaft möglich ist, regeln Staaten unterschiedlich restriktiv (Brubaker 1992).

Diese Sonderstellung der politischen Inklusion wird angesichts ihrer bereits erwähnten Bedeutung für die Vermittlung von Inklusionschancen zum Problem: Über die Staatsangehörigkeit erschließen sich Möglichkeiten, teilweise auch Privilegien der Teilnahme an gesellschaftlichen Teilbereichen. Der Zugang zu den Leistungen des Wohlfahrtsstaats und insbesondere zu seiner Inklusionsvermittlung hängt ab von einem leistungsunabhängigen Kriterium, dem Zufall der Geburt bzw. der Abstammung. Vor dem Hintergrund der sehr unterschiedlichen Leistungsfähigkeit einzelner Staaten kann das bedeuten, dass faktische Inklusionsmöglichkeiten von Land zu Land unterschiedlich sind. Dies kann es attraktiv machen, über den Wechsel des Staatsgebiets in den Genuss besserer Inklusionschancen zu gelangen. Migration bedeutet dann den „Versuch der Realisierung von Inklusionschancen" – insbesondere in der Wirtschaft (Bommes 2003, S. 49). Auch wenn Migration neue Teilhabemöglichkeiten erschließen kann, bedeutet sie zunächst, auf die Privilegien politischer Inklusion zu verzichten: Migranten können in der Regel nicht das volle Spektrum wohlfahrtsstaatlicher Leistungen in Anspruch nehmen. Die nationale Staatsbürgerschaft als Form politischer Inklusion ist einerseits ein Motiv für Migration, andererseits eine Schranke für dadurch erreichbare Inklusionsvorteile.

Politische Inklusion ist also paradoxerweise der Punkt, an dem die Herkunftsabhängigkeit von Inklusion auch in der modernen Gesellschaft hervorgehoben und tradiert wird. Während insbesondere im Bereich der Arbeit Mobilität gefördert und gefordert sowie von individueller Entscheidung abhängig gemacht wird, bleibt die Staatsbürgerschaft ein primär zugeschriebenes Kriterium, das nur bedingt durch eigene Leistung und Entscheidung verändert werden kann. Allerdings gerät eine zu starke Schließung der politischen Inklusion, zum Beispiel durch hohe Einwanderungshürden, schnell in Widerspruch zu den Inklusionsbedürfnissen insbesondere der Wirtschaft. Hollifield (1992) spricht in diesem Zusammenhang von einem „*liberalen Paradox*": Die wirtschaftliche Logik des Liberalismus beruht auf Offenheit, aber die politische und rechtliche Logik (des liberalen Nationalstaats) auf Schließung. Über die Inklusionsfrage kann aber auch in Politik und Recht nur mit Rücksicht auf andere Gesellschaftsbereiche entschieden werden. In dem Maße, in dem diese von nationalen Grenzen unabhängiger werden, ist auch das politische System gezwungen, „postnationale" Elemente der Zugehörigkeit zu berücksichtigen (Soysal 1994). Zumindest was die Garantie von Grundrechten (auch von Migranten und anderen Nichtstaatsangehörigen) anbelangt, findet eine Art Globalisierung der Staatsbürgerschaft statt: Rechte hängen nicht mehr nur vom einzelnen Staat ab, sondern das weltpolitische System insgesamt wird zum Träger und Garant dieser „kosmopolitischen" Bürgerrechte (vgl. Delanty 2000).

5.3 Zusammenfassung

Die Theorien von Marshall, Parsons und Luhmann stellen einen Zusammenhang her zwischen Staatsbürgerschaft und der Entwicklung von Staatlichkeit: Sie beginnt mit dem liberalen Rechtsstaat, der seinen Bürgern Grundrechte einräumt; sie setzt sich fort in Form zunehmender Demokratisierung mit entsprechenden politischen Rechten; und sie kulminiert im modernen Wohlfahrtsstaat: Der Entwicklung von Wohlfahrtsstaaten liegt ein Prozess der zunehmenden Inklusion der Gesamtbevölkerung in die Politik zugrunde. Man kann einerseits den Wohlfahrtsstaat selbst als Folge politischer Inklusion begreifen: Er realisiert das Prinzip, dass alle ihre Ansprüche an politische Entscheidungen artikulieren können. Andererseits spielt der Wohlfahrtsstaat eine wichtige Rolle bei der Realisierung von Inklusionschancen, indem er Inklusion in verschiedene gesellschaftliche Teilbereiche „vermittelt".

Vor dem Hintergrund dessen, dass Inklusion in der modernen Gesellschaft universalisiert wird, ist es wichtig festzuhalten: Politische Inklusion, also Staatsbürgerschaft, ist ein Beispiel für ein *askriptives* Kriterium. Sie ist nicht Resultat von Leistung, sondern von Geburt. Es ist nur in sehr geringem Maße möglich, sich seine Staatsbürgerschaft auszusuchen. Für manche mag daran kein Interesse bestehen, für andere wird es zum Problem, dass man Staatsbürgerschaft nicht in derselben Weise wie den Status in anderen gesellschaftlichen Teilsystemen erwerben kann. Die politische Inklusion bleibt zwar an den Nationalstaat gebunden, aber Staatsbürgerschaft kann nicht – wie noch Parsons annahm – mit der „Mitgliedschaft" in der Gesellschaft gleichgesetzt werden. Wirtschaft, Wissenschaft und andere gesellschaftliche Bereiche bieten Inklusionsmöglichkeiten, die allenfalls teilweise von der Staatsbürgerschaft abhängig sind. Im Zuge gesellschaftlicher Globalisierungsprozesse, auf die wir im 10. Kapitel näher eingehen werden, verändert sich auch der Stellenwert von Staatsbürgerschaft – was keineswegs bedeutet, dass sie pauschal an Bedeutung verlieren würde.

Literaturempfehlungen

Bendix, Reinhard (1964): Nation-Building and Citizenship. New York: John Wiley & Sons.
Bommes, Michael (1999): Migration und nationaler Wohlfahrtsstaat. Ein differenzierungstheoretischer Entwurf. Wiesbaden: Westdeutscher Verlag.
Brubaker, Rogers (1992): Citizenship and Nationhood in France and Germany. Cambridge, MA: Harvard University Press.
Hollifield, James F. (1992): Immigrants, Markets, and States: The Political Economy of Postwar Europe. Cambridge, MA: Harvard University Press.

5. Staatsbürgerschaft

Luhmann, Niklas (1981): Politische Theorie im Wohlfahrtsstaat. München/Wien: Olzog.
Mackert, Jürgen (2006): Staatsbürgerschaft. Eine Einführung. Wiesbaden: VS Verlag für Sozialwissenschaften.
Marshall, T.H (1992): Staatsbürgerrechte und soziale Klassen (1950). In: Bürgerrechte und soziale Klassen. Frankfurt/New York: Campus, S. 33–94.
Parsons, Talcott (1970): Equality and inequality in modern society, or social stratification revisited. In: *Sociological Inquiry* 40 (2), S. 13–72.
Soysal, Yasemin N. (1994): Limits of Citizenship. Migrants and Postnational Membership in Europe. Chicago: University of Chicago.
Stichweh, Rudolf (2005): Inklusion und Exklusion. Studien zur Gesellschaftstheorie. Bielefeld: transcript.

6. Politische Wahlen

Regelmäßig stattfindende Wahlen, in denen über die Besetzung politischer Ämter entschieden wird, sind ein zentrales Merkmal demokratischer politischer Systeme. Zwar bedeuten Wahlen allein noch keine Demokratie, aber ohne Wahlen ist eine Demokratie nicht vorstellbar.[21] Sie sind nötig, weil die moderne Massendemokratie nicht im Wortsinn eine „Herrschaft des Volkes" ist, sondern eine delegierte Machtausübung durch spezialisiertes Personal. Die Volkssouveränität besteht darin, dass Amtsinhaber abgewählt werden können und sich deshalb an den Wünschen und Erwartungen der Wählerschaft orientieren müssen. Es geht nicht um eine Regierung „durch das Volk", sondern um eine „vom Volk gebilligte Regierung" (Schumpeter 1950, S. 390). Diese durch Wahlen erteilte Billigung lässt sich als eine Art Legitimation verstehen, die in der Politik selbst erzeugt wird und nicht durch Bezug auf außerpolitische, zum Beispiel religiöse Prinzipien. Die politische Wahl ist somit ein zentrales Element dessen, was Max Weber als „legale Herrschaft" bezeichnet (Weber 1972, 124ff.).

6.1 Partizipation und Unterstützung

Über diese Grundsätze politischer Wahlen hinaus interessiert sich die Politische Soziologie dafür, welche Funktionen Wahlen haben und mit welchen Motiven die Wählerinnen und Wähler ihre Entscheidungen treffen. Wahlen werden als eine Form *politischer Partizipation* behandelt, d. h. als Möglichkeit der Teilnahme an und Beeinflussung von politischen Entscheidungen. Neben der politischen Wahl zählen dazu u. a. Parteimitgliedschaft, Demonstrationen und gewaltsame Protestaktionen (Gabriel 2005; van Deth 2009). Manche Formen politischer Partizipation, zum Beispiel eine Demonstration oder ein Referendum, ermöglichen es, konkrete und spezifische Interessen zu artikulieren. In einer Wahl ist dies nicht möglich, da hier Parteien oder Kandidaten konkurrieren, die eine größere Zahl von Themen und Interessen bündeln. Die Wahl eignet sich vielmehr dazu, die *generalisierte Unterstützung* der politischen Führung durch die Wählerschaft auszudrücken (Parsons 1969c, S. 208; vgl. auch Easton 1957). Sie ist somit ein Instrument für die Legitimation des politischen Systems, das sich auf diesem Wege die Lizenz für kollektiv bindende Entscheidungen beschafft.

Eine Formel wie „generalisierte Unterstützung" beschreibt die Leistung politischer Wahlen aus der Perspektive wissenschaftlicher Beobachter. Sie erklärt aber noch nicht, warum überhaupt gewählt wird oder gar, welche Partei. Dafür sind konkretere Motive nötig. Um diese zu erfassen, liegt ein Blick auf das faktische Wahlverhalten nahe. Deshalb nähern wir uns dem Thema zunächst aus der Perspektive der empirischen Wahlforschung, bevor wir im Anschluss auf zwei beinahe gegensätzliche Theorien der politischen Wahl eingehen: die ökonomische Theorie der

---

21 Als Definitionsmerkmal eines politischen Regimes sind Wahlen nur dann aussagekräftig, wenn sie weiter unten diskutierte Merkmale wie Konkurrenz, Allgemeinheit und Wahlgeheimnis aufweisen. Sind Wahlen lediglich eine rituelle Inszenierung, spricht man von „Pseudodemokratien" oder „defekten Demokratien" (Croissant und Thiery 2000).

Demokratie und die systemtheoretische Perspektive, die auf dem in Kapitel 4 erläuterten Modell des politischen Systems beruht.

6.2 Wahlforschung

Die empirische Wahlforschung entstand mit der Konsolidierung moderner Massendemokratien in Westeuropa und Nordamerika. Sie beschäftigt sich einerseits mit der Vorbereitung, dem Ablauf und den Ergebnissen von Wahlen, andererseits mit soziologischen und sozialpsychologischen Erklärungen der Wahlbeteiligung und des Wahlverhaltens.[22] Von Beginn an wurde die Wahlforschung von der Hoffnung begleitet, dass Erklärungen des Wahlverhaltens auch Prognosen ermöglichen könnten. Doch trotz anfänglicher Erfolge zeigten sich recht schnell die Grenzen der Vorhersagbarkeit politischer Präferenzen, sodass Wahlprognosen mittlerweile eher eine Domäne der Meinungsforschung sind. Die Wahlforschung dagegen konzentriert sich vorwiegend darauf, die Wahlentscheidung mit Blick auf ihre individuellen und sozialen Ursachen zu analysieren. Aus soziologischer Perspektive liegt die Frage nahe, ob die Kenntnis der sozialstrukturellen Position eines Individuums bereits Aufschluss über das Wahlverhalten geben könnte, man also die Wahlentscheidung durch soziale Faktoren erklären könnte.

Sozialstruktur und Wahlverhalten

Ein einflussreiches Modell der empirischen Wahlforschung entwickelte Paul F. Lazarsfeld mit seinen Mitarbeitern an der Columbia-Universität in dem Buch „The People's Choice", das aus einer Untersuchung der amerikanischen Präsidentschaftswahl im Jahr 1940 entstand (Lazarsfeld et al. 1948). Um den Meinungsbildungsprozess im Vorfeld der Wahlentscheidung erfassen zu können, wurden Wähler im Bundesstaat Ohio in monatlichen Abständen sieben Mal befragt. Die Forscher entdeckten starke Zusammenhänge zwischen politischen Präferenzen und sozialstrukturellen Merkmalen, wie zum Beispiel sozioökonomischer Status, Konfessionszugehörigkeit und Wohnort. So bevorzugten Angehörige der Mittelschicht, Personen in ländlichen Regionen und Protestanten die Republikanische Partei, Arbeiter, Stadtbewohner und Katholiken hingegen die Demokratische Partei. Diese Prägung parteipolitischer Präferenz durch Schicht, Religion und Wohnumfeld resümierten die Forscher in der Formel: „A person thinks, politically, as he is, socially" (Lazarsfeld et al. 1948, S. 27). Verstärkt wurde dieser Effekt durch die Tendenz zu homogenen Meinungen innerhalb eines Milieus. Menschen, die zusammen arbeiten, leben oder ihre Freizeit verbringen, teilen auch ähnliche politische Überzeugungen (Lazarsfeld et al. 1948, S. 137). Eine Besonderheit stellten diejenigen dar, die durch unterschiedliche Bezugsgruppen mit verschiedenen, mitunter widersprüchlichen Interessen konfrontiert waren. Unter dem Eindruck sogenannter „cross pressures" neigten diese Personen entweder zu späten Wahlentscheidungen oder sogar zur Wahlenthaltung.

Die Bedeutung sozialstruktureller Variablen musste eine Enttäuschung für jene sein, die mit einer größeren Rolle der informierten und rationalen Meinungsbil-

---

22 Für eine frühe Übersicht siehe Diederich (1965).

dung gerechnet hatten. Für Soziologen war sie eher ermutigend, stellte sie doch in Aussicht, das Wahlverhalten mit soziologischen Mitteln analysieren oder sogar prognostizieren zu können. Allerdings würde sich das Forschungsprogramm dann auf die Feststellung statistischer Korrelationen beschränken. So lässt sich zwar beleuchten, welche Personen *wie* wählen, aber nicht *warum* (Runciman 1969, S. 90). Dafür war der Zusammenhang zwischen Wahlverhalten und Sozialstruktur, also zum Beispiel zwischen Parteipräferenz und Konfession oder Einkommen, niemals eindeutig genug – und er hat sich zudem zunehmend gelockert. „Arbeiterparteien" versuchen seit Langem, ein breiteres Publikum anzusprechen, und umgekehrt bieten auch konservative Parteien arbeitnehmerorientierte Positionen.[23] Es gibt folglich keinen Algorithmus, der ein Wahlergebnis aus sozialstrukturellen Merkmalen errechnen könnte. Die empirische Wahlforschung muss eine ganze Reihe intervenierender Faktoren in Rechnung stellen, um zu sinnvollen Erklärungen zu gelangen.

Wahlentscheidung als Prozess

Anspruchsvollere Ansätze, die den Prozess der Wahlentscheidung erfassen, wurden vor allem von Sozialpsychologen entwickelt. Das bekannteste Beispiel ist das „Ann Arbor"- oder „Michigan"-Modell aus der Studie *„The American Voter"* (Campbell et al. 1960). Die Forscher benutzen das Bild eines Trichters, um die verschiedenen Faktoren einer Wahlentscheidung zeitlich und kausal zu ordnen (ebd., S. 24ff.): An der Mündung des Trichters steht die Wahlentscheidung, die direkt von politischen Einstellungen zu Themen und Kandidaten beeinflusst wird. Diese stehen ihrerseits unter dem Einfluss vorgelagerter Faktoren, darunter sozialdemographischen Faktoren (siehe Abbildung 6.1).

---

23 Siehe hierzu auch die Erläuterungen zu „Allerweltsparteien" in Kapitel 8.

6. Politische Wahlen

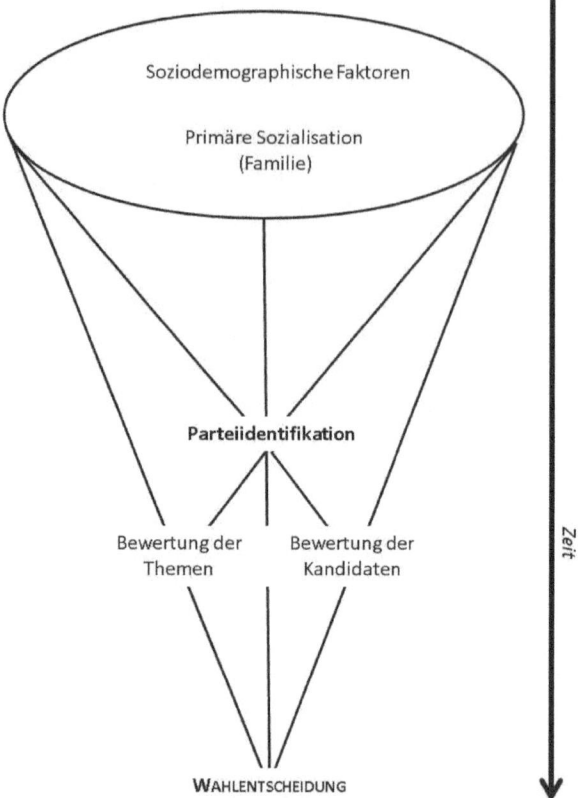

Abbildung 6.1: „Kausalitätstrichter" (nach Campbell et al. 1960)

Das entscheidende Bindeglied zwischen der Wahlentscheidung und externen Faktoren, wie zum Beispiel Beruf oder soziale Kontakte, ist im Trichtermodell die Parteibindung. Sie wird als langfristige Identifikation konzipiert, die durch den sozialen Hintergrund geprägt (aber nicht determiniert) ist und die durch kurzfristige Schwankungen der Bewertung von Kandidaten und Themen modifiziert werden kann. Entscheidend sind die frühen Phasen der politischen Sozialisation, die eine Parteiidentifikation zwar nicht unumstößlich festlegen, aber wichtige Weichen stellen (ebd., S. 146f.). Wie stabil die Bindung an eine Partei ist und welchen Beitrag sie somit zur Erklärung des Wahlverhaltens leisten kann, ist umstritten. Fiorina (1981) beispielsweise argumentiert, dass eine Parteiorientierung lediglich dazu diene, die Bilanzierung politischer Erfahrungen zu erleichtern (*„running tally"*). Bei negativer Bilanz steht dann auch einem Wechsel nichts im Wege.

Der sozialpsychologische Ansatz ist geeignet, eine zu direkte Zurechnung der Wahlentscheidung auf Schichten oder Klassen zu vermeiden. Er kommt somit den Ergebnissen der jüngeren soziologischen Wahlforschung entgegen, die allgemein von einer „abnehmenden Prägekraft der sozio-kulturellen Milieus" zu berichten weiß (Bürklin und Klein 1998, S. 84). Diese Diagnose folgt der gesellschaftstheoretischen Kritik am Modell einer durch Schichten oder Klassen strukturierten Gesellschaft, die unter dem Titel „Individualisierungstheorie" bekannt geworden ist (Beck 1983). Wenn demnach Klassen und Schichten an Bedeutung verlieren und das Individuum zur „lebensweltlichen Reproduktionseinheit des Sozialen" wird (Beck 1986, S. 209), ist es nicht überraschend, wenn auch das Wahlverhalten sich immer weniger auf Klassenlagen zurückführen lässt. Das heißt allerdings nicht, dass sozialstrukturelle Variablen insgesamt weniger Erklärungskraft hätten. Wenn die seit *„The American Voter"* bekannten Faktoren verblassen, kommen einerseits andere Kanäle des sozialen Einflusses, wie beispielsweise soziale Netzwerke, in den Blick. Andererseits kommt man nicht mehr darum herum, die Wahlentscheidung als kontingent zu begreifen. Ihr Zustandekommen ist damit ein Gegenstand für soziologische Handlungstheorien, die sich mit der Erklärung von Entscheidungen beschäftigen.

6.3 Rationalität und Wahlentscheidung

Die Erfahrungen der empirischen Wahlforschung zeigen: Wahlentscheidungen hängen mit Strukturen der Kommunikation in sozialen Netzwerken und mit soziodemographischen Merkmalen zusammen. Aber es ist unmöglich, das Wahlverhalten aus einzelnen Variablen, wie zum Beispiel dem sozioökonomischen Status, abzuleiten. Dies mag für manche Soziologen eine Enttäuschung sein. Für jene, die Wahlentscheidungen im engeren Sinne als Handlungen begreifen möchten, ist es aber eine gute Nachricht. Eine deterministische Sichtweise, die in der Wahl nur den Ausdruck von Schicht- oder Klasseninteressen sieht, würde wieder einmal die Charakterisierung der Soziologie bestätigen, mit der Duesenberry (1960, S. 233) sie von der Wirtschaftswissenschaft abgrenzte: In der Soziologie ginge es darum, dass Menschen *keine* Wahl haben, während die Wirtschaftswissenschaft sich damit beschäftige, *wie* sie ihre Wahlentscheidungen treffen. Vor diesem Hintergrund ist es nicht überraschend, dass eine der bekanntesten Analysen der politischen Wahl, die sie als Wahl*entscheidung* ernst nimmt, sich als „ökonomisch" präsentiert: die „ökonomische Theorie der Demokratie" von Downs (1968).

Die Wahl eines an der Ökonomie orientierten Modells mag überraschen: Im Vergleich zur Wahl zwischen den Angeboten konkurrierender Verkäufer können für die politische Wahl im Prinzip nicht nur egoistische, sondern auch kollektivorientierte Motive eine Rolle spielen. Welche Zahnpasta ich kaufe, interessiert nur mich; doch mit der Wahl einer Partei nehme ich an einer kollektiven Handlung teil, die auch andere betrifft. Es wäre deshalb nicht unlogisch, wenn man seine Wahl nicht nur, vielleicht nicht einmal primär mit Blick auf die Folgen für sich selbst, sondern mit Blick auf die Folgen für die Gemeinschaft treffen würde. Doch zu entscheiden, welche Option letztlich dem *Gemeinwohl* am besten dienlich ist, konfrontiert den Wähler mit Problemen, für die eine rationale Lösung im üblichen Sinne unmöglich ist (Parsons 1969c, S. 215, Fn. 11). Beantworten kann er allenfalls die Frage, welche Alternative ihm den größten *eigenen Nutzen* verspricht.

6. Politische Wahlen

Nutzenerwartung und Parteidifferentiale

Mit einem auf Eigeninteresse abzielenden Begriff von „Rationalität" folgt Downs der Tradition der Ökonomie, Handelnde als rationale Nutzenmaximierer zu konzipieren: Sie wählen in jeder Situation diejenige Alternative, die den größten Nutzen erwarten lässt. Ausgehend von der Prämisse, dass die Funktion von Wahlen die Auswahl einer Regierung ist, begreift Downs „im Zusammenhang mit Wahlen ein Verhalten rational, das auf dieses Ziel und auf kein anderes ausgerichtet ist" (Downs 1968, S. 7). Der *homo politicus* ist also in der Lage, *politisch* rational zu handeln: Er trifft seine Entscheidung nach Maßgabe seiner *eigenen* politischen Kriterien – und orientiert sich nicht einfach an den Präferenzen seiner Familienmitglieder, Kollegen oder Freunde. Nur so ist sichergestellt, dass die Politik nicht einfach ein „Anhängsel der Soziologie der Primärgruppen ist" (ebd., S. 8). Bereits an diesem Punkt wird deutlich, dass für die ökonomische Theorie – und auch, wie wir noch sehen werden, wie auch für die Systemtheorie – die Entkopplung der Wahl von gesellschaftlichen Gruppen eine entscheidende Errungenschaft darstellt.

Rationales politisches Handeln bei der Wahlentscheidung bedeutet: Man wählt diejenige Partei, von der man mehr Vorteile erwartet als von den anderen. Der *homo politicus*, also der „rationale Bürger" ist jedoch nicht unbedingt ein *homo oeconomicus*: Ausschlaggebend sind nicht allein finanzielle Vorteile, sondern jede Art von Nutzen, der aus staatlichen Leistungen resultiert. Die mögliche Steuerermäßigung gehört dazu ebenso wie geteerte Straßen, sauberes Trinkwasser, Schulen oder die Abwesenheit von Gewalt. Ein weitgefasster Begriff des Nutzens schließt sogar ein, dass man *mehr* Steuern bezahlt, um „kostenlos Lebensmittel an hungernde Chinesen verteilen zu können" (ebd., S. 36). Anders ausgedrückt: Nutzenorientierung heißt nicht notwendigerweise Egoismus, sondern bietet auch Raum für Altruismus. Staatliche Tätigkeit bietet zahlreiche Quellen, um das individuelle „Nutzeneinkommen" zu erhöhen, indem es direkte oder indirekte Vorteile bietet. Für den Wähler kommt es darauf an abzuschätzen, welche Partei sich am positivsten auf sein Nutzeneinkommen auswirken wird, wenn sie in der Regierung ist.

An dieser Stelle stoßen wir auf Schwierigkeiten der rationalen Wahlentscheidung. Der Vergleich der Alternativen ist bereits im einfachsten Fall mit zwei Parteien nicht trivial. Es müssen künftige Leistungen, also Erwartungen über die Zukunft miteinander verglichen werden. Doch offensichtlich wäre es kaum rational, die Programme der beiden Parteien gegeneinander abzuwägen. Wahlversprechen, soviel darf man voraussetzen, werden nicht immer eingelöst. Der Vergleich zwischen den zu erwartenden Leistungen zweier Parteien und das „erwartete Parteidifferential" sind daher keine Grundlagen für eine rationale Entscheidung (ebd., S. 37ff.). Hält der Wähler sich an die Tatsachen, kann er für die Beurteilung der Regierungspartei auf die Leistungen der Vergangenheit zurückgreifen. Diese lässt sich mit einer hypothetischen Größe vergleichen, nämlich mit der vermuteten Leistung der Opposition, wäre sie im gleichen Zeitraum an der Macht gewesen. Dieses „gegenwärtige Parteidifferential" kann noch an veränderte Rahmenbedingungen angepasst werden, zum Beispiel, indem positiv berücksichtigt wird, dass Anlaufschwierigkeiten der regierenden Partei nicht ein zweites Mal auftreten werden. In der Abwägung der *tatsächlichen* Leistung der Regierung und der *möglichen* der Opposition kann der Wähler entscheiden, ob er eine Veränderung für sinnvoll hält. Das Wahlverhalten ist dabei zumindest teilweise „retrospektiv", weil es auf den in der letzten Legislaturperiode gemachten Erfahrungen beruht (Fiorina 1981).

Grenzen der Rationalität

Es ist allerdings nicht unter allen Umständen möglich, zu einem aussagekräftigen Parteidifferential zu gelangen. Die Unterschiede zwischen den Parteien können gering sein. Dazu kommen Informationsdefizite und Ungewissheit. Wähler sind deshalb bis zu einer gewissen „Reizschwelle" indifferent gegenüber kleineren Unterschieden. Faktisch ist dann das Parteidifferential gleich Null und bietet zunächst keine Anhaltspunkte für eine Auswahl. Das gilt, genau genommen, aber nur dann, wenn die mehr oder weniger *gleichen Ergebnisse* auch auf die *gleiche Weise* zustande kommen, also beide Parteien bis in ihre konkreten Vorschläge identisch sind. Anders liegt der Fall, wenn es zwar keine signifikante Nutzendifferenz gibt, aber trotzdem unterschiedliche Programme. Dann stellt sich die Frage, ob Veränderung an sich eine gute Sache wäre. Sie kann durch eine abstrakte „Leistungsbewertung" beantwortet werden: Der rationale Wähler misst den tatsächlich erzielten Nutzen dann an jenem, den er von einer „idealen" Regierung zu erwarten gehabt hätte. Schneidet die regierende Partei in diesem Vergleich schlecht ab, spricht dies für Veränderung – auch wenn erst einmal unklar bleibt, inwiefern dies zu einem höheren Nutzen führen wird.

Eine Komplikation ergibt sich in Mehrparteiensystemen (Downs 1968, S. 46ff): Im Prinzip läuft der Vergleich hier zwischen der Regierung und der bevorzugten Oppositionspartei. Doch diese muss auch Chancen auf den Wahlgewinn haben. Um gegebenenfalls die nächstbeste Option mit besseren Siegchancen wählen zu können, muss man die Präferenzen der anderen Wähler abschätzen. Damit nicht genug: Die rationale Wählerin, die dies weiß, kann auch eine chancenlose Partei unterstützen, damit diese wachsen kann und sie *in der Zukunft* mehr Wahlmöglichkeiten hat. Wer seine zukünftigen Wahlmöglichkeiten mehr schätzt als seinen aktuellen Einfluss, handelt auch dann rational, wenn er eine scheinbar chancenlose Partei wählt.

Wer sich angesichts dieser Überlegungen fragt, ob überhaupt jemand in der Lage und gewillt ist, seine Wahlentscheidung so genau zu kalkulieren, übersieht einen wichtigen Punkt – und stellt trotzdem eine wichtige Frage. Der wichtige Punkt ist, dass es sich hierbei nicht um ein Modell handelt, das den mentalen Prozess des Wählens abbilden soll. Es muss und kann nicht vorausgesetzt werden, dass jeder dieser Schritte in einem Entscheidungsprozess bewusst nachvollzogen wird. Das Modell muss genauer – und in gewisser Weise einfacher – sein als der faktische Entscheidungsprozess, um dessen Ergebnisse, nicht dessen faktischen Verlauf inklusive mentaler Vorgänge abzubilden. Um den tatsächlichen Verhältnissen näher zu kommen, arbeitet Downs die Folgen unvollständiger Information in weiteren Argumentationsschritten stärker und detaillierter heraus, als dies hier dargestellt werden kann.[24] Aus einem anderen Grund ist die Frage aber berechtigt und wichtig: Sie weist darauf hin, dass Wählen auch Kosten hat – überhaupt zu einer Entscheidung zu gelangen bedarf ebenso eines gewissen Aufwands wie die Wahlhandlung selbst. Die rationale Wählerin muss sich fragen, ob sich dieser Aufwand lohnt.

Wahlparadoxon

Rational ist ein Handeln nur, wenn der zu erwartende Nutzen größer ist als die entstehenden Kosten. Das gilt auch für die politische Wahl. Ihre Nutzenerwartung ergibt sich aus dem Parteidifferential. Der erwartete Nutzen muss allerdings noch gewichtet werden: Die eigene Stimme allein stellt die erhofften Ergebnisse nicht sicher, sondern hat nur einen Anteil daran. Dieser ist in einer Massendemokratie jedoch verschwindend gering. Begreift man den Gesamtnutzen der Wahl als Produkt aus dem Parteidifferential und dem Gewicht der eigenen Stimme, liegt er deshalb nahe Null. Dem stehen Kosten der Stimmabgabe gegenüber, zum Beispiel die aufgewendete Zeit für den Weg zum Wahllokal. Diese mögen gering sein, überwiegen aber dennoch den erwarteten Nutzen. Ein rationaler Akteur dürfte deshalb gar nicht an Wahlen teilnehmen. Als „Trittbrettfahrer" (Olson 1965) profitiert er vom Erfolg der bevorzugten Partei auch dann, wenn er nichts zu diesem beiträgt. Tatsächlich beobachten wir jedoch, dass viele Wahlberechtigte an Wahlen teilnehmen. Die Theorie rationaler Wahlentscheidung hat Schwierigkeiten, dieses „Wahlparadoxon" zu erklären. Downs verweist auf eine allgemeine Unterstützung der Demokratie – doch auch für diese gilt: Die Unterstützung durch das einzelne Individuum spielt eigentlich keine Rolle. Riker und Ordeshook (1968) schlagen zwei andere Möglichkeiten vor: Erstens könnte die Wahl einen zusätzlichen Nutzen haben, insofern sie als Erfüllung einer „Bürgerpflicht" oder als Ausdrucksmöglichkeit für Parteinahme geschätzt wird. Zweitens könnte es sein, dass das Gewicht der eigenen Stimme überschätzt wird. Gerber et al. (2003) versuchen zu zeigen, dass Wählen sich schlicht zu einer „Gewohnheit" entwickeln kann. Trotz dieser Versuche, das Paradox des (Nicht-)Wählens zu entschärfen, bleibt es eine Herausforderung für Theorien, die von der instrumentellen Rationalität der Wahlentscheidung ausgehen (Feddersen 2004; Geys 2006).

6.4 Die Wählerrolle im politischen System

Für die Theorie rationaler Entscheidung im Sinne von Downs ist es wichtig, dass die Wahlentscheidung eine *politische* Entscheidung ist. Nur so lässt sich ihre spezifische Rationalität begreifen. Voraussetzen zu können, dass Politik kein „Anhängsel der Soziologie der Primärgruppen" ist, spielt auch für eine differenzierungstheoretische Perspektive eine wichtige Rolle. Die Ausdifferenzierung eines politischen Systems beruht, wie wir gesehen haben, auf einer Entflechtung politischer und gesellschaftlicher Rollen. Gilt dies auch für die Wählerrolle selbst, wie Downs dies nahelegt, wenn er ihr eine spezifisch politische Rationalität zu-

---

[24] Daran anschließend versucht Popkin (1994) in seiner Analyse amerikanischer Präsidentschaftswahlen zu zeigen, wie trotz geringer „Informationsrationalität" der Wähler die Hypothese einer rationalen Wahlentscheidung aufrechterhalten und weiterentwickelt werden kann.

schreibt? Die systemtheoretische Beschreibung geht von weniger anspruchsvollen Vorstellungen aus. Von Leistungsrollen im politischen System – wie Berufspolitikern oder Verwaltungsangestellten – erwarten wir genau das, was Downs (1968, S. 7) vorschwebt: dass sie ihre Entscheidungen nicht danach ausrichten, ob sie bei Familienmitgliedern und Freunden Zustimmung finden, sondern sich an rollenspezifischen Regeln und Rücksichtspflichten orientieren. In der Publikumsrolle des Wählers hingegen kann und muss man derartige Rücksichten gar nicht ausschließen – und kann dennoch anerkennen, dass sie eine wichtige Rolle bei der Ausdifferenzierung von Politik spielt, die aber nicht auf besonderer Rationalität, sondern auf besonderen Freiheitsgraden der politischen Wahl beruht. Man könnte auch sagen: Erst die Freiheit, *irrational* zu entscheiden, garantiert die Entkopplung der politischen Wahl von nichtpolitischen Bindungen.

Ausdifferenzierung

Zum Verständnis der Wählerrolle ist es zunächst wichtig, sie im Kontext der modernen Politik zu sehen. Die Wahl dient der Rekrutierung für öffentliche Ämter. Sie wird in der modernen Politik benötigt, weil diese Rekrutierung sich nicht mehr auf nichtpolitische Kriterien stützen kann. In vormodernen Gesellschaften werden Herrschaftsrollen mehr oder weniger fest mit anderen Rollen verknüpft. Es ist dann beispielsweise klar, dass der Sohn des Königs der nächste König wird. Nicht besondere politische Leistungen, sondern Verwandtschaftsbeziehungen oder Prominenzkriterien aus anderen Rollenbereichen liegen der Rekrutierung zugrunde. Ausdifferenzierung bedeutet vor diesem Hintergrund, dass Entscheidungsträger aufgrund *spezifischer Leistungen* rekrutiert werden, nicht mehr aufgrund *zugeschriebener, diffuser* Rollenzusammenhänge. Wir hatten dies im dritten Kapitel als „horizontale Ausdifferenzierung" beschrieben. Der Rollenzusammenhang der Herrscherposition, der eine politisch herausgehobene Stellung mit anderen Rollen verknüpft hatte, löst sich auf – und damit ergeben sich mehr Alternativen für die Rollenbesetzung. Dies geht jedoch mit einem Verlust an Sicherheit einher, weil man sich nicht mehr darauf verlassen kann, dass andere Rollen des Herrschers die Ausübung seiner politischen Rolle kontrollieren (Luhmann 1983b, S. 158). Das heißt: Die Rekrutierung muss sich an funktional spezifizierten Kriterien orientieren, und eine Kontrolle ist nur noch durch andere Rollen im politischen System möglich – durch die Komplementärrolle des Wählers.

Die Ausdifferenzierung der Wählerrolle wird ermöglicht durch allgemeine Prinzipien der politischen Wahl: namentlich durch die Gleichheit und Allgemeinheit der Wahl sowie durch das Wahlgeheimnis (ebd., S. 160ff.). Dass jede Stimme gleiches Gewicht hat und alle wahlberechtigt sind, schließt beispielsweise aus, dass der Reichtum über die Stimmabgabe entscheiden könnte und so die Unabhängigkeit der Wählerrolle gefährdet würde. Das Wahlgeheimnis bedeutet, soziologisch übersetzt: Für die Entscheidung in der Wahlkabine kann man nicht zur Rechenschaft gezogen werden. Gegenüber dem Arbeitgeber, aber auch gegenüber Freunden und Bekannten muss man sich nicht rechtfertigen. Die Wahl ist sozial *folgenlos* und kann deshalb entlastet und entkoppelt von anderen Rollenpflichten getroffen werden. Gleichheit, Allgemeinheit und Wahlgeheimnis neutralisieren andere gesellschaftliche Rollen, die einen Einfluss auf die Wahlentscheidung haben könnten, und sichern der Politik dadurch „eine gewisse Autonomie und Indifferenz gegenüber anderen Bereichen der Gesellschaft" (ebd., S. 160). Die Wählerrolle wirkt also mit an der Grenzziehung zwischen Politik und Gesellschaft.

Generalisierung von Interessen

Der Wähler nimmt in der politischen Wahl zwar Einfluss auf die Politik, insbesondere auf die Rekrutierung des Personals, doch sehr spezifische Interessen kann er dadurch nicht fördern (ebd., S. 166). Er kann nur die vorliegenden Angebote prüfen und zwischen diesen Alternativen wählen. Um Wählerstimmen zu maximieren, müssen die Parteien vielfältige Interessen bündeln. Individuelle Interessenlagen und -konstellationen können gar nicht abgebildet werden. Der Wähler kann fragen, welche der Parteien die größte Übereinstimmung mit seinen Interessen aufweist. Doch die Wahlentscheidung ist damit noch nicht getroffen, da sie auch berücksichtigen muss, in welcher Form die eigenen Interessen *nicht* bedient werden.

Beispiel | Der Wahl-O-Mat

Zwischen den eigenen politischen Interessen und dem politischen Angebot gibt es keine direkte Entsprechung. Die daraus folgende Offenheit und Widersprüchlichkeit der Wahlsituation veranschaulicht beispielsweise der „Wahl-O-Mat" der „Bundeszentrale für politische Bildung". Die Idee wurde in den Niederlanden entwickelt. Eine Papierversion des „StemWijzer" gab es bereits 1989, seit 1998 ist er online verfügbar. Die „Bundeszentrale für politische Bildung" hat ihn zur Bundestagswahl 2002 erstmals in Deutschland angeboten.
Im „Wahl-O-Mat" werden Einstellungen zu einzelnen politischen Fragen und Themen abgefragt. Die Antwortoptionen sind den Programmen der Parteien entnommen. Die Auswertung zeigt, inwiefern die eigenen Antworten mit den Wahlprogrammen der Parteien übereinstimmen. In aller Regel kommt ein gemischtes Ergebnis heraus: Zu 35 % stimmt man mit Partei X überein, zu 35 % mit Partei Y und zu 30 % mit Partei Z. Das heißt: Man weiß gar nicht mehr (oder jedenfalls nicht allzu genau), was man wählen soll. Wenn man in dem Sinne sehr rational über die Wahl nachdenken würde, würde man sich notwendigerweise in Widersprüche mit sich selbst verwickeln. Einen halbwegs rationalen Ausweg bieten hier auf den ersten Blick Wahlverfahren, die eine Verteilung der eigenen Stimme(n) auf Kandidaten unterschiedlicher Parteien erlauben. Doch auch das sogenannte „Panaschieren", bei dem mehrere Stimmen an einzelne Kandidaten unterschiedlicher Wahllisten vergeben werden können, bietet keine Garantie dafür, dass man die eigene Präferenzstruktur perfekt abbilden kann – schließlich steht bereits jeder einzelne Kandidat für eine Mehrzahl politischer Positionen, sodass auch hier mit widersprüchlichen Kombinationen gerechnet werden muss.
Quelle: http://www.bpb.de/politik/wahlen/wahl-o-mat/.

Gegenüber den mitunter recht spezifischen individuellen Interessen des Publikums sind die Wahlprogramme der Parteien stets Konglomerate und Kompromisse vielfältiger Themen, das heißt: Kein Parteiprogramm ist deckungsgleich mit dem Interessenspektrum eines Individuums. Es ist keineswegs trivial, Erfahrungen mit dem politischen System – und das heißt primär: mit Verwaltungsentscheidungen –

in eine Wahlentscheidung zu übersetzen. Denn die zum Zeitpunkt der Wahl gebotenen Alternativen spiegeln nicht einzelne Erfahrungen und Wünsche wider: Was Frau Müller und Herrn Schmidt auf den Nägeln brennt, taucht nicht zwingend in einem Parteiprogramm auf. Und selbst wenn doch, finden sich im gleichen Parteiprogramm mit hoher Wahrscheinlichkeit auch Vorschläge, die nicht ihren Wünschen entsprechen. Es gibt eigentlich immer Gründe, die für die gleiche Wahlentscheidung wie beim letzten Mal sprechen, und gleichzeitig solche, die dagegensprechen. In den wenigsten Fällen wird es deshalb möglich sein, Erfahrungen mit der Verwaltung in eine bestimmte politische Entscheidung zu übersetzen. Dies liegt einerseits an der Trennung der Kontaktbahnen in Form spezifischer Rollen: zwischen dem Kontakt mit der Verwaltung auf der einen Seite und dem Kontakt mit der Parteipolitik auf der anderen. Andererseits ist die Formulierung einer eindeutigen Bewertung auch deshalb schwierig, weil der Wähler durch seine vielfältigen anderen Rollen „überdeterminiert" ist (ebd., S. 168). Das heißt: Man hat letztlich zu viele Gründe, ganz unterschiedliche Parteien zu wählen – und eben deshalb ist die Wahlentscheidung „frei".

Fordern und Unterstützen

Betrachten wir die politische Rolle genauer, so wird deutlich, dass die Interessentenrolle (in der man der Politik mitteilt, was man gerne möchte) von der Wählerrolle unterschieden werden muss. In der Wahl kreuzt man eine vorgegebene, nur teilweise mit den eigenen Interessen übereinstimmende Alternative an. Um spezifische Interessen mitzuteilen, muss man sich in die Rolle des „Forderers" begeben. Das setzt voraus, direkt mit einzelnen Politikern zu kommunizieren, an offentlichen Veranstaltungen teilzunehmen oder Lobbyarbeit zu betreiben – beispielsweise, indem man sich schon vorhandenen Interessen- und Lobbygruppen anschließt. In der Wahlkabine kann ich spezifische Anliegen dagegen nicht zum Ausdruck bringen. Außerdem hat die Wählerin – auch dies haben wir bereits im Zusammenhang mit der Theorie rationaler Wahlentscheidung bemerkt – keine Kontrolle über die tatsächlichen zukünftigen Entscheidungen. Sie kann allenfalls erwarten, dass viele Entscheidungen getroffen werden, denen sie zustimmen würde; aber sie erhält vorab keine exakte Spezifikation dieser Entscheidungen (Parsons 1969c, S. 213). Dies verschafft der Politik *generalisierte Unterstützung*, da ein „konkreter Tausch von Interessenförderung gegen politische Unterstützung" blockiert wird (Luhmann 1983, S. 165). Die Wahl schafft somit eine Situation, die den Einfluss der Gesellschaft auf das politische System filtert und teilweise neutralisiert. Sie zwingt den Wähler, einen großen Teil seiner Interessen außer Acht zu lassen, und verhindert so eine direkte Bindung zwischen dem politischen System und den anderen Rollen des Wählers. Durch diese Entkopplung sichert die Wahl die Systemgrenze zwischen Politik und Gesellschaft. Die Wahl ist „Ausdruck politischer Unterstützung in hochgeneralisierter Form" (ebd.).

6.5 Zusammenfassung

Die Interessen der Wahlforschung und die Konzepte der theoretischen Politischen Soziologie verhalten sich komplementär zueinander: Während es der empirischen

Wahlforschung unter anderem darum geht, Zusammenhänge zwischen sozialdemographischen Variablen und dem Wahlverhalten nachzuweisen, stimmen ansonsten unterschiedliche Theorien der politischen Wahl wie die Rational Choice-Theorie und die Systemtheorie darin überein, dass die Entkopplung der Stimmabgabe von sozialstrukturellen Merkmalen ein wesentliches Merkmal der demokratischen Wahl ist. Diese Entkopplung ist wichtig, weil die Wahl ansonsten nur ein Abziehbild der Sozialstruktur wäre. Sie wäre dann eine Art Volkszählung, aber keine politische Wahl (Horowitz 2000, S. 86).[25] Die Theorie rationaler Wahlentscheidung setzt folglich eine spezifisch politische *Rationalität* des Wählers voraus, also einen *homo politicus*, der politische Nutzenerwägungen von anderen trennen kann. Aus Perspektive der Systemtheorie hingegen ermöglichen, ja erzwingen die spezifischen Bedingungen des Wahlverfahrens (namentlich das Wahlgeheimnis und die Komplexität parteipolitischer Alternativen), dass die politische Wahl zu einer nicht ableitbaren und in diesem Sinne *irrationalen Entscheidung* wird – und sich genau dadurch von anderen, nichtpolitischen Rollenkontexten entkoppelt.

Gegen die Theorie der rationalen Wahl lässt sich einwenden, dass die vielfältigen Gründe, die aus Sicht eines Wählers für, aber auch gegen eine bestimmte Partei oder einen bestimmten Kandidaten sprechen können, sich kaum zu einer einzig richtigen Entscheidung verdichten lassen. Weil die intellektuellen Probleme einer rationalen Lösung praktisch nicht lösbar sind, beruht die Wahlentscheidung deshalb wesentlich auf nichtrationalen Mechanismen (Parsons 1969c, S. 214). Die Systemtheorie begreift die politische Wahl folgerichtig als eine Gelegenheit für expressives Handeln, das heißt: für den Ausdruck allgemeiner Unterstützung, aber auch genereller Unzufriedenheit. Dementsprechend werden Wahlergebnisse von Politikern regelmäßig als Symptome eines Wählerwillens interpretiert, der als solcher in der Wahlentscheidung gar nicht mehr auftaucht. Um die Politik über konkrete Interessen zu informieren, müssen andere Instrumente der politischen Willensbildung genutzt werden, wie beispielsweise das Engagement in politischen Parteien und sozialen Bewegungen.

Literaturempfehlungen

Arzheimer, Kai, Jocelyn Evans und Michael S. Lewis-Beck (Hg.) (2017): The SAGE Handbook of Electoral Behaviour. Los Angeles: Sage.
Bürklin, Wilhelm, und Markus Klein (1998): Wahlen und Wählerverhalten: Eine Einführung. 2. Aufl. Opladen: Leske + Budrich.
Downs, Anthony (1968): Ökonomische Theorie der Demokratie. Tübingen: Mohr (engl. Original: An Economic Theory of Democracy, New York 1957).
Faas, Thorsten, Kai Arzheimer und Sigrid Roßteutscher (Hg.) (2010): Information – Wahrnehmung – Emotion. Politische Psychologie in der Wahl- und Einstellungsforschung. Wiesbaden: Springer VS.
Luhmann, Niklas (1983): Legitimation durch Verfahren. Frankfurt/Main: Suhrkamp.
Popkin, Samuel L. (1994): The Reasoning Voter: Communication and Persuasion in Presidential Campaigns. 2. Aufl. Chicago: University of Chicago Press.

---

25 Fälle, in denen die politische Wahl lediglich über das Mobilisierungspotenzial separierter gesellschaftlicher Großgruppen informiert, diskutieren wir in Kapitel 10 unter dem Stichwort „Versäulung".

Schoen, Harald (2009): Wahlsoziologie. In: Viktoria Kaina und Andrea Römmele (Hg.): Politische Soziologie. Ein Studienbuch. Wiesbaden: VS Verlag für Sozialwissenschaften, S. 181–208.

7. Parteien

Politische Parteien sind ein zentraler Gegenstand der Politischen Soziologie. Das liegt nicht nur daran, dass ihnen in der modernen Politik eine immer wieder kontrovers diskutierte Rolle im Prozess politischer Willensbildung zukommt. Für eine soziologische Perspektive sind sie auch deshalb interessant, weil Parteien über weite Strecken der westeuropäischen Geschichte eng verbunden waren mit sozialen Klassen und Milieus. Sie erschienen dadurch in besonderer Weise geeignet, die gesellschaftliche Einbettung der Politik zu untersuchen. Die Lockerung der Bindung an bestimmte Klassen und Milieus hat demgegenüber ein anderes wichtiges Merkmal von Parteien stärker in den Vordergrund gerückt: dass es sich bei ihnen um Mitgliederverbände mit eigenen Regeln und Zielen handelt, um sogenannte formale Organisationen. Sowohl die Rolle der Parteien im politischen System als auch die Eigenschaften, die sie mit anderen Organisationen teilen und die sie von diesen unterscheiden, sollen im Folgenden dargestellt werden.

7.1 Parteien im politischen System

Wir hatten im dritten Kapitel festgestellt, dass Politik in der modernen Gesellschaft prominenter wird, weil es immer mehr Themen und Anlässe gibt, für die kein Konsens unterstellt werden kann und die deshalb kollektiv verbindlich entschieden werden müssen. In vormodernen Gesellschaften gab es insgesamt weniger Möglichkeiten, schon allein aufgrund technischer Beschränkungen, und die Wahl unter den vorhandenen Alternativen war durch Sitte und Brauch oder religiöse Traditionen häufig schon vorgezeichnet. Die moderne Gesellschaft dagegen hat einen höheren Entscheidungsbedarf, weil sie ständig neue Möglichkeiten produziert. Damit stellt sich in besonderer Schärfe die Frage: Wie entscheidet eigentlich die Politik, worüber überhaupt zu entscheiden ist? Und wie gelingt es ihr, politische Unterstützung für die Entscheidungen des politischen Systems zu sichern?

Wettbewerb der Werte

Die parteipolitische Auseinandersetzung ist ein Konflikt um die grundlegenden Prämissen politischer Entscheidungen. Es können deshalb keine Möglichkeiten grundsätzlich ausgeschlossen werden. Die Politik ist für alles zuständig, und das heißt auch: für alle Werte. Sie kann sich im Gegensatz zur Verwaltung nicht auf die Zuständigkeit für bestimmte, mehr oder weniger eng umschriebene Bereiche zurückziehen (Luhmann 2010, 282f.). Auch wenn die Wirtschaft wichtig ist, können Gesundheit, Frieden, Wohlfahrt und Umweltschutz nicht ignoriert werden. Aber die Politik kann diese konkurrierenden Werte nicht in eine verlässliche Rangfolge bringen. Es gibt keine feststehende Prioritätenliste, auf deren Grundlage man die Gesundheit hinter die Gerechtigkeit zurückstufen könnte oder umgekehrt. Max Weber bezeichnete dies als „ewigen Kampf der Götter" (Weber 1985, S. 608): Die Werte der modernen Gesellschaft beanspruchen für sich absolute Gültigkeit. „Gesundheit", „Frieden", „Freiheit", „Sicherheit" und „Gerechtigkeit" lassen sich nicht so ordnen, dass man sagen könnte: „Freiheit" ist wichtiger als

7. Parteien

„Gesundheit", diese wichtiger als „Frieden", und deshalb ist „Freiheit" wichtiger als „Frieden". Es gibt, anders ausgedrückt, keine transitive Wertordnung. Insofern einzelne Entscheidungen aber immer bestimmte Werte bevorzugen, muss das Entscheidungsverhalten insgesamt „Opportunismus" erlauben: Das eine Mal erhält der eine Wert den Vorrang, das andere Mal ein anderer (Luhmann 1971c).[26] Die Frage ist also: Wie wird die Wertkomplexität so reduziert, dass politisches Entscheiden möglich wird? Das ist der Punkt, an dem Parteien ins Spiel kommen.

Parteien stehen für unterschiedliche Wertprioritäten und die Bevorzugung bestimmter Entscheidungsalternativen. Wichtig ist aber: Auch wenn eine Partei keinen Wahlerfolg hat, verschwindet sie nicht, d. h., die von ihr repräsentierten Alternativen bleiben erhalten und können wieder aktiviert werden. Auf diese Weise wird der Wechsel von Orientierungen möglich. Das politische System kann sich durch die Wahl der einen oder der anderen Partei festlegen, ohne die Flexibilität zu verlieren, dies auch wieder zu revidieren. Ein Mehrparteiensystem verbindet also Flexibilität mit einer Reduktion von Komplexität. Alternativen werden durch die Konkurrenz politischer Parteien reduziert. Das gilt auch noch für den Grenzfall, dass es lediglich zwei Parteien gibt. Und die Reduktion erfolgt nicht irgendwie, sondern im Rahmen eines *geregelten Wettbewerbs*. Es wird kein physischer Kampf ausgetragen, der den Gegner auch vernichten könnte, sondern ein sozialer Konflikt mit klar gezogenen Grenzen. Das setzt voraus, dass das Recht – gewissermaßen als moderierender Dritter – dem politischen Streit entzogen ist. Das Rechtssystem kann Adresse für Änderungsvorschläge sein, aber die Parteien lehnen Recht und Verfassung nicht als solche ab. Ähnliches gilt für Werte: Obwohl wir von Parteien erwarten, dass sie unterschiedliche Werte vertreten, gibt es eine Art Wertekanon, der von allen Parteien geteilt wird.[27] Freiheit, Gleichheit, Solidarität, aber auch Sicherheit, Frieden und Gleichberechtigung sowie Gesundheit und Umweltschutz sind Werte, die unterschiedliches Gewicht in den Parteiprogrammen haben – aber das heißt genau nicht, dass eine Partei, die zum Beispiel der Freiheit besonders viel Aufmerksamkeit schenkt, deshalb die Gleichheit ablehnen würde. Dass alle Werte irgendwie ihre Berechtigung haben, schafft einen Bereich der Kommunikation, der dem Streit entzogen ist.

Cleavage structures: Alte und neue Konfliktlinien

Unterhalb dieser Ebene allgemein geteilter Werte und verbindlicher Regeln der Konkurrenz ist der Konflikt das Prinzip der parteipolitischen Auseinandersetzung. Dieser bezieht sich einerseits auf die vielfältigen und immer wieder neuen Sachthemen, die politisch zu entscheiden sind. Doch wenn Parteien sich im Feld politischer Themen positionieren, geschieht dies nicht zufällig. Ein gängiges Muster der parteipolitischen Verortung ist die Unterscheidung von „linken" und „rechten" Parteien. Sie geht zurück auf die Sitzordnung der französischen Abgeordne-

---

26 Das gilt auch für Individuen, insofern sie zwischen Situationen und Rollen wechseln und dadurch unterschiedliche Werte bedienen. Wer den Wertpluralismus und die Wertkomplexität der modernen Gesellschaft zu stark vereinfachen möchte, indem er rigide an einem Wert festhält, wird leicht zu einem sozialen Problemfall.
27 Anhand des Parteiprogramms der CDU zeigt Luhmann (1977), dass insbesondere das „Karussell der Grundwerte" die Möglichkeit einer Ablehnung nicht vorsieht.

tenkammer nach der Revolution von 1789. Dort saßen die revolutionären und reformorientierten Kräfte auf der linken Seite, die konservativen auf der rechten.[28] Unabhängig von der parlamentarischen Sitzordnung ist die Unterscheidung „progressiver" und „konservativer" politischer Positionen in vielen Ländern gebräuchlich. Sie gibt allerdings nur eine sehr grobe Orientierung. Das politische Spektrum eines Mehrparteiensystems hat mehr als eine Dimension. Ein Versuch, diese Dimensionen für die westeuropäischen Parteiensysteme zu beschreiben, stammt von den Soziologen Seymour Lipset und Stein Rokkan: In ihrer bekannten Studie zu den grundlegenden Konfliktlinien (*„cleavage structures"*) politischer Systeme argumentieren Lipset und Rokkan (1967), dass die historische Entwicklung der Parteien von zwei gesellschaftlichen Umbrüchen nachhaltig geprägt wurde: von der „nationalen Revolution" und der „industriellen Revolution". Im Zuge der Entstehung des modernen Staates entstanden erstens neue Spannungen zwischen Zentrum und Peripherie: der Zentralisierung politischer Macht im Nationalstaat standen die Autonomieinteressen der Regionen und Provinzen gegenüber; zweitens musste der Herrschaftsanspruch des Staates mit den etablierten Privilegien der Kirche in Einklang gebracht werden bzw. sich gegen diese durchsetzen. Die wirtschaftlichen Umwälzungen der industriellen Revolution führten erstens zu einem neuen Interessengegensatz zwischen Landbesitzern und Industrieunternehmern; zweitens legten sie die Grundlage für den Klassenkonflikt zwischen Bürgertum und Arbeiterklasse. Von der spezifischen Ausprägung und der historischen Sequenz dieser insgesamt vier Konfliktlinien hängt ab, wie sie sich in einem Parteiensystem niederschlagen. Damit, so Lipset und Rokkan, lässt sich einerseits die Varianz, andererseits auch die recht große Ähnlichkeit der Parteiensysteme in Westeuropa erklären.

Die Parteiensysteme in westeuropäischen und in vielen anderen Demokratien waren lange Zeit dadurch gekennzeichnet, dass die zentralen Konfliktlinien der nationalen und der industriellen Transformationen die Parteienlandschaft prägten; sie wurden auf einem gewissen Stand „eingefroren". Dem Klassenkonflikt als der historisch jüngsten Konfliktlinie kam dabei besondere Bedeutung zu. So vertreten „linke" Parteien in der Regel die Interessen der Arbeitnehmer und treten für ein stärkeres Engagement des Staates in der Wirtschaft ein sowie für Umverteilung und soziale Gleichheit. Linke Parteien sind meist auch entweder säkular oder protestantisch geprägt. „Rechte" Parteien hingegen stehen den Interessen der Arbeitgeber und der Landbesitzer nahe, sie treten häufig für die freie Marktwirtschaft ein, lehnen staatliche Eingriffe in die Wirtschaft ab und befürworten niedrigere Steuern. Mit ihnen assoziiert man auch eine stärkere Bindung an traditionelle religiöse Werte und eine größere Nähe zu den christlichen Kirchen. Parteien der Mitte entstehen meist aus Kompromissen zwischen den verschiedenen Strömungen, indem sie einen Ausgleich zwischen konkurrierenden Interessen anstreben, z. B. zwischen Stadt- und Landbevölkerung oder zwischen religiösen und säkularen Werten.

---

28 Manche Parlamente haben diese Konvention später übernommen und teilweise bis heute beibehalten (Manow 2004).

7. Parteien

In den letzten Jahrzehnten ist die politische Landschaft in vielen Ländern in Bewegung geraten. Die „eingefrorenen" Konfliktlinien verlieren an Bedeutung oder werden durch neue ergänzt. Die Privatisierung und die Pluralisierung religiöser Überzeugungen, die Diversifizierung der Lebens- und Arbeitsformen sowie größere berufliche und räumliche Mobilität haben die Bindungen an spezifische Milieus und Schichten gelockert (Dalton et al. 1984). Im Zuge gesellschaftlicher Individualisierung hat die Verortung in Großgruppen und geschlossenen sozialen Milieus, die Wähler an bestimmte Parteien und andere politische Organisationen gebunden haben, deshalb an Bedeutung verloren (Beck 1983). Außerdem haben gesellschaftliche Entwicklungen zu neuen Konfliktlinien geführt. Zum Beispiel wird diskutiert, ob infolge der ökonomischen Folgen der Globalisierung und soziokulturellen Wandels eine neue Konfliktlinie entstanden ist, die zwischen den Gewinnern und den Verlierern dieser Entwicklung verläuft. So lassen sich zum Beispiel in Europa vermehrt politische Konflikte beobachten, in denen sich „grüne, alternative, libertäre" (GAL) und „traditionalistische, autoritäre und nationalistische" Einstellungen (TAN) gegenüberstehen (Hooghe und Marks 2018). Die Entstehung neuer, beispielsweise rechtspopulistischer Parteien könnte demnach das Resultat veränderter Konfliktlinien sein.

Ein- und Mehrparteiensysteme

Parteiensysteme ermöglichen es, gesellschaftliche Konflikte durch eine variable, aber begrenzte Zahl von Organisationen zu repräsentieren und dadurch zu institutionalisieren. Ein Parteiensystem bietet die Grundlage dafür, dass das politische System überhaupt mit der Komplexität der möglichen Entscheidungen zurechtkommt. Man könnte die Frage, ob dies auch für ein Einparteiensystem gilt, für abwegig halten. Allerdings gibt es durchaus Beispiele für relativ stabile Einparteiensysteme. Ihnen muss es ebenfalls gelingen bzw. gelungen sein, das Problem der Reduktion politischer Möglichkeiten zu lösen. Nur kann dies dann nicht Aufgabe des Parteiensystems sein, sondern eben nur der einen Partei. Das erscheint schwieriger, weil diese Partei keinen Konfliktpartner hat und ihn auch nicht duldet: „Die Partei, die hat immer recht", lautete der Vers im „Lied der Partei" der SED in der ehemaligen DDR. Wie kann sich die Partei dann aber selbst korrigieren, Alternativen entwickeln und wählen? Die Formel für das Paradox, immer recht zu haben und trotzdem gelegentlich den Kurs wechseln zu müssen, gründet auf der Unterscheidung von „Theorie" und „Praxis" (Luhmann 2010, 305ff.). Die Theorie (z. B. die marxistische) steht fest, aber die gesellschaftliche Praxis ändert sich. So ist dann denkbar, dass das, was gestern richtig war, heute falsch ist. Innerhalb der Partei können Flügel und Fraktionen sich mit dieser Formel für und gegen bestimmte Positionen in Stellung bringen. Der innerparteiliche Konflikt um Alternativen ist dementsprechend häufig ausgeprägter als in Mehrparteiensystemen und muss die fehlende Konkurrenz zwischen Parteien kompensieren.

Man kann diesen Sachverhalt auch anders formulieren: Mehr- und Einparteiensysteme unterscheiden sich darin, wie deutlich *gesellschaftliches Teilsystem und Organisation* differenziert sind. Totalitäre Staaten tendieren zur Entdifferenzierung von Organisation und Gesellschaft (Pollack 1990). In der modernen Gesellschaft dagegen ist es nicht ungewöhnlich, dass einem gesellschaftlichen Teilsystem viele und unterschiedliche Organisationen zuzuordnen sind. Denken Sie zum Beispiel an die Marktwirtschaft, die nicht etwa von einer Organisation geplant wird, sondern auf den Entscheidungen vieler einzelner Organisationen (und Individuen) beruht. Aber auch im Rechtssystem gibt es nicht ein Gericht, sondern viele verschiedene Gerichte; und auch in der Religion gibt es ganz unterschiedliche religiöse Organisationen. Es ist ein generelles Muster funktionaler Differenzierung, dass gesellschaftliche Teilsysteme von Organisationen unterschieden werden können (Luhmann 1981a). Und es ist durchaus typisch, dass es keine organisationale Monokultur gibt, also nicht nur einen Typ von Organisationen. Vielmehr gibt es große Unterschiede der Mitgliederzahlen, der räumlichen Ausdehnung und der zeitlichen Stabilität: kleine und große Unternehmen, global agierende Kirchen und lokale Gemeinden, Sportvereine und internationale Sportverbände. In der Politik gibt es eine ähnliche Vielzahl an Phänomenen, die mit Organisation zu tun haben: von der Bürgerinitiative über Protestorganisationen bis hin zu international agierenden Parteiverbänden.

7.2 Politische Organisationen

Die besonderen Merkmale politischer Parteien erschließen sich am besten aus dem Vergleich – mit anderen politischen Organisationen auf der einen Seite und nichtpolitischen Organisationen auf der anderen. Ein informatives Schema für einen solchen Vergleich hat Schlesinger (1984) vorgeschlagen: Es klassifiziert Parteien und andere Organisationen nach drei Kriterien:

- Wie beschaffen sie ihre Ressourcen und stellen so die eigene Reproduktion sicher? Über Tausch an einem Markt oder über andere Wege?
- Welche Ergebnisse produzieren sie? Stehen diese nur den Mitgliedern, Kunden oder anderen zur Verfügung, die dafür etwas leisten oder bezahlen (private Güter), oder sind sie allgemein verfügbar (Kollektivgüter)?
- Wie motivieren und kompensieren sie ihre Mitglieder? Werden sie für ihre Leistungen bezahlt (direkte Kompensation), oder hat die Motivation andere Quellen, mitunter außerhalb der Organisation selbst (indirekte Kompensation)?

Für einen Vergleich politischer Parteien mit anderen Organisationen entlang dieser Kriterien bieten sich die öffentliche Verwaltung und Interessenverbände im Bereich der Politik sowie – als nichtpolitische Organisationen – Wirtschaftsunternehmen an.

Tabelle 7.1: Vergleich von Organisationsformen (nach Schlesinger 1984)

	Partei	Unternehmen	Verwaltung	Interessenverband
Reproduktion	am Markt	am Markt	nicht am Markt	nicht am Markt
Ergebnis	kollektiv	privat	kollektiv	kollektiv
Kompensation	indirekt	direkt	direkt	indirekt

7. Parteien

Wirtschaftsunternehmen beschaffen sich ihre Ressourcen, wie zum Beispiele Rohmaterialien, auf dem Markt; dort müssen sie entsprechende Leistungen zum Tausch anbieten. Ihre Produkte können sich nur diejenigen aneignen, die dafür bezahlen. Und dies ist Grundlage dafür, dass sie ihre eigenen Mitglieder für ihre Arbeit entlohnen können. In allen Hinsichten anders verhalten sich Interessenverbände: Sie können ihre Leistungen – die Förderung bestimmter politischer Programme – ihren Unterstützern nicht direkt anbieten, da sie lediglich Einfluss auf politische Entscheidungen ausüben, diese aber nicht selbst treffen können. Und sofern sie erfolgreich Einfluss nehmen, sind alle von den Folgen betroffen – die Geltung neuer Regeln und Gesetze ist nicht auf den Kreis der Unterstützer beschränkt. Die Unterstützer und Mitglieder werden nicht bezahlt (mit der Ausnahme eines kleinen Verwaltungsstabs), sondern müssen auf andere, indirekte Weise für eine Mitwirkung gewonnen werden. Die öffentliche Verwaltung ist ähnlich organisiert, d. h., sie ist nicht vom Markt abhängig (sondern von Budgetentscheidungen des Parlaments), und ihre Produkte sind klassische Kollektivgüter. Allerdings werden Verwaltungsangestellte wie andere Arbeitnehmer für ihre Leistungen direkt bezahlt.

Parteiorganisationen

Politische Parteien zeigen ein eigenes Organisationsmuster: Sie bezahlen ihre Mitglieder nicht (wiederum mit der Ausnahme einer relativ kleinen hauptamtlichen Führung); sie erzielen Ergebnisse, die für alle zugänglich sind; im Gegensatz zum Interessenverband reproduzieren sie sich jedoch am „Markt" der politischen Wahl – dort bieten sie ihre Leistungen zum Tausch gegen Unterstützung an. Vom Wahlerfolg hängt ihre Reproduktion ab, denn über Wählerstimmen erreichen Parteien die Ressourcen für ihre Arbeit: Ämter, in denen politische Programme umgesetzt werden können. Diese Merkmalsausprägungen (kollektive Ergebnisse, indirekte Kompensation, marktbasierte Reproduktion) haben jeweils eigene Folgen für die Organisationspraxis:

Erstens sind sie mit einem Folgeproblem der Produktion von Kollektivgütern konfrontiert, dem sogenannten „Trittbrettfahrer"-Problem (Olson 1965). Wenn niemand von einem Kollektivgut ausgeschlossen werden kann, profitieren auch diejenigen, die keinen Beitrag leisten. Rational wäre es darum, sich nicht selbst zu engagieren, sondern die Arbeit anderen zu überlassen. Gilt dies aber für alle, kommt das Kollektivgut erst gar nicht zustande.

Zweitens verringert die indirekte Kompensation die Kontrolle der Organisation über ihre Mitglieder. Es ist schwer, jemandem mit dem Entzug von etwas zu drohen (zum Beispiel des Gehalts), wenn man es nicht selbst zur Verfügung stellt. Dies zeigt sich an klassischen Disziplinierungsproblemen von Parteien, wenn ihre Mitglieder anderweitig bezahlt werden, zum Beispiel als Abgeordnete oder Minister. Sie haben dann größere Freiheit, von den Erwartungen der Partei abzuweichen. Diejenigen Mitglieder wiederum, die sich eher im eigenen Freizeitbereich für die Partei engagieren, werden leicht durch konkurrierende Engagements abgelenkt oder sogar abgeworben: Eine Partei hat kein Monopol darauf, eine sinnvolle Freizeitbeschäftigung anzubieten, während eine Arbeitsorganisation sehr wohl darauf pochen kann, dass ein Arbeitnehmer nicht noch einer weiteren Beschäftigung nachgeht.

Drittens schließlich führt die Orientierung am „Markt" der politischen Wahl dazu, dass die Partei sich von den dort vertretbaren Zielen abhängig macht. Sie gewinnt dadurch zwar die Möglichkeit, Erfolge und Misserfolge sehr genau (nämlich in Wahlerfolgen) beurteilen zu können, verliert aber die Souveränität, ihre Ziele selbst festzusetzen. Sie muss sich an dem orientieren, was Wahlerfolge verspricht – und damit an Kriterien, die von anderen gewählt werden.

Während es für jedes der einzelnen genannten Merkmale Entsprechungen bei anderen Organisationstypen gibt, ist ihre Kombination eine Besonderheit der politischen Partei. Sie ist aber nicht lediglich ein Alleinstellungsmerkmal, sondern gerade in der Verbindung einzelner Merkmale auch ein potenzielles Problem: So können andere marktbasierte Organisationen die Herausforderung extern definierter und kaum beeinflussbarer Zielvorgaben durch eine starke Disziplinierung des Personals kompensieren (insofern es direkt bezahlt wird und sich damit in einer abhängigen Position befindet). Andere auf Kollektivgüter spezialisierte Organisationen wiederum können ihre Ziele leichter verändern und anpassen, um die fragile Mitwirkung ihrer Mitglieder zu sichern. Die politische Partei steht somit vor einem besonderen Organisationsproblem – Schlesinger (1984, S. 390) zieht gar das Fazit: „Party organization seems incomprehensible". Gemeint ist damit natürlich nicht, dass Parteien ein Ding der Unmöglichkeit sind. Vielmehr kann ihre Leistung nicht nach den Kriterien anderer Organisationstypen bemessen werden. Worin diese Leistung besteht, wird deutlich, wenn man sie mit anderen politischen Organisationen vergleicht.

Interessenvertretung vs. -pluralismus

Im Gegensatz zu Parteien vertreten Interessenverbände oder Lobbyorganisationen die Interessen einer bestimmten Klientel, zum Beispiel der Automobilindustrie, der Steuerzahler, der Fahrradfahrer oder der Konsumenten. In Deutschland und anderswo gibt es eine große Vielfalt solcher Interessen- und Lobbyorganisationen, die auf politische Entscheidungen Einfluss zu nehmen versuchen (Winter und Willems 2007). Sie können dabei die spezifischen Interessen ihrer Zielgruppe recht rücksichtslos vertreten, müssen ihr Anliegen aber der Öffentlichkeit näherbringen. Man kann von anderen nicht erwarten, dass sie sich für Privatinteressen interessieren oder diese sogar unterstützen. Deshalb müssen Wege gefunden werden, die eigenen Interessen mit dem Gemeinwohl kompatibel zu machen. Der Arbeitgeberverband macht sich offiziell nicht Sorgen darüber, dass neue Steuerpläne die Gewinne der Unternehmen schmälern könnten, sondern über den möglichen Verlust von Arbeitsplätzen. Die Vertretung von Spezialinteressen muss nach außen die Form von Gemeinwohlinteressen annehmen. Das ist nicht notwendigerweise eine dreiste Lüge: Nur weil ein Gruppeninteresse durch ein Gesetz gefördert wird, muss dadurch nicht gegen das Interesse der Allgemeinheit verstoßen werden.

Im Unterschied zu den auf Partialinteressen spezialisierten Interessengruppen bündeln Parteien pluralistische Interessen und Werte. Sie haben den Anspruch, Arbeitgeber und Arbeitnehmer, Fußgänger und Radfahrer, Frauen und Männer zu vertreten; und sie setzen sich ein für Gerechtigkeit, Freiheit, Wohlstand, aber auch für Gerechtigkeit, Sicherheit und Umweltschutz. Sie müssen deshalb einerseits *pluralistisch* sein (und die resultierenden Konflikte auch innerhalb ihrer Organisation austragen können), andererseits *opportunistisch* handeln können, wenn sich nicht alle Interessen und Werte zugleich verwirklichen lassen. Entgegen gelegentlicher Beteuerungen, die Freiheit widerspreche nicht der Sicherheit oder der Umweltschutz nicht dem Wirtschaftswachstum, würde eine ausschließliche Fixierung auf einen dieser Gesichtspunkte sehr wohl Abstriche in anderen Bereichen bedeuten. Es lassen sich deshalb nicht alle Werte auf einmal steigern, und es gibt auch keine optimale Balance. Sich widersprechenden Werten kann man nur opportunistisch Rechnung tragen – indem man erst den einen und später den anderen bevorzugt. Andere Organisationen sind mit weniger widersprüchlichen Erwartungen konfrontiert, beispielsweise in der Wirtschaft.[29] Die Leistung von Parteien besteht deshalb genau darin, dass sie temporäre Kompromisse und Koalitionen unterschiedlicher Interessen herstellen und dabei die eigene Organisation reproduzieren können.

7.3 Parteien als formale Organisationen

Man kann sich den Organisationsgrad politischen Handelns als eine Variable vorstellen: eine spontane Protestkundgebung wäre zum Beispiel weniger organisiert als ein Parteitag. Kriterien dafür sind Strukturen und Rollen, die dauerhaft Entscheidungsfähigkeit sichern und in diesem Sinne auch Verantwortung tragen. Offenbar weisen alle politischen Phänomene, die über längere Zeiträume stabil bleiben, auch einen gewissen Grad an Organisation auf. Parteien sind ein einschlägiges Beispiel: Ihre auf Dauer gestellte Rolle in politischen Konflikten setzt Strukturen voraus, die Ansprechpartner für Freunde und Gegner definieren, die Verbindlichkeit von Beschlüssen sicherstellen und die Aktivitäten auf unterschiedlichen regionalen Ebenen koordinieren.

Gesetz der Oligarchie

Die Notwendigkeit von Organisation, die aus ähnlichen Gründen auch in anderen gesellschaftlichen Feldern gilt, wurde in der Politik und insbesondere im Fall politischer Parteien von Beginn an mit Skepsis betrachtet. In Organisationen wirken nicht alle an jeder Entscheidung mit; es gibt Hierarchien und Rollen für Spezialisten. Auch wenn diese Merkmale viele Vorteile bringen, erscheinen sie als nur schwer vereinbar mit umfassenden Ansprüchen an Demokratie. Als ein früher sozialwissenschaftlicher Beobachter und Kritiker der Rolle von Parteien in demokratischen politischen Systemen arbeitete Ostrogorski diesen Widerspruch in seinem Buch „Democracy and the Organization of Political Parties" (1902) heraus. Er vermutete, dass die zunehmende Bedeutung von Parteien neue Machtpositionen schaffen und damit andere Instanzen entwerten würde – vor allem das Parlament und die öffentliche Meinung. Ähnlich beschrieb der Soziologe

---

[29] Anhand ihrer Fähigkeit, widersprüchliche Erwartungen zu bedienen, unterscheidet der Organisationssoziologe Brunsson (1989) zwischen *action organizations* und *political organizations*.

Robert Michels (1911) das „*eherne Gesetz der Oligarchie*": die Herausbildung einer Führungsschicht, die sich dem Rest der Partei entfremdet und den normalen Mitgliedern nur relativ geringe Mitwirkungsmöglichkeiten eröffnet. Michels sah die Organisation als die „Mutter der Herrschaft der Gewählten über die Wähler, der Beauftragten über die Auftraggeber, der Delegierten über die Delegierenden" (Michels 1911, S. 384). Dieses „soziologische Grundgesetz" führte Michels auf die Vorteile der Arbeitsteilung zurück. Spezialisten- und Führungsrollen ermöglichen es der Partei, schnell auf Veränderungen zu reagieren und dadurch politisch erfolgreicher zu sein. Auf dieser Grundlage verfügt die Führungsriege einer Partei über Machtmittel (z. B. Finanzen), die sie im internen Machtkampf einsetzen und mit denen sie zum Beispiel Karrieren steuern kann.

Beispiel | „Die Grünen" und das Gesetz der Oligarchie

Im Jahr 1980 wurde die Partei „Die Grünen" (heute: „Bündnis 90/Die Grünen") gegründet. Aufgrund ihrer Wahlerfolge erweiterte sie bald das Spektrum der in Landesparlamenten und später auch der im Bundestag vertretenen Parteien. Das Selbstverständnis der aus der ökologischen Bewegung hervorgegangenen Partei war jedoch, eine „Antipartei-Partei" zu sein (Kelly 1982). Man wollte sich von der etablierten Parteipolitik abgrenzen – und die von Robert Michels beschriebene Entwicklung verhindern, insbesondere die Loslösung der Führung von der „Basis". Um dies zu erreichen, legten „Die Grünen" einige Regeln fest, darunter die folgenden:

- Erstens sollte für Abgeordnete der Partei das „Rotationsprinzip" gelten, d. h.: die Parlamentarier wurden nach der Hälfte der Legislaturperiode durch vorher bestimmte Nachrücker ersetzt. So sollte eine Akkumulation von Prestige und Fachwissen bei einzelnen Personen verhindert werden.
- Zweitens sollten Amt und Mandat unvereinbar sein: Ein Parteimitglied sollte demnach nur entweder ein Parteiamt oder ein öffentliches Mandat innehaben. Auch Ämterhäufung war nicht gestattet.
- Drittens sollte die Transparenz der Entscheidungsprozesse durch die grundsätzliche Öffentlichkeit aller Versammlungen sichergestellt werden. Alle sollten an allen Entscheidungen teilhaben können.

Die Intentionen hinter diesen Prinzipien sind ebenso offensichtlich wie ihre Folgeprobleme: So kann Rotation der Elitenbildung entgegenwirken, aber sie verhindert auch die Aneignung von Fachwissen. Die Trennung von Amt und Mandat bringt mehr Personen in Führungspositionen, verringert aber deren öffentliche Sichtbarkeit. Und die Öffentlichkeit von Versammlungen erhöht die Transparenz, stellt aber einerseits Konflikte nach außen dar und führt andererseits dazu, dass Entscheidungsprozesse in Hinterzimmer verlagert werden. Es verwundert deshalb nicht, dass diese Regeln inzwischen entweder abgeschafft wurden (Rotationsprinzip) oder nur noch stark eingeschränkt gelten (Trennung von Amt und Mandat, Öffentlichkeit). Auch weitere Prinzipien der Anfangszeit, wie zum Beispiel die Limitierung der Abgeordnetendiäten oder die Bindung der Abgeordnetenmandate, wurden gelockert und den anderen Parteien angepasst. Aus den „Grünen" (aktuell „Bündnis 90/Die Grünen") ist eine weitgehend normale Partei geworden.

> Quelle: Thomas Poguntke (1994): Basisdemokratie and political realities: the German Green Party. In: Kay Lawson (Hg.): How Political Parties Work: Perspectives from Within. Westport, CO: Praeger, S. 3–22.

Auch wenn Michels' These sich durchaus bewährt hat, greift sie für eine Beschreibung politischer Parteien zu kurz. Das liegt daran, dass sie zu sehr auf Macht und die psychologischen Motive der Beteiligten abstellt und zu wenig auf allgemeine Merkmale von Organisationen. Es gibt drei Eigenschaften, die Organisationen üblicherweise zugerechnet werden (Kühl 2011, 23ff.). *Erstens*: Organisationen haben Mitglieder, und zwar in der Regel *freiwillige* Mitglieder. Man muss sich entscheiden, Mitglied zu werden, und von jedem Mitglied ist bekannt, dass diese Entscheidung einmal getroffen wurde. Voraussetzung der Fortdauer der Mitgliedschaft ist, dass bestimmte Erwartungen erfüllt werden. Diese speziellen Erwartungen sind in dem Sinne „formalisiert", dass sie explizit zur Grundlage der Mitgliedschaft erklärt werden (Luhmann 1964). Wer ihnen nicht entsprechen möchte, wirft dadurch die Frage nach der eigenen Mitgliedschaft auf. Über diesen Mechanismus können Organisationen eine Art kollektive Handlungsfähigkeit herstellen: Man kann von Mitgliedern die Erfüllung bestimmter Erwartungen erwarten, weil sie sich selbst dazu entschieden haben, sich diesen Erwartungen zu unterwerfen. *Zweitens*: Auf der Grundlage von Mitgliedschaft kann eine Hierarchie, eine Kompetenz- und Zuständigkeitsordnung verbindlich gemacht werden: Man akzeptiert pauschal, dass jemand Anweisungen und Befehle erteilen kann. Und *drittens* gibt es einen Organisationszweck (oder mehrere), dem man im Rahmen der Mitgliedschaft ebenfalls zustimmt.

Zwecke und Motive

Das heißt allerdings nicht unbedingt, dass der Zweck selbst motivieren muss. Organisationen unterscheiden sich beträchtlich darin, wie wichtig der Zweck für die Motivation der Mitglieder ist. Am Fließband in der Fabrik steht man nicht (oder nicht hauptsächlich), weil man von Autos begeistert ist. Zumindest ist nicht von Belang, ob man ein Autonarr ist oder nicht. Letztlich motiviert das Geld dazu, mitzuwirken. In dieser Hinsicht sind Parteien anders, denn für die Mitgliedschaft wird zumindest das normale Mitglied nicht bezahlt. Im Gegenteil, man muss entweder unbezahlte Arbeit leisten oder sogar (zusätzlich!) einen Mitgliedsbeitrag bezahlen. Es gibt – wie wir bereits gesehen haben – allenfalls eine „indirekte" Kompensation für das eigene Mitwirken. Das bedeutet, dass die Ziele der Partei durchaus eine Rolle für die Motivation der (einfachen) Mitglieder spielen. Doch auch hier werden sie von anderen Motiven, wie zum Beispiel Interesse an Geselligkeit, flankiert und unterstützt (Niedermayer 2013).

Parteien lassen sich also als formale Organisationen beschreiben: als Sozialsysteme, die zwischen Mitgliedern und Nichtmitgliedern unterscheiden und deren Mitglieder genau spezifizierten formalisierten Erwartungen unterworfen sind. Diese formalen Erwartungen sind Grundlage dafür, dass man von Mitgliedern etwas verlangen kann und für den Fall, dass sie diese Erwartungen nicht erfüllen, ihre Mitgliedschaft beenden kann. Das ist ein allgemeines Merkmal formaler Organisationen, und Parteien haben natürlich auch diese Eigenschaft. Sie haben außerdem eine Hierarchie und verfolgen Ziele, die zum Beispiel in Parteiprogrammen formuliert werden. Dies sind wichtige Bausteine der *formalen Struktur* der Parteiorganisation, von der man unterstellen muss, dass alle anderen Mitglieder sie kennen und unterstützen. Man muss deshalb erwarten, dass man bei Widerstand gegen die formalen Erwartungen alle anderen Mitglieder der Organisation gegen sich hätte.

Formale und informale Strukturen

Aus diesem Grund sind formale Strukturen im Konfliktfall etwas, worauf man sich beziehen und womit man sich durchsetzen kann. Ein großer Vorteil der formalen Organisation ist, dass man einen Konsens aller Mitglieder *unterstellen* kann (Luhmann 1964, S. 69). Man kann erwarten: Ein Mitglied der SPD schätzt diese Partei und ihre Ziele, sonst wäre er oder sie nicht Mitglied. Und so kann man als SPD-Mitglied *allen* anderen Mitgliedern unterstellen, dass sie dieser Organisation zustimmen. Wenn unterstellt werden kann und muss, dass alle Mitglieder den grundsätzlichen Zielen zustimmen, heißt das aber nicht, dass dies auch faktisch *der Fall ist*. Es kann in Organisationen durchaus Mitglieder geben, die ganz andere Gründe zur Mitwirkung haben. Sie sind vielleicht an Geselligkeit interessiert oder an gelegentlichen spannenden Aktionen. Ob dies der Fall ist, kann man aber nur mit Kenntnis *spezifischer* Personen wissen. Das *allgemeine* Wissen über die formalen Erwartungen hilft abzuschätzen, welchen Erwartungen mehr oder weniger alle zustimmen. In dieser Weise stellt die Formalstruktur kollektive Handlungsfähigkeit und Unterstellbarkeit von Konsens her.

Im Alltag jedoch sind die formalen Strukturen nicht sehr prominent. Befehle oder andere klare Anweisungen, die mit der Mitgliedschaftsfrage verbunden wären, kommen nur selten zum Einsatz. Nur in wenigen Organisationen, wahrscheinlich nicht einmal im Militär, werden ständig Befehle erteilt. Für den täglichen Umgang reicht eine freundliche Bitte oder eine Aufforderung meist völlig aus. Nur wenn es einen Mangel an Kooperation gibt, ist es nötig, zu befehlen.[30] Weil man das aber antizipieren kann, wäre man ein ziemlich schlechtes Organisationsmitglied, wenn man es ständig auf diesen Konflikt anlegen würde. Die Formalstruktur tritt nicht ständig in Erscheinung, sondern in Krisen- und Konfliktsituationen. Der Routineablauf wird stärker durch *informale Strukturen* bestimmt: Regeln des täglichen Umgangs miteinander, die zum Teil im Widerspruch zu den offiziellen Zielen stehen, deshalb auch nicht vorab mitgeteilt, sondern erst im Rahmen der Mitgliedschaft erlernt werden. Sie gelten häufig nicht für die ganze Organisation, sondern nur für einzelne Abteilungen oder Arbeitseinheiten. Diese haben ihre eigenen informalen Regeln, zum Beispiel dass man zu spät kommen darf und die Kollegen dies decken. Informale Regeln können den Formalstrukturen widersprechen, vielleicht sogar den Organisationszweck infrage stellen. Ein Beispiel ist die in vielen Organisationen informell gepflegte Norm, dass man sich nicht durch Übereifer profiliert und dadurch die anderen in einem schlechten Licht erscheinen lässt. Aus Sicht der *Organisation* ist besonderes Engagement zwar

---

30 Für eine Kritik am „Befehlsmodell" der Organisation siehe Luhmann (1971d).

durchaus wünschenswert, aus Sicht der *Arbeitseinheit* birgt eine Differenzierung von Leistungsniveaus aber die Gefahr, dass die Solidarität und Kollegialität unter ihr leidet. Ähnliche Phänomene gibt es in der Schule: Die Organisation prämiert herausragende individuelle Leistungen, aber die Mitschüler schätzen Strebertum nicht. Die informelle Rangordnung unter den Schülern belohnt deshalb nicht schulische Leistungen, sondern eher das Gegenteil. Das sind Beispiele dafür, wie informale Erwartungen in Organisationen funktionieren und welche Bedeutung sie für den Alltag haben.

In Organisationen gibt es also immer zwei Arten von Ordnungen – eine formale und eine informale. Dies gilt auch für Parteiorganisationen: Die formale Struktur, also das Gerüst aus Mitgliedschaft, Hierarchie und dem offiziell mitgeteilten Zweck, ist nur eine Seite der sozialen Wirklichkeit von Parteien, gewissermaßen ihre „offizielle Erzählung" (Katz und Mair 1992, 7f.). Daneben gibt es wie in allen Organisationen informale Strukturen. Die Frage ist, ob die Spannung zwischen formalen und informalen Strukturen in politischen Parteien eine besondere Rolle spielt – und diese vielleicht vor besondere Probleme stellt. Es gibt zwei Beispiele aus der Soziologie politischer Parteien, die auf solche Spannungen zwischen der offiziellen, auch nach außen dargestellten formalen Ordnung und ihren informalen Strukturen, der tatsächlichen Entscheidungspraxis hinweisen: das Problem der innerparteilichen Demokratie und die für Parteien charakteristische „Zweck/Mittel-Verschiebung", in deren Folge Macht nicht mehr als Mittel zur Umsetzung politischer Programme, sondern als eigentliches Ziel politischen Handelns fungiert.

Innerparteiliche Demokratie

Die Frage, ob Parteien selbst demokratisch organisiert sind (und ob sie dies überhaupt sein können), hat die Parteiensoziologie schon früh beschäftigt. Von Parteien wird – im Gegensatz zu anderen Organisationen – erwartet, dass sie die demokratischen Prinzipien des politischen Systems auf sich selbst anwenden. Parteien werden nicht nur als Mitwirkende an Demokratie betrachtet, sondern sollen selbst demokratische Systeme sein. Diese Auffassung findet ihren Niederschlag in entsprechenden formalen Strukturen, z. B. für die Wahl des Führungspersonals oder für Programmentscheidungen. Aus dieser Perspektive erscheint ein Parteitag eine Realisierung von Demokratie im Kleinformat zu sein, ähnlich einer Parlamentssitzung: Es wird diskutiert, abgestimmt und entschieden. Allerdings – darauf haben bereits Ostrogorski und Michels hingewiesen – darf man diese gelegentliche Inszenierung von Demokratie nicht damit verwechseln, wie Entscheidungen über Personal und Programme faktisch zustande kommen. Natürlich gibt es jede Menge Entscheidungen des Tagesgeschäfts, an denen nur wenige beteiligt sind. Vor allem aber werden die auf Parteitagen von allen Mitgliedern (oder deren Delegierten) zu treffenden Entscheidungen *vorher* in kleineren Gremien und Führungszirkeln abgestimmt. Das ist einerseits mit der von Michels hervorgehobenen Handlungsfähigkeit von Parteien in der politischen Auseinandersetzung zu erklären, die langwierige Abstimmungen oft nicht erlaubt, andererseits damit, dass zu viel Demokratie – im Sinne offen ausgetragener Konflikte – in der Außendarstellung von Parteien nicht erwünscht ist. Um aber mehr oder weniger harmonische oder zumindest mehrheitsfähige Entscheidungen treffen zu können, müssen Konsens- und Durchsetzungschancen *vorher* geprüft werden.

Wie in allen Organisationen gibt es deshalb in politischen Parteien große Unterschiede der faktischen Einflussmöglichkeiten (Bukow und Poguntke 2013). Es macht einen Unterschied, ob die Parteivorsitzende oder ein „Mitglied von der Basis" einen Antrag einbringt. Eine wirksame Beteiligung der einfachen Mitglieder, der sogenannten Basis, an den Beschlüssen von Parteien ist so nicht möglich. Auf Parteitagen wird verabschiedet, was Führungszirkel der Partei schon beschlossen haben. Oder anders formuliert: Die formale Gleichheit der Mitglieder wird durch vorgelagerte, oft informelle Abstimmungsprozesse ausgehebelt – aber zeremoniell durchaus gewürdigt, wenn auf Parteitagen prinzipiell alle zu Wort kommen dürfen.

Zweck-Mittel-Verschiebung

Analoges gilt für das zweite Beispiel einer Abweichung der informalen von der formalen Struktur: die Zweck/Mittel-Verschiebung. Statt das offiziell in den Vordergrund gestellte Ziel zu verfolgen, konzentriert sich die Organisation auf die Mittel, die dadurch von einem Mittel zur Erreichung eines Zwecks zum Selbstzweck werden. Das offizielle Ziel von Parteien ist, ihr politisches Programm umzusetzen. Dazu müssen sie politische Macht erringen. Faktisch werden aber Programme geschrieben, um die Macht zu erringen: „Die Parteien treten mit politischen Konzepten hervor, um Wahlen zu gewinnen; sie gewinnen nicht die Wahlen, um mit politischen Konzepten hervortreten zu können" (Downs 1968, 27f.). Und das heißt: Die im Programm formulierten Ziele sind dann gar nicht im engeren Sinn Ziele, sondern vielmehr Mittel für den Wahlerfolg. Sie werden im Hinblick auf das ausgewählt, was die Wähler gut finden könnten.

Die für demokratische Konkurrenz typische Zweck/Mittel-Verschiebung bedeutet demnach, dass die Parteien sich an dem Ziel orientieren, die Macht zu gewinnen, und die Programmatik diesem Ziel unterordnen. Was eigentlich Mittel zur Erreichung eines Zwecks sein sollte, wird selbst zum Zweck. Dass in allen Parteien früher oder später die Macht selbst zur zentralen Orientierungsgröße wird, verstößt zwar gegen die offizielle Darstellung. Es ist jedoch Teil einer rationalen politischen Taktik und deshalb durchaus eine *„sinnvolle Perversion"* (Luhmann 2010, S. 289). Denn es erlaubt den Parteien, sich an politisch sehr viel klarer definierten Kriterien zu orientieren und ihre Entscheidungen in dieser Hinsicht (also zum Beispiel mit Blick auf Wahlerfolge) zu rationalisieren und aus Erfolgen und Misserfolgen zu lernen.

Diese Beispiele zeigen, dass Parteien Spannungen zwischen formalen und informalen Strukturen aufweisen. Widersprüche zwischen formalen und informalen Strukturen bedeuten häufig, dass etwas verborgen werden muss, weil die Formalordnung die Darstellung der Organisation nach außen prägt (Luhmann 1964, S. 108–122). Sie ist in der Satzung oder im Organigramm nachlesbar und kann anderen präsentiert werden. Die informalen Strukturen hingegen eignen sich oft nicht für eine gefällige Außendarstellung. Wenn Informationen über sie nach außen dringen, könnte dies die Zustimmung der gesellschaftlichen Umwelt gefährden – denn diese ist offensichtlich primär an den offiziellen Zielen und Strukturen interessiert.

Entwicklungstrends

Diskrepanzen zwischen Formalstruktur und informalen Strukturen werden durch zeitgenössische Entwicklungen eher verstärkt als abgebaut. Die Entwicklung der modernen Massenpartei macht eine Differenzierung zwischen Berufspolitikern und Laienpublikum beinahe unausweichlich. Bereits der von Kirchheimer (1965) beschriebene Aufstieg der „Allerweltspartei" bzw. der „catch-all party" bringt eine stärkere Fokussierung auf den Gewinn von Wählerstimmen (zu Lasten der ideologischen Orientierung) mit sich. Jüngere Entwicklungen, die in Richtung einer stärkeren Professionalisierung der Parteiarbeit gehen, verstärken diesen langfristigen Trend: Indem der Parteiapparat mit Blick auf Wahlerfolge rationalisiert und professionalisiert wird, nimmt die Parteiorganisation Züge eines „Kartells" an (Katz und Mair 1995). Die gegenüber der Öffentlichkeit gepflegte Darstellung innerparteilicher Demokratie entspricht somit immer weniger den innerparteilichen Realitäten. Die Folge ist eine verkehrte Welt, die den demokratischen Ambitionen der Formalstruktur ebenso wenig entspricht wie den programmatischen Aspirationen der Parteiprogramme.

7.4 Zusammenfassung

Die Parteipolitik ist der Ort, an dem Konflikte ausgetragen und Konsensmöglichkeiten ausgelotet werden. Politische Parteien besetzen Positionen im Meinungsspektrum, markieren und institutionalisieren gesellschaftliche Konfliktlinien und erlauben dadurch eine Wahl zwischen strukturierten Alternativen. Die Abgrenzung zu anderen Möglichkeiten wird dadurch unterstützt, dass Parteien formale Organisationen, also Mitgliederverbände sind, die zwischen Mitgliedern und Nichtmitgliedern unterscheiden. Für ihre Mitglieder können Parteien sowohl die gemeinsamen Ziele als auch die Verteilung von Zuständigkeiten festlegen. Dadurch gewinnen sie kollektive Handlungs- und Kommunikationsfähigkeit, über die allerdings nicht im engeren Sinne demokratisch verfügt werden kann: Auch wenn formal allen Mitgliedern Partizipationsmöglichkeiten eingeräumt werden, ist der Einfluss auf Entscheidungen faktisch ungleich verteilt. Nicht nur im Hinblick auf die innerparteiliche Demokratie weichen die tatsächlichen Entscheidungsprozesse der Parteien notwendigerweise vom dem ab, was ihnen offiziell zugeschrieben wird. Auch in der Frage, welche Ziele Parteien verfolgen, lautet die Antwort: andere als häufig angegeben. Die in ihren Programmen formulierten Ziele dienen eher dazu, die Macht zu erringen, als dass man an ihnen ablesen könnte, wozu die Macht eingesetzt werden soll.

An der zentralen Rolle, die der Machterwerb für politische Parteien spielt, zeigt sich die Ambivalenz der Parteienkonkurrenz: Dass Parteien ihren Erfolg oder Misserfolg in politischen Wahlen eindeutig feststellen können, ermöglicht ihnen die Rationalisierung ihrer Strukturen und Entscheidungen. Doch es bedeutet auch, dass sie ihre Ziele so wählen müssen, dass sie nicht nur – manchmal sogar:

nicht einmal primär – bei den Mitgliedern Anklang finden, sondern bei anderen: den Wählern. Keine Partei möchte sich darauf beschränken, von den eigenen Mitgliedern gewählt zu werden. Doch dadurch wird es schwierig, den Mitgliedern exklusive Vorteile zu bieten, die sie zur Mitarbeit motivieren könnten. Die sinkenden Mitgliederzahlen gerade der großen Parteien deuten darauf hin, dass die Motivation zur unbezahlten Mitgliedschaft schwierig ist – und angesichts anderer Möglichkeiten politischen Engagements auch in Zukunft nicht einfacher werden wird.

Literaturempfehlungen

Jun, Uwe (2009): Politische Parteien als Gegenstand der Politischen Soziologie. In: Viktoria Kaina und Andrea Römmele (Hg.): Politische Soziologie. Ein Studienbuch. Wiesbaden: VS Verlag für Sozialwissenschaften, S. 235–265.

Kirchheimer, Otto (1965): Der Wandel des westeuropäischen Parteiensystems. In: Politische Vierteljahresschrift 6, S. 20–41.

Lipset, Seymour M., und Stein Rokkan (1967): Cleavage structures, party systems, and voter alignments. An introduction. In: Stein Rokkan und Seymour M. Lipset (Hg.): Party Systems and Voter Alignments. New York: Free Press, S. 1–64.

Michels, Robert (1911): Zur Soziologie des Parteiwesens in der modernen Demokratie: Untersuchungen über die oligarchischen Tendenzen des Gruppenlebens. Leipzig: W. Klinkhardt.

Niedermayer, Oskar (Hg.) (2013): Handbuch Parteienforschung. Wiesbaden: Springer VS.

Schlesinger, Joseph A. (1984): On the theory of party organization. In: *The Journal of Politics* 46 (2), S. 369–400.

Siri, Jasmin (2012): Parteien. Zur Soziologie einer politischen Form. Wiesbaden: VS Verlag für Sozialwissenschaften.

8. Soziale Bewegungen

Soziale Bewegungen haben die politische Agenda in vielen Ländern entscheidend mitgeprägt – und dabei auch die Parteienlandschaft verändert. Es ist nicht ungewöhnlich, dass eine Partei aus einer sozialen Bewegung hervorgeht. Die Sozialdemokratie als ein Ergebnis der Arbeiterbewegung ist ein prominenter Fall. Doch dieser Zusammenhang ist nicht ganz so eng, wie man auf den ersten Blick vermuten könnte. Keineswegs jede soziale Bewegung wird zu einer Partei, und umgekehrt ist eine soziale Bewegung keine Voraussetzung dafür, dass eine Partei entstehen kann. Soziale Bewegungen sind durchaus eigenständige politische Phänomene. Unter diesen Vorzeichen sollen sie im Folgenden behandelt werden. Am Beginn steht die Frage: Was sind eigentlich soziale Bewegungen? Das ist keine triviale Frage, weil der Name mehr offenlässt, als er beantwortet. Im Anschluss an diese Begriffserklärung stehen Theorien sozialer Bewegungen im Fokus, die erklären sollen, warum es soziale Bewegungen gibt. Schließlich soll es um die Folgen für das politische System und dessen Entscheidungen gehen, also um die Frage, welchen Einfluss auf politische Entscheidungen soziale Bewegungen ausüben.

8.1 Formen sozialer Bewegungen

Für soziale Bewegungen existiert ein großes Angebot an Selbst- und Fremddeutungen. Bewegungen bezeichnen sich (mittlerweile) gerne selbst als solche, sodass kein Mangel an Kandidaten besteht. Bereits die Bauernaufstände des europäischen Mittelalters weisen einige Merkmale sozialer Bewegungen auf. Doch das Modell einer sozialen Bewegung schlechthin war und ist die Arbeiterbewegung. Diese, so die zeitgenössische Formulierung, bezog sich auf die „sociale" Frage – und wurde deshalb auch als *sociale Bewegung* bezeichnet (Stein 1850). Ihrem Vorbild folgte im Anschluss eine zunehmende Vielfalt sozialer Bewegungen: Im 19. und 20. Jahrhundert zum Beispiel die nationalen Bewegungen, die faschistische Bewegung und die amerikanische Bürgerrechtsbewegung. Letztere läutete zugleich die Periode der „neuen" sozialen Bewegungen ein, welche die Studenten- und die Frauenbewegung hervorbrachte. Von dort aus ist es nur ein kurzer Weg in die Gegenwart, in der neue und neueste soziale Bewegungen entstehen, die teilweise noch nicht einmal Namen tragen und manchmal ebenso schnell verschwinden, wie sie entstanden sind: Protestphänomene wie „*Occupy*", aber auch unpolitischer erscheinende Strömungen wie *„Slow food"* oder die Anti-Weihnachts-Bewegung, die sich dafür einsetzt, Weihnachten als kommerzialisierte Veranstaltung abzuschaffen. Wie können wir diese Vielfalt begrifflich fassen?

Was sind soziale Bewegungen?

Die sachliche Vielfalt und historische Variabilität der Themen und Formen sozialer Bewegungen erschweren eine Definition. Prägnante Formulierungen konzentrieren sich oft auf einen ganz bestimmten Aspekt. So betont beispielsweise Charles Tilly in seiner Definition die fehlende formale Repräsentation und die Interaktion zwischen „Sprechern" und „Autoritäten" als Merkmal sozialer Bewegungen, um diese von anderen politischen Gruppen abzugrenzen (Tilly 1979). Von

8. Soziale Bewegungen

Gruppen und Organisationen grenzen den Begriff der sozialen Bewegung auch andere Forscher ab, indem sie eigene Begriffe wählen: Tarrow (1998) spricht von „kollektiven Herausforderungen" und Rucht (1994) von einem „Handlungssystem mobilisierter Netzwerke".

> **Begriff | Soziale Bewegungen**
>
> „A social movement is a sustained series of interactions between national power holders and persons successfully claiming to speak on behalf of a constituency lacking formal representation, in the course of which those persons make publicly visible demands for changes in the distribution or exercise of power, and back those demands with public demonstrations of support" (Tilly 1979, S. 12).
> „Movements ... are ... collective challenges by people with common purposes and solidarity in sustained interaction with elites, opponents and authorities" (Tarrow 1998, 4f.).
> Eine soziale Bewegung ist „ein auf gewisse Dauer gestelltes und durch kollektive Identität abgestütztes Handlungssystem mobilisierter Netzwerke von Gruppen und Organisationen, welche sozialen Wandel mittels öffentlicher Proteste herbeiführen, verhindern oder rückgängig machen wollen" (Rucht 1994, S. 338).

Anhand dieser Definitionen (und man könnte weitere hinzufügen) möchten wir im Folgenden drei Merkmale sozialer Bewegungen hervorheben: die prinzipienorientierte Kritik, den Netzwerkcharakter und die nichtinstitutionalisierten Formen politischer Partizipation.

Radikalität

Der *erste* Ansatz zu einer Bestimmung des Phänomens liegt in einer Abgrenzung zur normalen Politik. Man kann dies so formulieren, dass soziale Bewegungen „grundlegenden sozialen Wandel" herbeiführen wollen (Heberle 1951). Sie schlagen also nicht im Detail vor, was wo zu ändern sei, sondern sie legen eine gewisse Radikalität an den Tag. Es geht bei sozialen Bewegungen um eine *prinzipienorientierte Kritik* an Institutionen und gesellschaftlichen Strukturen und eben nicht darum, ganz spezifische Entscheidungen herbeizuführen. Diese prinzipienorientierte Kritik kann, aber sie muss nicht so weit gehen, dass die Gesellschaft in ihrer gegenwärtigen Form gänzlich abgelehnt wird. Sie bedeutet in jedem Fall, dass soziale Bewegungen im Gegensatz zu Lobbyorganisationen keine Interessenvertretungen sind. Sie treten nicht auf, um Besitzstände von Autofahrern oder Fabrikbesitzern zu verteidigen, sondern um neue, *mögliche* Interessen geltend zu machen – oder gar, um jene zu vertreten, die ihre „Interessen" selbst gar nicht wahrnehmen oder artikulieren können, z. B. gefährdete biologische Arten. Soziale Bewegungen sind im Gegensatz zu Parteien nicht interessenpluralistisch, sondern durch die Orientierung an einem Prinzip oder Wert gekennzeichnet – und dementsprechend radikal bzw. kompromisslos. Es geht *entweder* um die Umwelt *oder* um den Frieden, aber nicht um beides zugleich. Sie sind keine Instanzen der Abwägung und des Ausgleichs, sondern eindeutig auf ihr Thema und dessen Platzierung auf der politischen Agenda ausgerichtet.

Bewegung und Organisation

Zweitens sind soziale Bewegungen keine Organisationen. Sie sind am ehesten als *Netzwerke* zu beschreiben, die Individuen, informelle Gruppen und natürlich auch Organisationen über ein gemeinsames *Thema* verbinden. Vor allem im Vergleich zu politischen Parteien, aber auch im Vergleich zu Lobbygruppen ist der geringe Organisationsgrad augenfällig. Soziale Bewegungen setzen keine formale Organisation voraus, sondern können aus informellen, spontanen Zusammenschlüssen entstehen (Diani 1992). Viele soziale Bewegungen lehnen Organisation und Hierarchie als solche ab und versuchen, sie zu vermeiden (Polletta 2002). Eine Verstetigung und Formalisierung sowie vor allem eine klare Unterscheidung zwischen Mitgliedern und Nichtmitgliedern ist gar nicht erwünscht. Soziale Bewegungen haben „Mitglieder" in einem sehr weiten Sinn, der auch Sympathisanten miteinschließt. Das weist darauf hin, dass das Kernmerkmal der sozialen Bewegung nicht die formale Organisation ist. Eine soziale Bewegung ist – anders als Lobbyorganisationen und Parteien, aber auch als NGOs – keine formale Organisation, sondern ein sozialer Raum, in dem es *auch* Organisationen und andere Gruppen gibt. Auch wenn einzelne Organisationen in gewisser Weise stellvertretend für eine soziale Bewegung stehen – zum Beispiel *Greenpeace* für die Umweltbewegung –, so ist doch klar: *Greenpeace* ist nicht *die* Umweltbewegung, sondern gewinnt seine spezifische Identität aus der Zuordnung zu dieser Bewegung. *Greenpeace* ist also eine Bewegungsorganisation (engl. *social movement organization,* SMO).

Nichtinstitutionalisierter Protest

Drittens schließlich benutzen soziale Bewegungen unkonventionelle Formen, um ihre Anliegen vorzubringen, und beteiligen sich anders als die politischen Parteien nicht an etablierten Verfahren. Sie verwenden *nichtinstitutionalisierte Formen* politischer Kommunikation, also nicht politische Wahlen, Petitionen oder andere formale politische Verfahren. Ihr Ziel ist primär die Erzeugung von Aufmerksamkeit, was besonders gut durch ungewöhnliche und spektakuläre Aktionen gelingt. Dazu kann es auch gehören, sich entgegen aller Erwartung gewaltlos zu verhalten, also die Macht genau dadurch herauszufordern, dass man ihr nur passiven Widerstand entgegensetzt (Gregg 1966 [1935]). Soziale Bewegungen müssen, da sie über keine formale Macht und erst recht nicht über organisierte Gewaltmittel verfügen, die öffentliche Meinung für ihr Anliegen gewinnen.

Bewegung und Protest

Soziale Bewegungen sind, so können wir zusammenfassen, *Handlungszusammenhänge,* die auf eine gewisse *Dauer* gestellt sind, an einer *kollektiven Identität* oder auf ein *gemeinsames Ziel* hin orientiert sind und *politische Veränderungen* mittels *öffentlicher Proteste und unkonventioneller Aktionen* herbeizuführen versuchen. Trotz dieser Erläuterung leidet der Begriff daran, dass man sich nur schwer seinen Gegenbegriff vorstellen kann: Was wäre die „unsoziale Nichtbewegung"? Man könnte schließlich einwenden, alles in der Gesellschaft sei sozial und auch irgendwie in Bewegung. Doch die „Bewegung", das sollte deutlich geworden sein, ist eine Chiffre dafür, dass es sich eben nicht um eine Gruppe, Organisation oder

8. Soziale Bewegungen

Ähnliches handelt und dass es um eine besondere politische Dynamik geht. Und das Attribut „sozial" hat natürlich mit der „socialen Frage" der Arbeiterbewegung zu tun, um die es den meisten heutigen Bewegungen aber nicht mehr geht. Selbst wenn man den Begriff, wie das üblich ist, als „solidarisch" übersetzt, wird er der Realität moderner sozialer Bewegungen nicht gerecht. Denn wir müssen in Rechnung stellen, dass diese durchaus auch (dem üblichen Verständnis nach) „unsolidarisch" orientiert sein können: Der Faschismus war ebenso eine soziale Bewegung – sogar eine internationale – wie es heutzutage der politische Islam ist.[31] Eine Alternative zum Begriff der sozialen Bewegung ist es, von „Protestbewegungen" oder einfach von „Protest" zu sprechen (Luhmann 1996b). Er macht einerseits deutlich, dass es um eine Konfrontation geht (um *contentious politics*); andererseits, dass Kommunikation, Darstellung und Öffentlichkeit eine Rolle spielen. Häufig taucht dieser Begriff deshalb in Forschungen auf, die sich mit konkreten Beispielen protestierender Gruppen beschäftigen. Dennoch ist in der Literatur und in der Selbstbeschreibung der Bewegungsforschung der Begriff der sozialen Bewegung prominenter, und deshalb werden wir ihn auch im Folgenden beibehalten.

Alte und neue soziale Bewegungen

In der Chronologie sozialer Bewegungen – von den Bauernaufständen über die Arbeiterbewegung bis zur globalisierungskritischen Bewegung – zeigt sich eine zunehmende Vielfalt. Während einzelne historische Zeitabschnitte noch von einer typischen Bewegung geprägt waren, bietet die Gegenwart eine Fülle unterschiedlicher Bewegungsformen gleichzeitig. Dazu gehören jene, die auf eine lange Geschichte zurückblicken können, und jene, die jüngeren Datums sind und deren Bestand noch unklar ist. Man kann also bereits von „alten" und „neuen" sozialen Bewegungen sprechen, wenn man beispielsweise die Arbeiterbewegung mit der Umweltbewegung vergleicht: Die eine ist seit dem 19. Jahrhundert ein politischer Faktor, die andere erst seit Mitte des 20. Jahrhunderts. Es gibt demnach gewissermaßen ältere und (viele) neuere soziale Bewegungen, die man in einer Chronologie verorten kann – unter der Voraussetzung, dass zumindest der Anfang einer sozialen Bewegung einigermaßen eindeutig datierbar ist; für das Ende gilt das ohnehin nur sehr eingeschränkt.

Doch von *neuen sozialen Bewegungen* spricht man nicht nur aufgrund der chronologischen Reihenfolge, sondern vor allem im Hinblick auf inhaltliche Unterschiede. Die „klassischen" sozialen Bewegungen, von den Bauernaufständen über die Arbeiterbewegung bis zu nationalistischen Bewegungen, hatten klar zurechenbare *sozialstrukturelle Grundlagen*: Es ging um Interessen einer Klasse, Schicht oder eben aller Mitglieder einer Nation; sie waren primär auf Teilhabe an – und

---

31 Für die Soziologie kann der Begriff des Sozialen nicht auf Solidarität oder gar Konformität mit bestimmten Werten beschränkt werden. Das Soziale schließt Konflikt, Streit und Herrschaft mit ein. All dies sind „soziale Tatsachen" im Sinne Durkheims (1961). Folglich können soziale Bewegungen gängigen Vorstellungen davon, was „solidarisch" ist, durchaus widersprechen. Das ist ein wichtiger Punkt für die soziologische Bewegungsforschung, die häufig dadurch gekennzeichnet ist – und darunter leidet –, dass sie die Ziele der untersuchten Bewegungen teilt. Doch das ist kein sonderlich guter Ausgangspunkt für eine soziologische Analyse, insofern diese eine gewisse Distanz zum Gegenstand voraussetzt.

damit Veränderung – der politischen Herrschaft ausgerichtet. Dies trifft so nicht zu auf jene Bewegungen, die man in den 1960er-Jahren zu beobachten begann: zunächst die Studentenbewegung, dann die Frauenbewegung, die Friedensbewegung, die Anti-Atomkraft- und die Umweltbewegung, und in der Gegenwart die globalisierungskritische Bewegung. „Neu" sind diese Bewegungen nicht allein deshalb, weil es sie vorher nicht gab. Sie brachten auch neue Orientierungen und neue Strategien mit sich. Diese Neuerungen betreffen drei Aspekte: das *Thema*, die *Organisationsform* und die *Taktiken* der sozialen Bewegungen.

Postmaterialismus

Während die klassischen sozialen Bewegungen sich primär um Verteilungskonflikte drehten und versuchten, Teilhabe an der staatlichen Macht zu erlangen, um die Interessen der benachteiligten Gruppen zu wahren (und in diesem Sinne *materiell* orientiert waren), geht es bei neuen sozialen Bewegungen häufig um Aspekte, die man im weiteren Sinne als *kulturell* bezeichnen könnte, zum Beispiel um Identität und Anerkennung. Das spielte bei der amerikanischen Bürgerrechtsbewegung eine Rolle, die nicht nur gleiche Rechte für eine bisher ausgeschlossene Gruppe einforderte, sondern auch die gesellschaftliche Anerkennung der farbigen Bevölkerung auf die Tagesordnung setzte. Ähnlich ging und geht es der Frauenbewegung auch um materielle Forderungen, aber im Kern darum, dass Gleichstellung die volle Anerkennung der Frauen voraussetzt. In anderer Weise zeigt sich die Bedeutung von immateriellen Aspekten bei der Umweltbewegung: Ihr Fokus ist offensichtlich nicht die Verteilung von Reichtum, sondern die Bewahrung von Lebensqualität.

Hinter dieser noch sehr groben Kontrastierung von alten und neuen sozialen Bewegungen steckt meist die Theorie des *„Wertewandels"* (Inglehart 1989). Demnach haben seit den 1960er-Jahren, deutlicher seit Ende der 1970er- und Anfang der 1980er-Jahre in der „westlichen Welt" immaterielle Werte an Bedeutung und Legitimität gewonnen. Dieser „Postmaterialismus" wurde plausibel vor dem Hintergrund, dass die Prosperität der Nachkriegszeit die materiellen Bedürfnisse zum Großteil befriedigt hatte. Dadurch konnten andere, vielleicht nicht ganz so drängende Bedürfnisse einen höheren Stellenwert erhalten und geschätzt werden. Man muss jedoch die – durchaus umstrittene – Theorie des Wertewandels nicht voraussetzen, um die neuen Orientierungen sozialer Bewegungen zu erklären und zu benennen. Vor allem mit Bezug auf die Umweltbewegung ist es mindestens ebenso plausibel, sie als Reaktion auf neue oder neu wahrgenommene Problemlagen zu beschreiben: Sie thematisierte die bislang hingenommenen „riskanten" Entscheidungen in Wirtschaft und Politik, die den Entscheidern Vorteile bringen, die Betroffenen aber in noch unabsehbarer Weise mit Gefahren belasten (Beck 1986; Luhmann 1991). Unabhängig davon, wie man diesen Wandel letztlich erklärt: Es ist nicht zu übersehen, dass die neuen sozialen Bewegungen andere Themen haben als die alten.

Organisationsvarianten

Doch der Unterschied ist nicht nur ein thematischer, sondern – zweitens – auch ein organisatorischer. Die alten sozialen Bewegungen sind an klassischen Formen der politischen Organisationen orientiert und bilden – im Laufe einer längeren Entwicklung – große, zentralisierte und hierarchische Organisationen. Das deutlichste Beispiel hierfür sind die Gewerkschaften als Teil der Arbeiterbewegung. Die neuen sozialen Bewegungen hingegen bleiben auch langfristig weniger organisiert und zentralisiert. Es gibt beispielsweise in der Ökologiebewegung so viele unterschiedliche Organisationen und informelle Gruppen, die sich der Bewegung zuordnen, sodass es unmöglich wird, von einer davon zu behaupten, es wäre die zentrale Organisation der Umweltbewegung. Der geringere Organisationsgrad ist nicht zufällig. Viele neue soziale Bewegungen betrachten es als wünschenswert, formale Organisation so weit wie möglich zu vermeiden; es gehört gewissermaßen zu ihrem Selbstverständnis, Entscheidungen nicht einfach von oben nach unten durchzustellen (Polletta 2002).[32]

Neue Strategien

Ein drittes Merkmal betrifft Taktiken und Strategien in der politischen Auseinandersetzung. Die klassischen sozialen Bewegungen wählten häufig kollektive und organisierte Formen des Protests und waren in der Regel auch auf die Teilhabe an staatlicher Macht ausgerichtet. Für die neuen sozialen Bewegungen sind unkonventionelle Protestformen typisch, die teilweise nur auf Aufmerksamkeit und nicht auf Macht ausgerichtet sind. Das macht deshalb Sinn, weil neue soziale Bewegungen ihre politischen Anliegen nicht ausschließlich, oft nicht einmal primär an die staatliche Politik adressieren, sondern im Sinne einer „Politik des Lebensstils" (Giddens 1991) oder „Subpolitik" (Beck 1993) unmittelbar an die Individuen. Nicht umsonst wurde der Slogan „Das Persönliche ist politisch" in der Frauenbewegung geprägt (Hanisch 1969).

Tabelle 8.1: „Alte" und „neue" soziale Bewegungen (Quelle: eigene Darstellung)

	Alte soziale Bewegungen	Neue soziale Bewegungen
Periode	vor 1960	nach 1960
Thema	Verteilungskonflikte, Partizipation	Anerkennung, Identität und Lebensqualität
Organisation	zentralisiert und hierarchisch, geprägt durch formale Organisationen	dezentralisiert und heterarchisch, geprägt durch informelle Gruppen
Taktiken	kollektiver und organisierter Protest, Teilhabe an staatlicher Macht	unkonventionelle Protestformen, Aufmerksamkeitserzeugung, Lebensstilpolitik

---

[32] Am Beispiel der amerikanischen Frauenbewegung hat Jo Freeman (1972/73) allerdings anschaulich gezeigt, wie die Vermeidung formaler Organisation zu informellen Rollen und Hierarchien führt, die in der Folge nur noch schwer kontrolliert und geändert werden können.

Trotz dieser gebräuchlichen Klassifikation in „alte" und „neue soziale Bewegungen" sollte eine wichtige Gemeinsamkeit festgehalten werden: Soziale Bewegungen sind in gewisser Weise immer „neu". Sie greifen Themen auf, die in der Politik bislang keine Berücksichtigung oder keine Repräsentanten gefunden haben. Indem sie die soziale Frage auf die politische Agenda setzte, war beispielsweise auch die Arbeiterbewegung zu ihrer Zeit eine Innovation. Heute ist dieses Thema mehr oder weniger Teil der institutionalisierten (Partei-)Politik. Es ist also zu jedem historischen Zeitpunkt eine zentrale Leistung sozialer Bewegungen, das politische System mit neuen und veränderten Entscheidungsbedürfnissen zu konfrontieren.[33]

Doch woher kommen diese neuen Optionen, und wie werden sie gegenüber dem politischen System geltend gemacht? Mit dieser Frage beschäftigen sich Theorien sozialer Bewegungen, die zu erklären versuchen, unter welchen Bedingungen soziale Bewegungen entstehen und wann sie erfolgreich auf das politische System einwirken.

8.2 Theorien sozialer Bewegungen

Auf den ersten Blick scheint die Frage, warum es soziale Bewegungen gibt, einfach zu beantworten: Soziale Bewegungen reagieren auf Probleme, die als politisch verursacht bzw. politisch veränderbar betrachtet werden. Insbesondere Benachteiligungen einzelner Gruppen gegenüber anderen, also eine wahrgenommene „relative Deprivation", kann ein Aufbegehren gegen die als ungerecht empfundenen Zustände motivieren (Gurr 1970). Doch ganz so einfach ist es offenbar nicht, denn keineswegs führt jede Benachteiligung zu einer sozialen Bewegung. Es gibt zu viele Ungleichheiten und Ungerechtigkeiten, als dass sie in jedem Fall von einer sozialen Bewegung aufgegriffen werden könnten: „Grievances are everywhere, movements not" (Japp 1984, S. 316). Über lange Zeiträume existierten Gesellschaften mit – nach heutigen Maßstäben – krassen Ungerechtigkeiten, die nicht zu Protest geführt haben (Moore 1987). Ein „objektiver" Anlass für Protest genügt offensichtlich nicht. Es müssen weitere Faktoren hinzukommen, damit eine soziale Bewegung entsteht.

Kollektives Verhalten

Einen ersten Hinweis auf zusätzliche Bedingungen liefert die soziologische Theorie kollektiven Verhaltens. Smelser (1962) argumentiert, dass Deprivation zwar eine „strukturelle Spannung" verursachen kann, diese aber erst durch weitere Faktoren zum Anlass kollektiven Protests wird. Zu diesen zusätzlichen Determinanten zählen beispielsweise eine von vielen geteilte Interpretation des Missstands, eine soziale Situation, die eine kollektive Reaktion erlaubt, sowie eine erfolgreiche Mobilisierung. Solange es ein gesellschaftliches Normgefüge gibt, das Ungleichheiten legitimiert, werden diese als alternativlos erlebt. Erst wenn dieses Gefüge sich lockert und seine unhinterfragte Verbindlichkeit einbüßt, stoßen soziale Bewegungen als Form des Protests auf Resonanz. Soziale Bewegungen sind diesem

---

[33] Habermas spricht in diesem Zusammenhang davon, dass die maßgeblich von sozialen Bewegungen getragene politische Öffentlichkeit das politische System „belagere" (Habermas 1989, S. 475).

8. Soziale Bewegungen

Verständnis nach eine Art Ventil für Spannungen, die insbesondere auf sozialen Wandel zurückgehen können. Es ist aber nicht möglich, von einem linearen Verhältnis von Ursache und Wirkung auszugehen, sodass man soziale Bewegungen aus einzelnen Entbehrungen ableiten könnte. Kollektives Verhalten entsteht aus der Wechselwirkung situativer und struktureller Rahmenbedingungen mit sich wandelnden Wertorientierungen.

Opportunitätsstrukturen

Ein Schritt in Richtung einer präziseren und systematischen Theorie sozialer Bewegungen besteht darin, die Kontextbedingungen ihrer Entstehung (oder Verhinderung) genauer zu bestimmen. Dies ist Gegenstand der *Theorie politischer Opportunitätsstrukturen*: Eine entscheidende Rolle, so ihre These, spielt das politische Umfeld, d. h. die Art des Regimes, insbesondere ob es „offen" oder „geschlossen" ist. Eine paradigmatische Studie aus den 1970er-Jahren vergleicht unter diesem Gesichtspunkt amerikanische Städte und unterscheidet zwischen politischen Rahmenbedingungen, die für Anspruchsgruppen empfänglich waren, und solchen, die durch relativ geschlossene Elitenzirkel keine Entfaltungschancen für Aktivismus boten (Eisinger 1973). Die Offenheit oder Geschlossenheit lässt sich an drei Merkmalen festmachen: am politischen Prozess und inwiefern er von außen formulierte Anliegen aufnehmen kann; an der Stabilität regierender Eliten; und schließlich an der Kapazität für Repression – ein politisches System, das sehr effektiv das Artikulieren politischer Anliegen unterdrücken kann, wird nicht besonders viele soziale Bewegungen aufweisen.

Beispiel | Revolution im Iran

Das Auftauchen sozialer Bewegungen korreliert gemäß der Theorie politischer Opportunitätsstrukturen mit der Offenheit des politischen Systems. Die Frage nach dem Regimetyp kann aber leicht objektivistisch missverstanden werden. Natürlich kann man bestimmte Merkmale feststellen und messen: die Zahl der Parteien, der Petitionen oder auch die Zahl der Folteropfer. Entscheidend ist aber die *Wahrnehmung* der Beteiligten, wie offen oder geschlossen das System ist. Ein gutes Beispiel für die Bedeutung der wahrgenommenen Möglichkeiten liefert Kurzman anhand der Iranischen Revolution Ende der 1970er-Jahre. Das politische System Irans hatte sich gegenüber den Jahren vorher im Grunde nicht verändert und war alles andere als offen. Doch die Sympathisanten der Revolution nahmen dies anders war: Sie sahen die ersten Anzeichen öffentlichen Protests und wussten mitunter gar nicht, wie stark der Staatsapparat dennoch war. Diese Fehlwahrnehmung führte letztlich zum Erfolg, da sie ein politisches Engagement plausibel machte, das ansonsten zu riskant oder aussichtslos erschienen wäre. Die Deutung der politischen Situation führte in gewisser Weise zu einer sich selbst erfüllenden Prophezeiung (Merton 1936): Weil genügend Leute glaubten, das politische System *sei* offen, *war* dies am Ende auch der Fall. Es ist also wichtig, wie die Möglichkeiten politischen Handelns *wahrgenommen* werden – und nicht etwa, wie sie *sind*.
Quelle: Charles Kurzman (1996): Structural opportunity and perceived opportunity in social-movement theory: the Iranian revolution of 1979. In: American Sociological Review 61 (1), S. 153–170.

Ressourcenmobilisierung

Die Theorie der Opportunitätsstrukturen identifiziert politische Rahmenbedingungen dafür, ob soziale Bewegungen entstehen oder nicht. Sie bleibt aber noch zu einseitig, um unterschiedliche Verläufe von Protest gerade in „offenen" Regimen zu erklären. Das ist der zentrale Gegenstand des Ansatzes der *Ressourcenmobilisierung*. Damit eine soziale Bewegung entsteht, müssen nicht nur entsprechende Freiräume vorhanden sein, sondern sie müssen auch genutzt werden – durch Mikroprozesse der Organisierung und der Mobilisierung von Ressourcen (McCarthy und Zald 1977). Gefühle der Benachteiligung und politischer Wille sowie günstige Rahmenbedingungen sind notwendige, aber nicht hinreichende Bedingungen. Es müssen auch Ressourcen mobilisiert werden, und sind „Bewegungsorganisationen" nötig, die insbesondere zwei wichtige Voraussetzungen nachhaltiger politischer Aktivität organisieren: Zeit und Geld potenzieller Teilnehmer. Denn an Protestaktionen, Demonstrationen, Petitionen etc. teilzunehmen, kostet erstens Zeit, die man anders verwenden könnte. Neben Engagement benötigen soziale Bewegungen zweitens auch Geld. Dafür kommen außer den aktiven Mitgliedern Sympathisanten infrage, welche die Bewegung (nur) finanziell unterstützen. Es geht in beiden Fällen um eine Art von Investition, und dazu müssen die Teilnehmer motiviert werden. Insbesondere die Finanzierungsfrage macht die Organisationsabhängigkeit deutlich: Das Einsammeln und Verwalten von Geldbeträgen erfordert Organisation; und umgekehrt führt Organisation häufig zu zusätzlichem Mittelbedarf, zum Beispiel um Mitarbeiterinnen und Mitarbeiter bezahlen zu können.

Framing

Opportunitätsstrukturen und Ressourcenmobilisierung heben die strukturellen und organisatorischen Voraussetzungen sozialer Bewegungen hervor. Ein dritter Ansatz der Bewegungsforschung ergänzt dies um den Aspekt des *Themas* bzw. der Ideologie der Bewegung. Mobilisierung setzt voraus, dass ein Problem formuliert und von vielen als dringlich angesehen wird. Das heißt, dass eine bestimmte Interpretation eines Themas sozial durchgesetzt werden muss. Ein Thema wird erst durch das *„Framing"*, durch eine bestimmte Rahmung zum Problem (Benford und Snow 2000; Snow et al. 1986). Das lässt sich am Beispiel des „Umweltproblems" verdeutlichen: Der rauchende Fabrikschornstein, der uns heute Unbehagen verursacht, signalisierte lange Zeit Wohlstand und Wachstum, bevor er zu einem Symbol für Umweltverschmutzung und damit zum Problem wurde. Heute fragt man sich, welche Schadstoffe ausgestoßen werden, früher dachte man an wirtschaftliche Prosperität. Es war besser, in einer Region zu leben, wo die Schornsteine rauchten, denn dort gab es Arbeitsplätze. Rauchende Schornsteine sind also nicht als solche ein Problem, sondern sie müssen als ein solches konstruiert und gerahmt werden. Die Bewegungsforschung unterscheidet diese Rahmung in drei Bereiche: diagnostisches, prognostisches und motivationales *Framing* (Snow und Benford 1988). Erstens muss ein Problem, zum Beispiel Umweltverschmutzung, identifiziert werden; zweitens muss ein Verursacher genannt werden, zum Beispiel die Industrie; und drittens sollte eine Lösung vorgeschlagen werden, denn wenn man nur das Unheil beklagt, hat man noch keinen Ansatzpunkt für eine Bewegung. Man muss den Leuten auch mitteilen, was sie tun können, zum Beispiel selbst protestieren, für Umweltorganisationen spenden oder – im Sinne einer lebensstilorientierten „Subpolitik" (Beck 1993) – ihren Alltag umgestalten.

Zustimmung und Unterstützung

Günstige politische Rahmenbedingungen, die Mobilisierung von Ressourcen und ein geeignetes *Framing* erhöhen die Chancen, dass aus einem Protestanlass eine Bewegung wird. Die Anlässe für Protest sind vielfältig. Aktuelle politische Entscheidungen können den Unmut ebenso entfachen wie langfristige Ungerechtigkeiten, und an beiden herrscht kein Mangel. Zu praktisch jedem Thema finden sich viele Personen, die ihre Unzufriedenheit artikulieren möchten, sei es am Stammtisch, in den sozialen Medien oder auf der Straße. Doch nur ein geringer Teil dieser Proteste findet ausreichend Resonanz, um die öffentliche Meinungsbildung und politische Entscheidungen zu beeinflussen. Der Erfolg sozialer Bewegungen hängt davon ab, ob sie für ihre Anliegen Aufmerksamkeit, Zustimmung und Unterstützung mobilisieren können. Doch das Aufmerksamkeitspotential der Massenmedien ist notorisch knapp, und Personen, die sich dem Protest anschließen könnten, müssen aus einer Vielfalt von Anliegen auswählen – und haben auch noch anderes zu tun. Wie und warum aus vereinzeltem Protest eine erfolgreiche soziale Bewegung entsteht, ist deshalb ein zentrales Thema der soziologischen Forschung.

Insofern der Erfolg einer Bewegung von der Zustimmung des Publikums abhängt, stellt sich die Frage, nach welchen Kriterien diese vergeben wird. Wann gilt Protest als legitim und unterstützungswürdig? Der Bewegungsforscher Charles Tilly hat diese Frage auf der Basis langjähriger Forschung zu unterschiedlichen sozialen Bewegungen mit Verweis auf vier Faktoren beantwortet: die Größe und Einheit der Bewegung, das Engagement der Teilnehmerinnen und Teilnehmer sowie die Würdigkeit ihres Anliegens (Tilly 1993–1994). Die englischen Begriffe *worthiness, unity, numbers,* und *commitment* lassen sich zum Akronym WUNC zusammenfassen. Eine Protestbewegung wird demnach umso eher auf Zustimmung in der Bevölkerung stoßen, je mehr ihre Anliegen als wertvoll und ihre Anhängerschaft als geeint, zahlreich und engagiert wahrgenommen werden.

Beispiel | Legitimität und Diversität

Sowohl die Legitimität als auch die Einschätzung der Erfolgschancen einer Bewegung hängen von Tillys WUNC-Kriterien ab. Als ein ergänzendes Merkmal schlagen Bailey et al. (2023) die „Diversität" einer Bewegung vor: Je vielfältiger die Aktivisten, desto eher kann sich das Publikum mit ihnen identifizieren. In einem Experiment konnten die Befragten ihre Unterstützung anhand ihrer Spendenbereitschaft signalisieren (wofür ihnen ein bescheidenes Budget als Bonus in Aussicht gestellt wurde). Tatsächlich variierten die Geldbeträge mit der Einstufung entlang der WUNC-Kriterien. Auch andere Formen der Mobilisierung, wie zum Beispiel das „*Liken*" einer fingierten Bewegungsseite auf Facebook oder die Unterstützung von Bewegungsanliegen gegenüber Parlamentsabgeordneten, wurden von der Einschätzung der WUNC-Kriterien positiv beeinflusst. Dies

gilt auch für das zusätzliche Merkmal der Diversität: Wurden lediglich weiße Männer als vorhandene Unterstützer präsentiert, fielen WUNC-Score und Unterstützung geringer aus als bei einem heterogenen Kreis von Unterstützerinnen und Unterstützern. Neben diesen Ergebnissen, die Tillys WUNC-Hypothese unterstützen, ergab sich ein überraschender Befund: Wie bei Online-Befragungen üblich wurde routinemäßig geprüft, ob die Teilnehmer überhaupt aufmerksam bei der Sache waren. Es zeigte sich, dass nicht nur eine eindeutige Formulierung der Bewegungsziele, sondern auch die größere Diversität der Unterstützer mit höherer Aufmerksamkeit prämiert wurden. Auf eine gute Resonanz können also heterogene Gruppen zählen, die sich in der Sache einig sind.
Quelle: Erica R. Bailey; Dan Wang; Sarah A.Soule; Hayagreeva Rao(2023): How Tilly's WUNC works: Bystander evaluations of social movement signals lead to mobilization. In: American Journal of Sociology 128 (4), S. 1206–1262. DOI: 10.1086/723489.

Es ist wichtig, dass dabei der Beitrag des Einzelnen deutlich wird. Denn soziale Bewegungen haben ein klassisches Problem kollektiven Handelns, das wir bereits im Zusammenhang mit Parteien kennengelernt haben: das Trittbrettfahren (*Freeriding*). Man mag eine Veränderung wünschen, doch scheut man die Kosten eigenen Engagements. Häufig kommt man jedoch auch in den Genuss von Verbesserungen, wenn man selbst nichts beiträgt. Soziale Bewegungen müssen dazu motivieren können, gerade in solchen Fällen, in denen Trittbrettfahren rational wäre, einen individuellen Beitrag zu leisten – ansonsten macht am Ende niemand mit. Eine geeignete Rahmung, die das individuelle Handeln und dessen – am besten: weltverändernde – Wirkungen herausstellt, kann helfen, dieses Grundproblem kollektiven Handelns zu lösen. Das reicht in jenen Fällen nicht aus, in denen die Kosten eigenen Handelns besonders hoch sind. Ein solcher „Hochrisiko-Aktivismus" (McAdam 1986) benötigt zusätzliche Anreize, zum Beispiel enge persönliche Beziehungen, die das Mitmachen zu einer Frage persönlicher Loyalität machen können.

In Ländern, in denen friedlicher Protest eine übliche, möglicherweise von der Verfassung geschützte Form der politischen Meinungsäußerung darstellt, steht die Mehrheit der Bevölkerung radikalen Aktionen, die Sachen beschädigen oder gar Menschen gefährden, ablehnend gegenüber. Protest sieht sich daher mit dem Dilemma konfrontiert, dass diejenigen Aktionen, die am meisten Aufmerksamkeit bescheren, sich negativ auf die Unterstützung in der Bevölkerung auswirken können (Feinberg et al. 2020). Doch das bedeutet nicht zwangsläufig, dass physische Gewalt dem Erfolg einer sozialen Bewegung abträglich sein muss. Einerseits ist sie ein Hebel, um Aufmerksamkeit auf die Ziele der Bewegung zu lenken. Andererseits kann sie zu Gegenreaktionen führen, in denen die überlegene physische Gewalt der Staatsmacht sichtbar und die eigene Position als unterlegener Herausforderer bestätigt wird. Die empirische Erfahrung zeigt, dass einige soziale Bewegungen nicht nur trotz, sondern auch wegen einer „radikalen Flanke" erfolgreich waren. Das setzt aber in der Regel voraus, dass es eine moderate Fraktion gibt, die durch die publikumswirksamen, aber weniger konsensfähigen Aktionen der radikalen Flanke in einem besseren Licht erscheint.

8. Soziale Bewegungen

> **Beispiel | Die Protesttaktiken der „Letzten Generation"**
>
> Teile der Klimabewegung, in Deutschland insbesondere die „Letzte Generation", haben zunehmend radikale Aktionen gewählt, um auf ihre Anliegen aufmerksam zu machen: Straßenblockaden, Festkleben auf den Fahrbahnen und Farbattacken auf Gemälde erzeugten mediale Aufmerksamkeit, aber erhöhten sie auch die Zustimmung zu Klimaschutzmaßnahmen? Bewegungsforscher führten zwei Befragungsexperimente durch, um die Effekte einer radikalen Fraktion auf die Zustimmung zu den Kernzielen einer Bewegung zu überprüfen. Befragte wurden mit jeweils zwei Portraits von Protestgruppen aus der Tierrechts- und der Klimaschutzbewegung konfrontiert. Einem Teil der Befragten wurde dabei zwei moderate Beschreibungen angeboten, einem anderen eine radikale und eine moderate. Auf diese Weise ließ sich feststellen, ob sich die Einschätzung der moderaten Fraktion durch die Vergleichsmöglichkeit mit einer radikalen veränderte und wenn ja, in welcher Weise. Während ein negativer Effekt darauf beruhen kann, dass die gesamte Bewegung mit ihrem radikalen Teil gleichgesetzt wird, ist eine positive Wirkung mit einem Kontrasteffekt zu erklären: Im Lichte der abgelehnten Aktionen des radikalen Teils könnten die Strategie und Ziele des restlichen Teils der Bewegung vielen umso moderater und sympathischer erscheinen.
> Die kontrastierenden Beschreibungen der Bewegungsfraktionen betrafen sowohl die Taktiken als auch die Ziele: Moderate Tier- und Klimaschützer organisierten demnach Demonstrationen und Informationsveranstaltungen, während die Radikalen den Verkehr blockierten und Lieferwagen der Fleischindustrie mit Blut und Innereien beschmierten oder das Personal von Erdölkonzernen attackierten. Auch die Programmatik unterschied sich: Der Tierschutz sollte entweder durch eine Verringerung des Fleischverzehrs oder durch eine radikale Absage an jeglichen Konsum tierischer Produkte gefördert werden; das Klima entweder durch einen Ausstieg aus fossilen Energien innerhalb von 15 Jahren oder durch deren sofortiges Verbot geschützt werden. Es zeigte sich, dass die Befragten allgemein eher die moderaten Taktiken und Ziele unterstützten. Darüber hinaus beeinflusste der Vergleich mit der radikalen Flanke auch die Identifikation mit der moderaten Fraktion und deren Unterstützung: Während der Effekt einer radikalen Agenda gering war, führten radikale Taktiken zur einer deutlich höheren Zustimmung zum Rest der Bewegung. Verbalradikalismus allein hat keine Folgen – er wird offensichtlich nicht so ernstgenommen wie physische Gewalt.
> Der positive Effekt einer radikalen Flanke ist über die Einschätzung der moderaten Fraktion vermittelt, die sich unter dem Eindruck des Vergleichs verändert: Die radikalen Aktionen lassen die Aktionen der anderen umso moderater erscheinen, was die Identifikation mit der moderaten Fraktion erleichtert und zu einer höheren Unterstützungsbereitschaft führt. Dies kommt aber auch der allgemeinen Zustimmung zu den Bewegungszielen zugute, die sich – anders als häufig angenommen – durch die Konfrontation mit radikalen Taktiken nicht verringert. Eine Arbeitsteilung zwischen radikaler Aufmerksamkeitsmaximierung und moderater Lösungsorientierung kann der Unterstützung einer sozialen Bewegung also durchaus zuträglich sein.
> Quelle: Brent Simpson; Robb Willer; Matthew Feinberg (2022): Radical flanks of social movements can increase support for moderate factions. In: PNAS Nexus 1 (3), DOI: 10.1093/pnasnexus/pgac110

8.3 Soziale Bewegungen und Massenmedien

Die öffentliche Wahrnehmung eines Problems und möglicher Lösungen über den Kreis der Aktivisten hinaus ist eine entscheidende Vorbedingung für den Erfolg sozialer Bewegungen. Um Einfluss auf die Öffentlichkeit zu nehmen, müssen soziale Bewegungen sich daher der Massenmedien bedienen (Rucht 1994; Schmitt-Beck 1990). Sie besitzen keine (Amts-)Macht und können nicht direkt in den politischen Entscheidungsprozess eingreifen. Soziale Bewegungen sind auf öffentliche Resonanz und damit auf die Massenmedien angewiesen. Die Erzeugung öffentlicher Aufmerksamkeit ist unabdingbar: „Eine Bewegung, über die nicht berichtet wird, findet nicht statt" (Raschke 1985, S. 343). Dies stellt eine ziemliche Herausforderung dar, denn Aufmerksamkeit ist knapp, und die Massenmedien berichten selektiv. Soziale Bewegungen müssen ihre Themen den Massenmedien schmackhaft machen, sie in gewisser Weise „vermarkten" (Bob 2005). Dazu gehört nicht nur ein interessantes *Framing*, sondern auch die Inszenierung berichtenswerter Ereignisse: zum Beispiel einen Fabrikschornstein besteigen, Bahngleise blockieren oder einen Parteitag stören. Der Protest muss die Form mehr oder weniger spektakulärer Ereignisse annehmen, um für die Massenmedien interessant zu sein. Waghalsige Aktionen, Massenveranstaltungen, aber auch Gewalt erhöhen die Wahrscheinlichkeit, dass berichtet wird. Allerdings ist Aufmerksamkeit nicht gleichbedeutend mit Zustimmung: Bestimmte Formen des Protests – insbesondere gewaltsame Auseinandersetzungen – führen nicht nur zu einer schlechten Presse, sondern kommen auch in großen Teilen der Bevölkerung schlecht an. Soziale Bewegungen, die ihren Themen Aufmerksamkeit verschaffen und politische Entscheidungen beeinflussen möchten, stehen vor einem Zielkonflikt: Einerseits möchten sie ihre Ziele gar nicht durch das Erringen politischer Mehrheiten umsetzen, andererseits sind sie auf Resonanz für ihre Anliegen angewiesen, damit sich etwas bewegt. Ihre Aktionen müssen deshalb nicht nur Aufmerksamkeit erzeugen, sondern auch für eine möglichst breite Zustimmung zur eigenen Problemdefinition sorgen.

Strukturelle Kopplung

Das führt zur Anpassung an die Bedürfnisse der Massenmedien, aber auch zu einer wechselseitigen Angewiesenheit von sozialen Bewegungen und Massenmedien, zu einer „strukturellen Kopplung" (Luhmann 1996b, 211f.): Einerseits sind die sozialen Bewegungen auf die Massenmedien angewiesen, um in der öffentlichen Wahrnehmung überhaupt vorzukommen; andererseits profitieren die Massenmedien von sozialen Bewegungen und ihren Protestereignissen, weil sie über sie berichten können. Protest eignet sich strukturell für die massenmediale Berichterstattung, denn es geht um Konflikte: Es werden Verursacher benannt und Verantwortung angemahnt. Diese werden personalisiert oder zumindest auf das griffige Symbol eines Konzerns oder einer anderen Organisation gebracht. Außerdem gibt es Ereignisse, die Zahlen produzieren (zum Beispiel Teilnehmer, Unterstützer oder Unterzeichner). Dies kommt den Selektionskriterien der Massenmedien entgegen, indem es zahlreiche „Nachrichtenfaktoren" bietet (Schulz

1976).[34] Aktivisten kennen diese Selektionskriterien der Massenmedien (wie Konflikt, Personalisierung, Quantitäten etc.) und können ihre Protestereignisse auf sie abstimmen (Gamson und Modigliani 1989). Um Folgen im politischen System haben zu können, müssen sich soziale Bewegung also erst einmal so inszenieren, dass sie für ein anderes Teilsystem – die Massenmedien – interessant sind.

Digitalisierung

Soziale Bewegungen können versuchen, mehr Kontrolle über ihre öffentliche Darstellung zu erlangen, indem sie geeignete Kommunikationstechnologien nutzen. Wer Flugblätter selbst druckt und verteilt, muss nicht darauf warten, dass die Zeitungen berichten. Die Reichweite der Massenmedien lässt sich auf diese Weise allerdings kaum erzielen. Anders die digitalen Kommunikationstechnologien: Sie ermöglichen es im Prinzip, in Sekundenschnelle ein nahezu unbegrenztes Publikum zu erreichen. Es ist daher nicht überraschend, dass soziale Bewegungen auf die Möglichkeiten des Internets und auf digitale Kommunikations- und Netzwerkplattformen zurückgreifen. Für manche Bewegungen und Protestereignisse wurde schon bald behauptet, dass sie überhaupt erst durch digitale Medien möglich geworden seien. Der „Arabische Frühling", eine Reihe von Protesten und Aufständen in Tunesien, Ägypten und anderen arabischen Ländern im Jahr 2011, wurde zum Beispiel als „Twitter-Revolution" (Kassim 2012) bezeichnet, weil die Aktivisten häufig Facebook und Twitter benutzt hatten, um sich zu koordinieren. Auch bei den „Gezi-Park"-Protesten in der Türkei im Jahr 2013 wurden diese und andere Plattformen zu wichtigen Instrumenten der Mobilisierung (Tufekci 2017). Dennoch kann man den Erfolg oder Misserfolg von Protestbewegungen nicht allein auf die Kommunikationstechnologie zurechnen. Dies gilt insbesondere dann, wenn die digitale Kommunikation andere, „analoge" Formen des Protests unterstützt, aber nicht ersetzt (vgl. van Laer und van Aelst 2010). Was durch reinen *„keyboard activism"* oder *„clicktivism"* erreicht werden könnte, bleibt demgegenüber häufig unklar. Er ermöglicht es zwar vielen Personen, sich an einer Bewegung zu beteiligen. Doch diese eher niedrigschwelligen Formen der Partizipation stellen in vielen Fällen kein Äquivalent dar für Aktivitäten, die mehr persönlichen Einsatz und eine höhere Risikobereitschaft erfordern (Gladwell 2010).

8.4 Soziale Bewegungen und politische Entscheidungen

Öffentliche Aufmerksamkeit ist für soziale Bewegungen kein Selbstzweck. Letztlich geht es darum, dass die Themen und Forderungen sozialer Bewegung im politischen System aufgegriffen werden. Soziale Bewegungen greifen neue Themen auf – oder schaffen sie – und adressieren sie an die anderen Akteure des politischen Systems, zum Beispiel an den Staat oder an Parteien, die sich um diese kümmern sollen. Dadurch wird das politische System für neue Probleme sensibilisiert, die Regierung und Parteien bisher nicht auf dem Schirm hatten. Das Umweltproblem zum Beispiel war bis in die 1970er-Jahre kein prominentes politisches Thema. Keine Partei hatte es sich auf die Fahnen geschrieben. Dann entstand eine soziale

---

34 Wir kommen auf die Theorie der Nachrichtenwerte im nächsten Kapitel zurück.

Bewegung – und anschließend sogar eine Partei. Und nach einigen Jahrzehnten war die Umwelt ein Thema, das überall eine Rolle spielt.

Zentrum und Peripherie

Diese Funktion sozialer Bewegungen als Themenlieferanten versteht man am besten, wenn man sich das politische System als intern differenziert vorstellt: in ein „Zentrum" und eine „Peripherie" (Peters 1993; Luhmann 2000, 244ff.). Im Zentrum, also in den Parlamenten und in der Verwaltung, werden Entscheidungen erarbeitet, die schon bekannten Mustern der Problemlösung folgen. In der Peripherie entstehen dagegen ständig neue Probleme, für die es noch keine Routinelösungen gibt. Soziale Bewegungen haben ihren Sinn darin, dass sie sich an das Zentrum wenden, indem sie Probleme aufgreifen und dabei Sensibilität für Veränderungen der gesellschaftlichen Umwelt aufweisen. Soziale Bewegungen, und das gibt gelegentlich Anlass zu Kritik, *tun* (bzw. entscheiden) also nicht selbst etwas, sondern fordern *andere* dazu auf. Sie brauchen für ihre Anliegen immer Adressaten. Klassischerweise ist das der Staat, aber natürlich kommen auch andere Organisationen infrage, insbesondere Wirtschaftsunternehmen (Walker et al. 2008).

Institutionalisierung

Im Erfolgsfall machen die Aktivitäten sozialer Bewegungen ein bestimmtes Thema auch für andere politische Akteure relevant. Es wird „institutionalisiert". Doch viele Bewegungen bleiben ohne nachhaltige Effekte. Das kann durchaus von Vorteil sein, denn es ermöglicht der Bewegung, ihre Forderungen weiterhin zu vertreten. Wenn sie hingegen mit ihrem Anliegen Erfolg hat, dann wird sie auch zunehmend in politische Entscheidungen eingebunden und vom politischen Prozess absorbiert. Sie verstetigt sich, formale Organisation gewinnt an Bedeutung – und die Bewegung verschwindet irgendwann hinter der Organisation. Die Arbeiterbewegung zum Beispiel ist – jenseits der Großorganisationen der Gewerkschaften – in westlichen Industrieländern kaum mehr als solche erkennbar. Das gilt mit Abstrichen auch für den Fall, dass sich aus einer Bewegung heraus eine Partei bildet. Die Partei „Die Grünen" ist ein Ergebnis der Umweltbewegung. Für diese ist es erst einmal ein Erfolg, dass es eine Partei überhaupt gibt. Aber es ist ein auch ein Problem, weil die Partei leicht in Widerspruch zur Bewegung geraten kann. Parteien sind interessen- und wertpluralistisch, sie müssen unterschiedliche Zielgruppen ansprechen und für sehr verschiedene Sachbereiche Lösungen anbieten. Sie können langfristig nicht nur die Anliegen einer einzelnen Bewegung vertreten, sondern sie müssen auch andere aufnehmen. Parteien entfernen sich deshalb vom Kern einer Bewegung und verlieren an Radikalität.

Inkorporation

Das Aufgehen in einer politischen Partei ist eine Möglichkeit der Verstetigung und Routinisierung sozialer Bewegung. Die soziale Bewegung kann jedoch nicht nur durch eine Partei vertreten werden, sondern gewissermaßen im Staat selbst aufgehen. Damit ist gemeint, dass die zunächst neuen, vielleicht sogar radikal erscheinenden Forderungen zu einer Selbstverständlichkeit staatlicher Politik werden. Die Bewegung wird „inkorporiert", indem der Staat sich durch die Herausforderung durch soziale Bewegungen verändert und sich die Ziele der sozialen Bewegung zu eigen macht. Schon mit einer recht einfachen Typologie kann man diese Affinität zwischen sozialen Bewegungen und Transformationen des modernen Staats erfassen (Dryzek et al. 2003). Der *moderne Staat*, der *liberale kapitalistische Staat*, der *Wohlfahrtsstaat* und – in Ansätzen – der *grüne Staat* markieren demnach die Schwellen eines Entwicklungsprozesses, in dessen Verlauf zu den klassischen Grundlagen des Staates (Sicherung von Ordnung, Überleben und Bestehen im Internationalen System, Refinanzierung) weitere Bestimmungen hinzutraten.

Tabelle 8.2: Staatsformen und soziale Bewegungen (nach Dryzek et al. 2003)

Staatsform	inkorporierte Bewegung	Staatsprinzipien
moderner Staat	-	Ordnung, Überleben, Finanzierung
liberaler Staat	Bürgertum	+ wirtschaftliche Prosperität
Wohlfahrtsstaat	Arbeiterbewegung	+ Legitimation durch Inklusion
„Grüner" Staat	Umweltbewegung	+ Schutz natürlicher Lebensgrundlagen

Als Ergebnis der bürgerlichen Revolution wurde der Staat in wirtschaftliche Belange involviert und auf die Orientierung an wirtschaftlicher Prosperität verpflichtet. Dass Staaten für Wirtschaftswachstum sorgen sollen, wurde beispielsweise erst im 19. Jahrhundert zu einer normalen Staatsaufgabe. Noch deutlicher liegt der Fall bei der Arbeiterbewegung als Grundlage des Wohlfahrtsstaates. Der Wohlfahrtsstaat bedeutete die Inkorporation der Arbeiterbewegung.[35] Der Staat war von da an zuständig für alle – und legitimierte sich durch eben diese Inklusion der Gesamtbevölkerung. Das heißt, dass die Belange aller, die Förderung aller sowie vor allem die Umverteilung zugunsten (mehr oder weniger) aller zu Aufgaben des Staates wurden. Die Arbeiterbewegung wurde damit beinahe überflüssig. Sie ist Teil des Staates geworden. Sie kann über ihre Organisationen natürlich mehr als je zuvor Einfluss auf die Politik nehmen; sie hat jedoch ihre grundsätzliche Opposition gegenüber dem Staat verloren. Auf weniger gesicherter empirischer Grundlage könnte man fragen, ob Ähnliches nicht inzwischen für die Umweltbewegung gilt. In einigen Ländern wurde der Umweltschutz bereits in der Verfassung verankert und ist somit ein Staatsziel, in anderen wird darüber diskutiert. Beinahe überall bekennen sich alle Parteien dazu, die Umwelt schützen zu wollen. Also ist auch die Umweltbewegung im Staat „angekommen". Und man könnte zumindest für die BRD sicherlich sagen, dass sie eine Art „grüner" Staat geworden ist, denn die deutsche Umweltbewegung steht in keiner radikalen Gegnerschaft zum Staat mehr, sondern kritisiert die Unzulänglichkeiten einer insgesamt auf Umweltschutz verpflichteten Politik.

---

35 Siehe dazu auch Kapitel 5.

8.5 Zusammenfassung

Die Geschichte sozialer Bewegungen konnte lange Zeit im marxistischen Sinne als „Geschichte von Klassenkämpfen" geschrieben werden: Soziale Klassen und Schichten, wie zum Beispiel die Bauern, die Bürger und die Arbeiter, begehrten gegen die bestehende Herrschaft auf und beanspruchten die Berücksichtigung ihrer Interessen – oder sogar einen Teil der Macht. Diese langfristig oft erfolgreichen Herausforderungen veränderten die Parteienlandschaft und die staatliche Politik. Im 20. Jahrhundert traten eine Reihe „neuer" sozialer Bewegungen auf den Plan, die sich nicht in derselben Weise um eine Teilhabe an der Macht bemühten und auch nicht als Vertreter klassenspezifischer Interessen aufgefasst werden konnten: Die Bürgerrechts-, Frauen- und Umweltbewegung stellten neue Forderungen nach Anerkennung und Lebensqualität ins Zentrum. Dazu benutzten sie teilweise neue Strategien und Organisationsformen, die stärker auf die öffentliche, massenmediale Diskussion als auf die Erringung von Macht abzielten. Dennoch haben auch sie die staatliche Politik nachhaltig verändert, sodass beispielsweise ein Staat, der sich nicht auch um Umweltschutz bemühen würde, heutzutage kaum mehr vorstellbar ist. In einem zunehmend dicht besetzten Feld möglicher Themen müssen sich neue soziale Bewegungen durch überzeugende Darstellungen ihrer Anliegen und aufmerksamkeitserzeugende Aktionen positionieren. Sie sind deshalb in hohem Maße abhängig von den Massenmedien und müssen versuchen, deren Auswahlkriterien zu antizipieren und zu bedienen.

Literaturempfehlungen

Goodwin, Jeff, und James M. Jasper (Hg.) (2009): The Social Movements Reader. Cases and Concepts. Chichester: Wiley-Blackwell.
Kern, Thomas (2008): Soziale Bewegungen: Ursachen, Wirkungen, Mechanismen. Wiesbaden: VS Verlag für Sozialwissenschaften.
McAdam, Doug, Sidney Tarrow und Charles Tilly (2001): Dynamics of Contention. Cambridge: Cambridge University Press.
Raschke, Joachim (1985): Soziale Bewegungen. Ein historisch-systematischer Grundriß. Frankfurt/New York: Campus.
Roth, Roland, und Dieter Rucht (Hg.) (2008): Die sozialen Bewegungen in Deutschland seit 1945. Ein Handbuch. Frankfurt/New York: Campus.
Snow, David A., Sarah A. Soule, und Hanspeter Kriesi (Hg.) (2004): The Blackwell Companion to Social Movements. Malden, MA: Blackwell.
Tarrow, Sidney (1998): Power in Movement. Social Movements and Contentious Politics. 2. Aufl. Cambridge: Cambridge University Press.

9. Öffentlichkeit

Wie sähen Nachrichten aus ohne politische Themen? Und umgekehrt: Welche Art von Politik wäre denkbar ohne die regelmäßige Begleitung und Berichterstattung durch die Massenmedien? Öffentlichkeit ist ein zentrales Merkmal moderner Politik: Das Publikum wird nicht nur über Entscheidungen informiert, sondern es kann auch ihre Entstehung im Parlament mitverfolgen. Parteien und Politiker begründen ihre Positionen in Pressekonferenzen, in Interviews und Talkshows. Was „die" Öffentlichkeit von bestimmten Plänen und Programmen hält, finden die politischen Akteure interessant genug, um sich darüber regelmäßig informieren zu lassen – durch Meinungsforschungsinstitute und die Massenmedien. Die Öffentlichkeit politischer Kommunikation genießt den Schutz der Verfassung, und wer sich dem kritischen Blick der Öffentlichkeit entziehen möchte, riskiert einen Konflikt mit den Verfechtern der Transparenz. Die enge Verbindung von Politik und Massenmedien, die kennzeichnend ist für die moderne politische Öffentlichkeit, ist historisch relativ jungen Datums. Sie gibt durchaus auch Anlass zu Kritik und zu der Frage, ob eine primär von den Massenmedien bestimmte Öffentlichkeit überhaupt eine politisch sinnvolle Funktion haben kann. Eine solche wird ihr spätestens seit der Geburt der „bürgerlichen" Öffentlichkeit aus dem Geiste der Aufklärung oft zugeschrieben. Die Veränderungen der Öffentlichkeit, vor allem durch die modernen Massenmedien, dürfen jedoch nicht übersehen werden, wenn man sich ein realistisches Bild der zeitgenössischen politischen Öffentlichkeit machen möchte.

9.1 Die bürgerliche Öffentlichkeit

Öffentlichkeit und öffentliche Meinung gehören so selbstverständlich zum politischen Geschehen, dass ihre recht junge Karriere leicht vergessen wird. Beide Begriffe gewannen Bedeutung im 17./18. Jahrhundert, als in Westeuropa die „bürgerliche" Öffentlichkeit entstand, also die primär vom Bürgertum getragene öffentliche Diskussion über politische Themen (Hölscher 1978). Die gestiegene wirtschaftliche Bedeutung der bürgerlichen Schicht warf die Frage nach ihrem politischen Einfluss auf. Gegenüber einer vom Adel kontrollierten Staatsmacht begann das Bürgertum, seine Erwartungen öffentlich zu artikulieren. Damit veränderte sich auch das Verständnis von Öffentlichkeit: Die „repräsentative" Öffentlichkeit, in der fürstliche Herrscher sich offiziell darstellten, wandelte sich zu einer diskutierenden Öffentlichkeit (Habermas 1990). Der politische Anspruch des Bürgertums erschöpfte sich nicht darin, die Macht im Staate zu übernehmen. Vielmehr sollte die Kontrolle der Staatsmacht auf neue Grundlagen gestellt werden. Die liberale bürgerliche Öffentlichkeit war nicht einfach ein neues Herrschaftsinstrument, sondern in erster Linie eine Kontrollinstanz.

Die bürgerliche Öffentlichkeit und ihr Anspruch auf eine politische Rolle hatten historische Vorbilder, insbesondere in der Antike. Sowohl im antiken Griechenland als auch im alten Rom hatte es prominente öffentliche Orte gegeben, an denen (auch) politisch diskutiert wurde: die *Agora* als zentraler Versammlungsplatz der athenischen *Polis* und das römische *Forum*. Beide ermöglichten es, die

9. Öffentlichkeit

politische Gemeinschaft als Teil einer zur Interaktion versammelten Öffentlichkeit mitzuerleben. Und in beiden spielte die öffentliche Vermittlung von Politik durch die politische Rede eine wichtige Rolle. An diese Tradition schloss die bürgerliche Öffentlichkeit ideengeschichtlich an – aber unter anderen gesellschaftlichen und politischen Bedingungen. So stand die moderne Öffentlichkeit von Beginn an unter den Vorzeichen der Unterscheidung von „Staat" und „Gesellschaft". Der Staat steht dabei für die gemeinsamen und öffentlichen Belange, also für das Kollektiv. Die Gesellschaft hingegen besteht als „bürgerliche" Gesellschaft aus Privatpersonen mit individuellen Interessen. Insofern die wirtschaftliche Macht des Bürgertums in die politische und damit öffentliche Sphäre drängte, musste eine neue Balance zwischen privaten und öffentlichen bzw. zwischen gesellschaftlichen und staatlichen Interessen gefunden werden. Aus der Perspektive der Unterscheidung Staat/Gesellschaft ist klärungsbedürftig, was die privaten, sogar egoistischen Interessen des Unternehmers und des Eigentümers mit dem Gemeinwohl zu tun haben. Die Gesellschaft konnte nicht einfach an die Stelle des Staates treten. Die Vielfalt der gesellschaftlichen Interessen sollte im Prozess öffentlicher Diskussion so transformiert werden, dass sie eine *vernünftige* Kontrolle staatlicher Macht erlaubte.

Öffentliches Räsonieren

Das Medium dieser Kontrolle war das öffentliche Räsonieren oder, wie Immanuel Kant es formuliert hatte, der „öffentliche Gebrauch der Vernunft" (Kant 1784). Wenn das Bürgertum im Medium der Öffentlichkeit den Staat kontrollieren wollte, so sollte es seine Ansprüche öffentlich und damit „vernünftig" formulieren. Dass die Vernunft politischer Argumente davon abhängt, dass sie nicht in privater Abgeschiedenheit, sondern öffentlich geäußert werden, war eine Idee der Aufklärungsphilosophie. Sie lieferte das theoretische Rüstzeug dafür, dass man von Publizität eine Art doppelte Rationalitätsgarantie erwarten konnte. Zum einen sollte die Rationalität von Politik davon profitieren, dass sie sich öffentlich rechtfertigen muss. Und zum anderen sollte die öffentliche Diskussion, das „Räsonieren" die vielfältigen Privatinteressen des Publikums zu einem größeren und vernünftigeren Ganzen aggregieren. Die öffentliche Kontrolle der Politik sollte also die Vernünftigkeit der Politik sicherstellen – damit sie weder durch den Egoismus eines Fürsten noch durch die vielen Privatinteressen der einzelnen Bürger fehlgelenkt werde.

Die Frage nach der Vernünftigkeit politischen Handelns kam nicht zufällig im 17./18. Jahrhundert auf. Die traditionellen Fundamente der Politik, allen voran die Religion, hatten an Verbindlichkeit und Überzeugungskraft eingebüßt. Die Trennung von weltlicher und religiöser Macht war in vollem Gange. Man hatte bereits Erfahrungen mit der „absoluten" Monarchie, die keine Schranken der Politik – außer den selbst gesetzten – mehr kannte. Es erodierten also einerseits die traditionellen Fundamente und Grenzen politischen Entscheidens, andererseits eröffneten die technischen und wissenschaftlichen Entwicklungen neue Optionen und schufen damit mehr Probleme, die politisch entschieden werden mussten. Vor diesem Hintergrund ist nachvollziehbar, dass politische Herrschaft zunehmend unter dem Gesichtspunkt ihres Gefährdungspotenzials für die Gesellschaft beobachtet wurde und deshalb einer Art von Vernunftkontrolle unterstellt werden sollte. Die Vorstellung, dass eine unabänderliche, naturrechtliche Einschränkung politischen Handelns dies leisten könnte, konnte nicht mehr überzeugen. An ihre Stelle trat die Idee der öffentlichen Vernunft – als ein Aufsichtsorgan, aber auch als Einbettung der Politik in gesellschaftliche Normen.

Neutralisierung von Rollen

Doch wie sollte die bürgerliche Öffentlichkeit eine solche Vernunftkontrolle von Politik leisten? Die Bürger sind erst einmal wirtschaftlich interessierte Privatleute. In seiner Studie zum „Strukturwandel der Öffentlichkeit" fasst Habermas diesen Widerspruch zwischen privatem Interesse und öffentlicher Vernunft in die Formel, die politische Öffentlichkeit sei „die Sphäre der zum Publikum versammelten Privatleute" (Habermas 1990, S. 86). Indem die Privatleute zum Publikum werden, machen sie „öffentlichen Gebrauch" von ihrer Vernunft – nicht aufgrund einer philosophischen Idee, sondern aufgrund der Erfordernisse der öffentlichen sozialen Situation. Das Modell dieser Situation ist der bürgerliche Salon, der zunächst eher künstlerische und literarische Debatten organisierte: In diesen Foren, so Habermas, wurde das öffentliche Räsonieren dadurch möglich, dass die Teilnehmer (es waren in diesem Fall tatsächlich überwiegend Männer) nicht als Sachwalter der eigenen Interessen agierten. Öffentlich zu argumentieren hieß, von seiner Rolle als Unternehmer, Eigentümer etc. absehen zu können. Wenn man politisch diskutierte, aber auch wenn man sich über Kunst und Literatur unterhielt, war es nicht opportun, dass man sich in seiner beruflichen Rolle (zum Beispiel als Fabrikbesitzer, Reeder oder Kaufmann) engagierte. Man sah vielmehr von privaten Interessen ab und ließ sich auf die Verallgemeinerung von Argumenten ein. Habermas sieht die Grundlage dafür in einer „fiktiven Identität" der „Rollen als Eigentümer und als Menschen schlechthin" (ebd., S. 121). Man könnte auch sagen: Voraussetzung ist es, die Situation durch *keine* Rolle, insbesondere nicht durch berufliche Rollen bestimmen zu lassen. Als „Mensch" zu sprechen, wäre in diesem Sinne keine Rolle, sondern eher das Prinzip, sich durch die „Neutralisierungsfunktion öffentlicher Situationen" (Luhmann 1971b, S. 21) von allzu engen Rollenperspektiven zu distanzieren. Soziologisch übersetzt bedeutet „Vernunft" also: Die Distanzierung von eng umschriebenen Rollen erlaubt eine gewisse Rationalität, wenn man darunter – relativ anspruchslos – die Ausschaltung oder zumindest die Relativierung von Einzelinteressen versteht. Auf dieser Grundlage konnte man sich vorstellen, dass Öffentlichkeit ein Kontrollprinzip für egoistische Standpunkte und Interessen ist.

Meinungs- und Pressefreiheit

Ein solches Verständnis der Funktion von Öffentlichkeit setzt voraus, dass unterschiedliche Standpunkte überhaupt zur Sprache kommen können. Die liberale Öffentlichkeit darf nicht politisch (aber auch nicht wirtschaftlich) kontrolliert sein, sonst kann man von ihr keine derartigen Kontroll- und Generalisierungsleistungen erwarten. Die Öffentlichkeit selbst bleibt „machtlos", d. h. sie ist kein Garant von Demokratie. Sie setzt diese vielmehr voraus. Aber Öffentlichkeit verändert die Art und Weise, wie Herrschaft ausgeübt wird – wenn genau dies von der

9. Öffentlichkeit

politischen Herrschaft zugelassen wird. In vielen politischen Systemen sind die entsprechenden Freiheiten in der Verfassung normiert. Meinungs-, Presse- und Versammlungsfreiheit sind Grundrechte, die Öffentlichkeit ermöglichen. Es ist kein Zufall, dass diese Garantien nicht nur jene Art von Versammlungen betreffen, welche die Blütezeit der bürgerlichen Öffentlichkeit entscheidend prägten, sondern auch eine andere, über die Presse vermittelte Form von Öffentlichkeit. Nicht nur für den Schutz, sondern auch für das Verständnis von Öffentlichkeit ist diese massenmediale Vermittlung von entscheidender Bedeutung.

9.2 Öffentlichkeit und Massenmedien

Die Unterschiede der Öffentlichkeit in den bürgerlichen Salons und Clubs zur heutigen politischen Öffentlichkeit sind augenfällig. Natürlich gibt es nach wie vor eine in kleinen Zirkeln diskutierende Öffentlichkeit – sei es am Stammtisch oder im Freundeskreis (Gamson 1992; Fine und Harrington 2004). Allerdings wird das politische Gespräch nicht überall geschätzt, oft sogar gemieden (Eliasoph 1998). In jedem Fall sind politische Diskussionen im Alltag allenfalls ein kleiner Teil der öffentlichen Meinungsbildung. Denn diese vollzieht sich heutzutage primär über die Massenmedien. Es handelt sich nicht mehr um eine Interaktionsöffentlichkeit, sondern um eine massenmedial vermittelte Öffentlichkeit. Nicht nur werden politische Debatten in Zeitungen und im Fernsehen (sowie zunehmend im Internet) geführt. Auch politische Gespräche beziehen sich auf Meinungen und Ereignisse, über die man in den Massenmedien informiert wurde. Und umgekehrt tauchen politische Gespräche in den Massenmedien auf, zum Beispiel, wenn Politikerinnen und Politiker sich bei öffentlichen Veranstaltungen oder sogenannten *Townhall Meetings* begleiten und filmen lassen.

Professionalisierung

Die Vermittlung der politischen Öffentlichkeit durch die Massenmedien hat Folgen für das Modell der liberalen Öffentlichkeit. Die erste Veränderung ist die *Professionalisierung* der Öffentlichkeit. Die Öffentlichkeit der „Privatleute, die sich zum Publikum versammeln" ist eine Laienöffentlichkeit. Die massenmediale Öffentlichkeit hingegen wird von professionellen Experten dominiert, von Politikern, aber auch von Journalisten, Politikberatern, Lobbyisten und so weiter (Sarcinelli 2011; Jarren und Donges 2006). Es gibt Spezialisten für Öffentlichkeit und eigene Berufsrollen, und so ist die Öffentlichkeit keine imaginierte Versammlung aller Bürger mehr. Vielmehr konsumieren die Bürgerinnen und Bürger als Laien, was Öffentlichkeitsspezialisten für sie produzieren.

Damit zerfällt eine tragende Struktur der liberalen Öffentlichkeit: die *Integration* von Konflikt und Kooperation (Luhmann 1971b, S. 11). Die klassische liberale Öffentlichkeit beruht darauf, dass andere überzeugt werden sollen – sie sind *Gegner* im Gespräch, aber gleichzeitig *Partner*. Man muss mit ihnen kooperieren, weil Überzeugung voraussetzt, auf den Gesprächspartner einzugehen und ihn zur Zustimmung zu bewegen. Konflikte werden gewissermaßen kooperativ ausgetragen im Hinblick auf einen möglichen Konsens. Im Vergleich dazu sind in der modernen, massenmedial vermittelten Öffentlichkeit Konflikt und Kooperation weitgehend getrennt. Man weiß, mit wem man Konflikte hat – zum Beispiel mit denen, die einer anderen Partei angehören. Und man weiß umgekehrt, auf wen man als Kooperationspartner zählen kann – zum Beispiel auf die Anhänger des eigenen Lagers. Die Beiträge zur politischen Öffentlichkeit dienen weniger dazu, andere zu überzeugen, als den Konflikt mit dem Gegner zu suchen und zu inszenieren. So werden beispielsweise Parlamentsdebatten nur in Ausnahmefällen so geführt, als ginge es um Überzeugungsarbeit an den Anwesenden. Vielmehr werden Standpunkte und Konfliktlinien dargestellt – vor allem für das abwesende Publikum. Das Parlament in der modernen Mediendemokratie ist daher weniger eine „disputierende" als eine „demonstrierende Körperschaft" (Habermas 1990, S. 305).

Selektivität der Massenmedien

Wenn Rollenneutralität und Überzeugungsorientierung nicht mehr zentrale Merkmale der modernen Öffentlichkeit sind, verändert sich auch deren politische Funktion. Die politische Öffentlichkeit wird abhängig von den Massenmedien und damit von einem anderen gesellschaftlichen Teilsystem. Die Massenmedien sind jedoch ein selbständiger Teilbereich der Gesellschaft mit eigenen Problemen und Relevanzkriterien (Luhmann 1996a). Dieser Logik der Massenmedien muss sich die politische Kommunikation anpassen, wenn sie öffentliche Resonanz finden soll. Das führt zu einer anderen Art von politischer Öffentlichkeit, zu einer in gewisser Weise „verzerrten" Öffentlichkeit, die sich stark an der Selektionslogik der Massenmedien orientiert. Politische Themen werden nicht nach Kriterien gesellschaftlicher Vernunft oder politischer Relevanz sortiert, sondern nach jenen der massenmedialen Aufmerksamkeit: also nach den Selektionskriterien der Massenmedien, den sogenannten Nachrichtenwerten oder *News values* (Maier et al. 2010; Luhmann 1996a, 58ff.; Schulz 1976). Dazu zählen Neuheit oder Überraschung, zum Beispiel durch eine markante *Diskontinuität*: Unfälle, Katastrophen oder Krisen. Ebenso sind *Konflikte* für die Massenmedien interessant, insbesondere, wenn sie auf *Personen* zugerechnet werden können, aber auch *Zahlen* (die sich verändern können), *Normverstöße und Skandale* sowie, zumindest in bestimmten Sparten des Nachrichtenwesens, der *lokale Bezug*. Der Wert einer Nachricht steigt, je mehr dieser Faktoren sie aufweist. Wenn man diese Liste im Hinblick auf politische Nachrichten auswertet, ist klar: Die Massenmedien tendieren zu einer bestimmten Form der Darstellung von Politik, die vielleicht nicht dem politischen Alltag entspricht. Dieser besteht auch aus routinierten Sitzungen, Organisationsentscheidungen und Konformität, doch diese Aspekte sind für die Massenmedien nicht sonderlich attraktiv. Wenn man sich nicht darauf verlassen möchte, dass die politischen Botschaften trotzdem ihren Weg in die Massenmedien finden, muss man sie diesen Selektionskriterien anpassen. Das kann dazu führen, dass Politik sich zumindest ihrer Darstellung nach an die Erwartungen der Massenmedien anpasst und zum „Politainment" wird (Dörner 2001).

Die politische Kommunikation muss sich an den Kriterien der Massenmedien orientieren, um überhaupt in der Öffentlichkeit vorzukommen. Politische Themen und Akteure sind darauf unterschiedlich gut vorbereitet. Das eine Thema mag unmittelbar den Selektionskriterien der Massenmedien entsprechen, zum Beispiel ein Skandal mit hochrangigem politischem Personal, das andere jedoch weniger. So schien beispielsweise die Ökologie lange Zeit ein Thema zu sein, das sich nicht eignete für Darstellungen in den Massenmedien (Yearley 1992). Die Probleme, um die es geht, sind oft langfristig, die Veränderungen sehr klein und komplex. Erst in den 1980er-Jahren fanden sich passende Symbole, wie zum Beispiel das Waldsterben, die eine massenmediale Thematisierung und öffentliche Meinungsbildung erlaubten. Daran hatten nicht nur die neuen Phänomene selbst einen Anteil, sondern auch jene Akteure, die sie zum Thema machten: soziale Bewegungen, die den Massenmedien durch unkonventionelle Formen der politischen Partizipation gute Vorlagen lieferten.[36] Soziale Bewegungen befürworten den Wandel, sie suchen sich Gegner, das macht sie interessant. Eine Volkspartei dagegen, die in sich schon unterschiedliche Positionen bündelt, eine eher schwer zu fassende Großorganisation ist und über Jahrzehnte existiert, hat es da schon schwerer. Eine solche Organisation kommt häufig erst dann in den Blick, wenn sie intern Konflikte austrägt und diese sich am besten noch auf Personen zurechnen lassen. Ihr Alltagsgeschäft eignet sich dagegen weniger für die Berichterstattung. Man mag einwenden, dass die Routine einfach nicht interessant sei. Aber damit übernimmt man die Optik der Massenmedien, also eine nichtpolitische Perspektive. Warum sollten Sachverhalte, die sich gut als Konflikte darstellen lassen, oder solche, die besonders gut personalisierbar sind, politisch von Bedeutung sein? Die massenmedial vermittelte Öffentlichkeit ist in diesem Sinne kein politisch rationales Kontrollorgan, ihre Kriterien sind nicht (oder zumindest: nicht primär) politischer Natur.

9.3 Digitale Partizipation und algorithmische Kontrolle

Viele Pioniere der elektronischen Kommunikation waren optimistisch, das Internet würde dem Publikum mehr Teilnahmechancen bieten und einen direkten Kontakt zur Politik ermöglichen. Insbesondere soziale Netzwerk-Plattformen wie Facebook und Twitter (heute „X") weckten die Hoffnung, dass sie zu mehr und vielleicht auch besserer politischer Auseinandersetzung beitragen könnten. Tatsächlich haben sie die Schwelle, sich an der politischen Öffentlichkeit zu beteiligen, für viele Nutzerinnen und Nutzer deutlich gesenkt. Spätestens mit dem Smartphone und der zunehmenden Akzeptanz von *Social Media* wurden Informationen und Kommunikationsmöglichkeiten überall und jederzeit verfügbar. Mittlerweile haben sich diese Technologien von Hoffnungsträgern einer Demokratisierung der Öffentlichkeit zu den Prügelknaben der Medienkritik entwickelt. Ihnen wird nicht nur vorgeworfen, ungeprüften Nachrichten („*Fake News*") und verletzenden Meinungsäußerungen („*Hate Speech*") ein großes Forum zu bieten, sondern auch an einer politischen Polarisierung der Bevölkerung mitzuwirken. Insbesondere die Algorithmen, die darüber entscheiden, welche Posts mehr oder weniger prominent erscheinen, stehen in der Kritik. Wie sie im Detail funktionieren, ist Betriebsgeheimnis. Deshalb ist es schwierig, ihren Einfluss auf die Auswahl und Rezeption von Nachrichten zu bestimmen. Naheliegend ist der Verdacht, dass die algorithmische Kontrolle einerseits vorhandene Meinungen eher bestätigt

---

36 Siehe dazu Kapitel 8.

als verunsichert und andererseits den Kontakt mit Gleichgesinnten mehr fördert als den mit Andersdenkenden. Das könnte zu einer Verengung des Horizonts politischer Kommunikation führen. Hinzu kommt die Bedrohung durch Manipulationsversuche: Im Jahr 2018 wurde zum Beispiel bekannt, dass die britische Firma „*Data Analytics*" auf Facebook gesammelte Nutzerdaten dazu genutzt hatte, den Online-Wahlkampf von Donald Trump und vermutlich auch die *Brexit*-Kampagne mit Posts, die auf bestimmte Nutzergruppen zugeschnitten waren, effektiver zu machen.

Echokammern und Filterblasen

Die Vervielfältigung der Informationsquellen und Kommunikationskanäle führt zu Folgeproblemen: Je mehr Angebote es gibt, desto genauer muss ausgewählt werden – häufig mit der Tendenz, dass man nur noch jene nutzt, die dem eigenen Standpunkt entsprechen. Statt sich umfassender und genauer zu informieren, können Wählerinnen und Wähler sich genau jene Nachrichtenseiten aussuchen, die ihre schon bestehenden (Vor-)Urteile bestätigen. Dann entstehen „Echokammern", in denen Gleichgesinnte sich gegenseitig in ihrem Standpunkt bestätigen. Verstärkt wird dieser Effekt durch die Algorithmen, welche die Auswahl und Darstellung von Nachrichten auf Facebook, X (vormals Twitter) und anderen Plattformen so steuern, dass sie einem personalisierten Profil entsprechen. Sie können zu „Filterblasen" führen, in denen man gar keine andere Wahl hat, als Nachrichten und Posts zu sehen, die scheinbar mit den eigenen Präferenzen übereinstimmen. Wenn Internetnutzer nur noch Informationen rezipierten, die ihren eigenen Überzeugungen entsprechen, käme der Austausch zwischen unterschiedlichen Meinungen zum Erliegen. In einer Wortmeldung zum „neuen Strukturwandel der Öffentlichkeit" konstatierte Jürgen Habermas deshalb, das „große emanzipatorische Versprechen" des Internets und der sozialen Medien werde „von den wüsten Geräuschen in fragmentierten, in sich selbst kreisenden Echoräumen übertönt" (Habermas 2022, S. 45). Es ist jedoch nicht klar, wie bedeutsam Echokammern und Filterblasen überhaupt sind und inwiefern sie durch das Design von Plattformen und Algorithmen befördert werden (Stark et al. 2021). Das liegt auch daran, dass nicht nur die Algorithmen, sondern auch die Nutzerinnen und Nutzer einen großen Anteil daran haben, dass Einstellungen sich wechselseitig stützen und verstärken. Während *algorithmische* Verstärkung dazu führt, dass bestimmte Inhalte in den Feeds der Nutzer sichtbarer werden, beruht *soziale* Verstärkung auf dem individuellen Nutzungsverhalten, das bestimmten Inhalten durch Teilen und Wiederveröffentlichen mehr Sichtbarkeit verleiht.

> **Beispiel | Der Einfluss von Algorithmen**
>
> Eine Zusammenarbeit zwischen Meta, dem Mutterkonzern hinter Facebook und Instagram, und einem internationalen Forscherteam hat eine Bestandsaufnahme und zielgerichtete Experimente zu dieser Frage ermöglicht. Die „Facebook and Instagram Election Study" basiert auf US-amerikanischen Daten aus den Jahren 2020 und 2021 und gibt einen Einblick in den Maschinenraum digitalisierter Öffentlichkeiten. In verschiedenen Experimenten wurden die Überblicksseiten („*Feeds*") so manipuliert, dass die Folgen gezielter Interventionen beobachtet

werden konnten. Drei Maßnahmen, die oft als vielversprechend angesehen wurden, erwiesen sich jedoch als weitgehend wirkungslos. In einem ersten Experiment (Guess et al. 2023b) wurden von anderen geteilte Beiträge ausgeblendet. Dadurch sahen die Nutzerinnen und Nutzer weniger politische Nachrichten und weniger Posts aus nicht vertrauenswürdigen Quellen – fühlten sich jedoch auch seltener zu eigenen Reaktionen animiert. In einer weiteren Studie (Nyhan et al. 2023) wurden Nachrichten, die von „gleichgesinnten" Kontakten mit ähnlicher politischer Einstellung stammten, gezielt um ein Drittel reduziert und so die Konfrontation mit anderen Meinungen wahrscheinlicher gemacht. In einem dritten Experiment (Guess et al. 2023a), das sowohl auf Facebook als auch auf Instagram durchgeführt wurde, wurden in den *Feeds* alle Nachrichten in umgekehrter chronologischer Reihenfolge, also ohne algorithmische Auswahl dargestellt. Dies führte dazu, dass mehr Inhalte aus Quellen angezeigt wurden, die bereits wiederholt durch Fehlinformationen aufgefallen waren, weil diese ansonsten vom Algorithmus der Plattform herausgefiltert wurden. Doch unter keiner der genannten Bedingungen wiesen die politischen Einstellungen der Teilnehmerinnen und Teilnehmer nach Durchführung der Experimente wesentliche Unterschiede zu den jeweiligen Kontrollgruppen auf. Allerdings: Die Versuchspersonen verbrachten weniger Zeit auf den Plattformen als andere Nutzer – offensichtlich, weil diese ohne die Beiträge der Algorithmen und anderer Nutzer weniger attraktiv geworden waren.
Quellen: Science, 381(6656), https://www.science.org/toc/science/381/6656; Nature, 620(7972), https://doi.org/10.1038/s41586-023-06297-w.

Polarisierung

Wie andere Massenmedien bietet das Internet mehr Gelegenheiten, mit anderen Meinungen konfrontiert zu werden, als das persönliche lokale Umfeld, das in der Regel durch recht homogene Einstellungen gekennzeichnet ist (Mutz 2001). Die Forschung zu dieser Frage kommt zu dem Ergebnis, dass die selektive Exposition in den sozialen Medien etwas ausgeprägter ist als bei den klassischen Massenmedien – aber geringer ausfällt als in Face-to-Face-Begegnungen (Gentzkow und Shapiro 2011). Darüber hinaus hält die Annahme, der fehlende Kontakt zwischen Gruppen sei problematisch, während der Meinungsaustausch notwendigerweise zu mehr gegenseitigem Verständnis führe, näherer Überprüfung ohnehin nicht stand: Online wie offline kann gerade die Begegnung zwischen unterschiedlichen Positionen zur Verhärtung von Grenzen führen (Bail et al. 2018). Wer sich auf eine soziale Identität festgelegt hat, begrüßt es nicht, wenn diese in Frage gestellt wird, und reagiert auf Widerspruch eher mit Abgrenzung als mit Einsicht. Dies gilt umso mehr, wenn Konflikte nicht durch ein geteiltes soziales Umfeld moderiert werden, das sich beispielsweise durch die räumliche Nähe ergibt: Je mehr mit Unbekannten gestritten wird, desto weniger werden ideologische Differenzen durch andere soziale Beziehungen in Schach gehalten. Im Vergleich zur Aushandlung politischer Meinungsverschiedenheiten in der Nachbarschaft, die auf die Fortsetzbarkeit sozialer Beziehungen Rücksicht nehmen muss, können die sozialen Medien deshalb zu einer weitgehend ungehemmten Zuspitzung und Polarisierung von Streitthemen führen (Törnberg 2022).

9.3 Digitale Partizipation und algorithmische Kontrolle

Wenn auf sozialen Medien so debattiert wird, dass andere Meinungen abgewertet werden und lediglich die eigene politische Identität bestätigt wird, trägt dies zu einer „affektiven Polarisierung" zwischen sich feindlich gegenüberstehenden politischen Lagern bei, wie sie zum Beispiel in den Vereinigten Staaten häufig diagnostiziert wird (Iyengar et al. 2019). Die Designentscheidungen der Plattformen können außerhalb der sozialen Medien vorhandene Konfliktlinien aufgreifen und verstärken. Doch nicht nur können Algorithmen anders programmiert werden, sie können auch explizit in den Dienst der Verständigung gestellt werden. Die neuen Möglichkeiten der (text-)generierenden „Künstlichen Intelligenz" (KI), die durch ChatGPT einem breiten Publikum zugänglich gemacht wurden, können zum Beispiel genutzt werden, um den Streit über politische Themen zu moderieren. So zeigte eine Studie, dass eine kontroverse Diskussion durch KI-generierte Formulierungsvorschläge versachlicht werden kann (Argyle et al. 2023). Die KI variierte dabei nur den Ton, nicht aber das Thema der Äußerungen, und machte diese konzilianter und höflicher. Das änderte zwar wenig an den Überzeugungen der Teilnehmenden, aber diese empfanden die Gesprächsqualität als besser. Auch ein Experiment, das mithilfe einer KI-gestützten „Habermas-Maschine" zwischen gegensätzlichen Positionen vermittelte, erwies sich als weitgehend erfolgreich (Tessler et al. 2024).[37] Auch wenn es weder wünschenswert noch wahrscheinlich ist, dass politische Debatten in naher Zukunft nur noch unter maschineller Aufsicht stattfinden werden, gibt es durchaus Bereiche, in denen digitale Technologie genutzt werden kann, um problematischen Entwicklungen entgegenzuwirken.

Fake News

Spätestens seit Donald Trump im Jahr 2016 zum ersten Mal zum Präsidenten der Vereinigten Staaten gewählt wurde, sind Falschnachrichten („*Fake News*") ein weiterer Gesichtspunkt, unter dem digitale politische Kommunikation als problematisch beobachtet wird. Viele befürchten, die politische Öffentlichkeit der USA, aber auch anderer Länder werde zunehmend durch Falschinformationen aus unterschiedlichsten Quellen kontaminiert: Populistische Parteien, alternative Nachrichtenportale und Medienorganisationen autoritär geführter Staaten produzieren massenhaft Inhalte, die keinen Fakten-Check überstehen. Das Internet und die sozialen Medien unterstützen ihre Verbreitung. Manche konstatieren deshalb eine „Unterwanderung der politischen Öffentlichkeit durch Fake News" (Habermas 2022, S. 51), auf die es bisher keine erfolgversprechende Antwort gebe. Doch wie begründet sind derartige Befürchtungen? Es ist schwierig, das Ausmaß und die Folgen von „*Fake News*" zu bestimmen. Man muss das Problem nicht leugnen, um Übertreibungen und Fehlannahmen festzustellen (Altay et al. 2023): Die Überschätzung der aktuellen Dringlichkeit des Phänomens beginnt damit, dass es vor allem mit den sozialen Medien in Verbindung gebracht wird. Das unterschätzt die Kontinuität, mit der Falschinformationen, Gerüchte und manipulative Kommunikation seit jeher Verbreitung gefunden haben. Auch die Annahme, das

---

[37] Laut einem Bericht der *Süddeutschen Zeitung* hat Jürgen Habermas gegen die Verwendung seines Namens in diesem Zusammenhang Widerspruch angemeldet. Die KI-Technologie, so wird aus einem Brief von Habermas zitiert, könne „die anspruchsvolle Aufgabe einer sensiblen gegenseitigen Perspektivenübernahme" nicht übernehmen (SZ, 26.04.2025, S. 20).

Internet sei voller Falschinformationen, hält einer Prüfung nicht stand: Große Zahlen besagen wenig, wenn sie nicht zur Gesamtheit der Daten ins Verhältnis gesetzt werden. Schließlich ist Skepsis angebracht gegenüber der Einschätzung, Unwahrheiten verbreiteten sich schneller als Wahrheiten. Prominente Studien, die diesen Sachverhalt zu belegen versuchten (prominent z. B. Vosoughi et al. 2018), beschränkten sich zum Beispiel auf „umkämpfte", politisch relevante Nachrichten. Daneben gibt es aber eine große Zahl nicht umstrittener Wahrheiten, die sich mindestens ebenso rasant verbreiten. Auch wenn Falschnachrichten sich gut verbreiten, müssen sie nicht unbedingt einen Vorsprung vor der Wahrheit haben.

Von Öffentlichkeit kann man weder in ihrer klassischen, von Printmedien geprägten Gestalt noch in ihrer digitalen, von Plattformen und deren Algorithmen abhängigen Version erwarten, dass sie hauptsächlich oder gar vollumfänglich im Dienst der vernünftigen Argumentation über politische Themen stünde. Das heißt aber nicht, dass die Politik sie ignorieren könnte. Die Bedeutung von Öffentlichkeit für das politische System hängt nicht davon ab, ob diese vernünftig ist oder nicht. Sie muss in der Politik in jedem Fall Beachtung finden, weil sie Hinweise auf Chancen künftiger Machtverteilung gibt. Die gängige Formel für diese Leistung der Öffentlichkeit für die Politik ist die „öffentliche Meinung".

9.4 Öffentliche Meinung

Die öffentliche Meinung hat einen festen Platz in der politischen Theorie, doch sie bleibt ein schwer fassbarer Begriff, dessen Vagheit oft beklagt wird (Noelle-Neumann 1989). In der politischen Praxis gilt als öffentliche Meinung in der Regel das, was Meinungsforschungsinstitute durch Umfragen ermitteln. Aber es wäre zu einfach, die öffentliche Meinung mit der Mehrheitsmeinung gleichzusetzen (Herbst 1993). Selbst wenn es möglich wäre, die Mehrheitsmeinung mit Sicherheit (und zeitlicher Stabilität) zu bestimmen, bliebe noch die Frage offen, ob zum Beispiel eine Meinungsumfrage überhaupt beanspruchen kann, die öffentliche Meinung abzubilden. Auch sie erfasst nur einen Bruchteil der im Alltag anzutreffenden Meinungsvielfalt und muss diese auf vorgegebene Antwortmöglichkeiten verkürzen. Daran zeigt sich bereits, dass es keineswegs darauf ankommt, was die Leute denken, sondern was sie letztlich mitteilen. Bourdieu (1993) zieht daraus den Schluss, dass eine öffentliche Meinung immer nur ein Artefakt von Umfragen sein könne: „Die öffentliche Meinung gibt es nicht".

Wenn es bei der öffentlichen Meinung nicht um das gehen kann, was im Kopf der Leute vor sich geht, sie sich aber auch nicht in den Prozentzahlen der Meinungsforschung erschöpfen soll, ist eine Neubestimmung des Begriffs nötig. Zu dieser gelangt man am ehesten, wenn man noch einmal genauer nach der Funktion der öffentlichen Meinung fragt (Luhmann 1971b). Stellt man sehr anspruchsvolle Ideen über die öffentliche Vernunft einmal zurück, so bleibt zumindest eine Art Orientierungsfunktion plausibel. Wenn im Prinzip alles für eine politische Entscheidung infrage kommt, benötigt das politische System Hinweise darauf, welcher konkrete Entscheidungsbedarf besteht. Oder anders ausgedrückt: Die Komplexität der Entscheidungssituation muss reduziert werden. Das heißt dann jedoch gerade nicht, dass die Entscheidung selbst vorgegeben wird, sondern das zu entscheidende Problem. Die Politik kann sich nicht einfach einer Meinung – und sei es der Mehrheitsmeinung – anschließen, nach dem Motto: „77% sind für Steuersenkungen, also wird das Gesetz". Das würde politische Entscheidungen zugunsten einer Art ständigen Plebiszits überflüssig machen. Es ist aber eine wichtige Information für die Politik, wenn ein Problem oder auch nur ein Thema markiert wird, das als zu entscheidendes Problem wahrgenommen wird.

Institutionalisierung von Themen

Realistisch wäre es demnach, von der öffentlichen Meinung zu erwarten, dass sie die *Themen* definiert, an denen sich politische Entscheidungen orientieren. Es erscheint selbstverständlich (und wird genau deshalb unterschätzt), dass es solche Themen, die man als bekannt und wichtig voraussetzen kann, immer schon gibt. Doch das gilt nur, weil die öffentliche Meinung diese Themen *„institutionalisiert"* (Luhmann 1971b): Man kann unterstellen, dass alle über dieses Thema *als Thema* informiert sind, dass sie es als Thema kennen – nicht, dass sie Experten für das Thema sind. Niemand wäre verwundert, wenn er in einem politischen Gespräch auf ein institutionalisiertes Thema der öffentlichen Meinung angesprochen würde. Diese Leistung der über Massenmedien vermittelten öffentlichen Meinung macht es erst möglich, mit Unbekannten politisch zu kommunizieren. Auch wenn man weiter nichts über sie weiß, kann man annehmen, dass sie mit gerade aktuellen Themen vertraut sind. Das mag im Einzelfall nicht zutreffen – der Punkt ist aber genau, dass man es zunächst als Grundlage politischer Kommunikation unterstellen kann.

Diese Institutionalisierung von Themen, zu denen es unterschiedliche Meinungen geben kann, ja geben muss, ist laut Luhmann der eigentliche Bezugspunkt der öffentlichen Meinung. Die Themen sind die Struktur der öffentlichen Meinung, und diese Struktur ist wandelbar. Ein Thema hat eine gewisse Karriere, und nicht jedes Thema führt letztlich zu politischen Entscheidungen. Zu jedem Zeitpunkt gibt es viele Themen und Probleme, die zum Gegenstand öffentlicher Debatte werden könnten. Manche Themen haben nur eine kurze Lebensdauer, andere halten sich über Jahrzehnte im öffentlichen Diskurs. Aber zu jedem Zeitpunkt kann die Politik der öffentlichen Meinung eine gewisse Orientierung darüber entnehmen, bei welchen Themen in der Öffentlichkeit ein Entscheidungsbedarf gesehen wird.

> **Beispiel | Der „Aufmerksamkeitszyklus"**
>
> In den meisten westlichen Ländern wurden ökologische Probleme im Laufe der 1970er-Jahre zum Gegenstand öffentlicher Diskussion. Das Umweltproblem machte dabei eine typische Themenkarriere durch: In der *ersten* Phase wurde es noch gar nicht als Problem wahrgenommen. Es war gewissermaßen latent (insofern Verschmutzung und Zerstörung stattfanden, aber nicht thematisiert wurden). In der *zweiten* Phase der „alarmierten Entdeckung" wurden diese Symptome ernstgenommen, aber es herrschte zunächst Optimismus, ihnen mit den üblichen Routinen begegnen zu können – zum Beispiel durch technischen Fortschritt. Erst in der *dritten* Phase wurde zunehmend klar, welche Kosten und Opfer nötig sein könnten (wie ein Verzicht auf Wachstum oder Einschränkung von Mobilität). Als Downs (1972) die Themenkarriere des ökologischen

Problems beschrieb, hatte es seiner Meinung nach diese dritte Phase erreicht. Diesen Befund kann man aktualisieren: Auch die *vierte* Phase, in der sich das öffentliche Interesse bereits verringert hat und das Thema zunehmend von Spezialisten bearbeitet wird, hat die ökologische Frage mit der zunehmenden Differenzierung seiner einzelnen Aspekte wohl bereits durchlaufen. In der aktuellen *fünften* Phase, der „Post-Problem"-Phase, gerät das Thema nur noch sporadisch in den Fokus öffentlicher Aufmerksamkeit, wird aber von spezialisierten Institutionen, wie zum Beispiel Umweltministerien und -verbänden, mehr oder weniger routiniert verwaltet und bearbeitet.
Quelle: Anthony Downs (1972): Up and down with the ecology – the "issue attention cycle", In: The Public Interest 28, S. 38–50.

Agenda-Setting

Die Institutionalisierung und Deinstitutionalisierung von Themen in der Öffentlichkeit bestimmt, welche Probleme überhaupt von der Politik wahrgenommen und gegebenenfalls zu Gegenständen politischer Entscheidungen werden. Die Massenmedien haben zwar nur wenig Einfluss darauf, was die Leute denken, aber großen darauf, worüber sie nachdenken und diskutieren.[38] Sie diktieren nicht die öffentliche Meinung, aber die politische Tagesordnung, argumentiert die „Agenda-Setting"-Theorie (McCombs und Shaw 1972): Indem sich die Berichterstattung stets auf eine Handvoll Themen konzentriert, vermittelt sie dem Publikum deren besondere Wichtigkeit und Dringlichkeit. Insofern die Öffentlichkeit durch die Massenmedien über Ereignisse und Probleme informiert wird, ist sie von deren Filtern abhängig. Wie oft über ein Thema berichtet wird und wie prominent, wird in den Augen des Publikums zu einem zentralen Indikator für dessen politische Bedeutung. Das gilt insbesondere für Themen, die der persönlichen Erfahrung unzugänglich sind, also zum Beispiel für die Außenpolitik oder für volkswirtschaftliche Zusammenhänge. Während sich die Agenda-Setting-Theorie zunächst vor allem für diese erste Ebene des Hervorhebens bzw. des Ignorierens interessierte, hat sie sich inzwischen auch mit einer zweiten Ebene massenmedialen Einflusses beschäftigt, die mit der inhaltlichen Präsentation von Themen zusammenhängt: Wichtig ist nicht nur, *ob* über etwas berichtet wird, sondern auch, *wie*. Das „Framing", also die inhaltliche Verpackung, in die ein Thema gekleidet wird, spielt eine maßgebliche Rolle dafür, ob es Aufmerksamkeit und Unterstützung in der politischen Öffentlichkeit erhält (Weaver 2007).

Zuschauen statt diskutieren

An der öffentlichen Meinung wirken nicht alle mit. Sie ist, wie die Öffentlichkeit insgesamt, in hohem Maße von den professionellen und organisierten Beiträgen bestimmt. Der „Normalbürger" gerät demgegenüber überwiegend in die Rolle eines Zuschauers. Doch auch die Bedeutung des Zuschauens sollte man nicht unterschätzen. Zumindest dann nicht, wenn dieses Zuschauen das politische Geschehen soweit begleitet, dass es selbst zu einer Rolle wird. Diese „Zuschauer-Rolle", die

---

38 Die Presse, so Cohen (1963, S. 13) in einer Formulierung, die einen wichtigen Ausgangspunkt der Agenda-Setting-Theorie vorwegnimmt, "may not be successful much of the time in telling people what to think, but it is stunningly successful in telling its readers what to think *about*".

im Begriff des Publikums bereits angelegt ist, wird durch die Massenmedien ermöglicht und gleichzeitig in zweifacher Weise gesteigert (Luhmann 2010, 406ff.). Das betrifft erstens die *Permanenz* des Zuschauens. Wenn es Massenmedien gibt, kann und muss man davon ausgehen, dass prinzipiell immer ein Publikum vorhanden ist. Die Massenmedien berichten mehr oder weniger Tag und Nacht. Und auch wenn sie in der Nacht nicht senden und die Zeitung erst am nächsten Morgen erscheint, wird darin berichtet, was in nächtlichen Verhandlungen geschehen ist. Politiker müssen also davon ausgehen, ständig beobachtet zu werden – ohne dass dazu die Zuschauer anwesend sein müssten. Sie müssen allenfalls von den Beobachtern der Massenmedien vertreten werden und können dann das politische Geschehen verfolgen, wenn sie Zeit haben. Wenn die Regierung am Morgen entscheidet, können die Zuschauer das trotzdem verfolgen – am Abend in den Nachrichten. Das Zuschauen muss also nicht mehr gleichzeitig erfolgen, sondern kann durch die Massenmedien asynchron, aber genau dadurch permanent erfolgen.

Der zweite Punkt betrifft die *Passivität* des Zuschauens: Die Kommunikation ist einseitig, und das entlastet den Zuschauer. Er muss sich nicht sofort eine Meinung bilden, er muss nicht den Konflikt mit den politischen Akteuren suchen. Die Massenmedien erlauben gewissermaßen eine „Spezialisierung" auf das Zuschauen. Das kann man positiv oder kritisch damit in Verbindung bringen, dass die Zuschauerrolle, wie Luhmann das formuliert, manche kritischen Impulse „absorbiert" (ebd., S. 107). Das gibt der Politik Zeit, weil unmittelbare Reaktionen dadurch entschärft werden: Regt man sich am Abend über eine neue politische Entscheidung auf, so dauert es noch eine Weile, bis man über eine Antwort wirklich nachdenken müsste (mitunter bis zum nächsten Wahltermin). Das schafft Zeit für Überlegung und verschafft der Politik einen gewissen Puffer gegenüber den Reaktionen des Publikums. Dieses muss erst vom „Zuschauen" zum „Fordern" wechseln und erlebt dies auch als Rollenwechsel: In der einen Rollen kann man passiv die Politik nur nachvollziehen und in der anderen seine Interessen artikulieren.

Trotz dieser Passivität hat aber das Zuschauen Effekte auf die Politik, die man unter den Begriff der *Disziplinierung* fassen kann. Das Zuschauen des Publikums ist ein disziplinierendes Zuschauen: Politiker müssen Rücksicht darauf nehmen, dass sie beobachtet werden. Sie müssen davon ausgehen, dass die Zuschauer auch Wähler sind und als solche das, was sie gesehen haben, in eine entsprechende Wahlentscheidung umsetzen. Die Berücksichtigung des Publikums hat eine besondere Form, weil das Publikum anonym ist. Man weiß zwar als Politiker, dass man beobachtet wird, man weiß aber nicht genau, wann und von wem. Die Zuschauer sind eine anonyme Masse. Und das macht einen großen Unterschied, weil die Politiker deshalb ihre Darstellungen nicht auf ein konkretes Publikum abstellen können. Man weiß nicht genau, was das Publikum erwartet. Es gibt keine genaue Zurechnung von Erwartungen, es gibt keine speziellen Interessen, die man dem Publikum zum jetzigen Zeitpunkt unterstellen könnte. Das Publikum als solches mag Steuererhöhungen für gut befinden oder Steuersenkungen. Oder beides, die einen das und die anderen jenes. Das heißt, man kann in dieser Situation dem Publikum gar nicht so einfach „nach dem Mund reden". Es gibt bestimmte Dinge, bei denen man auf allgemeine Zustimmung setzen kann. Aber es gibt auch genügend politische Entscheidungen, bei denen es unterschiedliche Optionen gibt. Im Hinblick auf das Publikum müssen Argumente verallgemeinert werden. Man muss so sprechen, als würde man stets das Gemeinwohl meinen. Man muss die *eigenen* Interessen in die Form *allgemeiner* Interessen kleiden und kann sie eben nicht auf eine bestimmte Zielgruppe zuschneiden.

Generalisierung

Dass dies eine Besonderheit ist, die in dieser Form nur für diese Ebene politischer Kommunikation gilt, sieht man, wenn man es mit der Kommunikation vor einem eingeschränkteren Publikum vergleicht. Vor den Vertretern von Spezialinteressen kann man genau diese Interessen vertreten. Solange es möglich ist, die Spezialpublika zu separieren, also nur hinter verschlossenen Türen *pro domo* (im Sinne einer bestimmten Gruppe) zu sprechen, können alle nach ihren Präferenzen bedient werden. Je nach Situation ist dann ein anderer Diskus gefragt. Man spricht mit den Arbeitgebern, während die Gewerkschafter das nicht hören – und umgekehrt. Und erzählt beiden jeweils das, was sie hören wollen. Damit würde die Unterstützung durch diese Gruppen maximiert, aber die Glaubwürdigkeit riskiert. Das allgemeine Publikum hat vielleicht nicht so spezielle Interessen, oder zumindest gibt es dort auch andere. Auf dieser öffentlichen Ebene politischer Kommunikation ist es daher nicht möglich, einzelne soziale Kategorien, einzelne soziale Gruppen zu diskriminieren, zu bevorzugen oder zu benachteiligen. Öffentlich eigene oder fremde Interessen zu vertreten, setzt eine Verallgemeinerung von Interessen voraus, damit auch andere ihnen zustimmen können. Deshalb ist die Unterstellung, dass man es stets *auch* mit einem anonymen Publikum zu tun hat, eine wichtige Folge der modernen, durch Massenmedien vermittelten Öffentlichkeit.

9.5 Zusammenfassung

Politische Entscheidungen haben in allen Gesellschaften einen Bezug zur Öffentlichkeit: Sie betreffen nicht nur einzelne Personen, sondern ein Gemeinwesen als Ganzes. Erst in der modernen Gesellschaft wurde Öffentlichkeit in Form der „öffentlichen Meinung" jedoch zu einem eigenen und wichtigen Element nicht nur der Darstellung, sondern auch der Entstehung politischer Entscheidungen. Die Aufgabe der in den diskutierenden Zirkeln des europäischen Bürgertums entstandenen „bürgerlichen" Öffentlichkeit wurde so beschrieben, dass sie politische Themen und Entscheidungen im Modus des „öffentlichen Räsonierens" vorbereitet und begleitet. Die Vorstellung, dass die öffentliche Meinung in diesem Sinne eine Art Vernunftkontrolle der Politik leisten könnte, ist unter den Bedingungen einer modernen, massenmedial vermittelten Öffentlichkeit allerdings nicht mehr haltbar. Zu stark haben die Professionalisierung der Öffentlichkeitsarbeit und die Eigendynamik von Themenkarrieren in den Massenmedien den Charakter der öffentlichen Meinung verändert. Dennoch bleibt die öffentliche Beobachtung von Politik ein wichtiges Strukturelement des politischen Systems: Insofern die Rolle des Zuschauers institutionalisiert ist, muss die politische Kommunikation prinzipiell ein allgemeines Publikum unterstellen, ihre Argumente darauf abstimmen und sich entsprechend disziplinieren.

Literaturempfehlungen

Bail, Christopher A. (2021): Breaking the Social Media Prism. How to Make Our Platforms Less Polarizing. Princeton, NJ: Princeton University Press.
Bourdieu, Pierre (1993): Die öffentliche Meinung gibt es nicht. In: ders.: Soziologische Fragen. Frankfurt/Main: Suhrkamp, S. 212–223.
Habermas, Jürgen (1990): Strukturwandel der Öffentlichkeit. Untersuchungen zu einer Kategorie der bürgerlichen Gesellschaft. Frankfurt/Main: Suhrkamp.
Habermas, Jürgen (2022): Ein neuer Strukturwandel der Öffentlichkeit und die deliberative Politik. Berlin: Suhrkamp.
Hölscher, Lucian (1978): Öffentlichkeit. In: Otto Brunner, Werner Conze und Reinhard Koselleck (Hg.): Geschichtliche Grundbegriffe, Band 4. Stuttgart: Klett-Cotta, S. 413–468.
Luhmann, Niklas (1971): Öffentliche Meinung. In: Politische Planung. Opladen: Westdeutscher Verlag, S. 9–34.
Neidhardt, Friedhelm (Hg.) (1994): Öffentlichkeit, Öffentliche Meinung, Soziale Bewegungen (Sonderheft 34 der KZfSS). Opladen: Westdeutscher Verlag.
Sarcinelli, Ulrich (2011): Politische Kommunikation in Deutschland. Medien und Politikvermittlung im demokratischen System. 3. Aufl. Wiesbaden: VS Verlag für Sozialwissenschaften.
Schweiger, Wolfgang, und Klaus Beck (Hg.) (2019): Handbuch Online-Kommunikation. 2. Aufl. Wiesbaden: VS Verlag für Sozialwissenschaften.

10. Variationen und Komplikationen moderner Politik

Bis zu diesem Punkt hat sich die Darstellung des politischen Systems an den Erfahrungen der westlichen Welt orientiert, um die Grundstrukturen der modernen Politik herauszustreichen. Schon ein kursorischer Blick in die Nachrichten macht jedoch deutlich, dass es hiervon einige Abweichungen gibt: Einerseits gibt es nach wie vor nichtdemokratische politische Systeme, in denen zentrale Elemente fehlen (z. B. Parteien oder eine unabhängige Themenwahl und Meinungsbildung in der politischen Öffentlichkeit); andererseits treffen wir in vielen Ländern eine Situation an, die auf den ersten Blick von grundsätzlicher Übereinstimmung geprägt scheint, bei genauerem Hinsehen aber folgenreiche Abweichungen offenbart (z. B. wenn es zwar eine öffentliche Verwaltung gibt, diese aber nicht die erwarteten Leistungen erbringt). Solche Abweichungen und Variationen finden wir überall, wo Politik sich unter nichtwestlichen Rahmenbedingungen entwickelt hat, insbesondere in sogenannten Entwicklungsländern. Im Folgenden werden wir uns also mit einigen politischen Phänomenen beschäftigen, die vor allem in Ländern außerhalb der OECD zu beobachten sind. Doch auch wenn die Beispiele sich primär auf die Politik in Teilen Afrikas, Lateinamerikas oder Asiens beziehen, bedeutet dies nicht, dass ihre Analyse nur für Regional- und Länderexperten von Interesse wäre. Auch in vielen europäischen Ländern entspricht die politische Realität nicht in allen Aspekten dem Modell demokratischer und rechtsstaatlicher Politik, an dem wir uns in den vorangegangenen Kapiteln orientiert haben.

Mit der Beobachtung von Abweichungen ist zu rechnen, wenn man von einem zu einfachen, linearen Verständnis politischer Modernisierung ausgeht. Wir müssen uns deshalb in einem ersten Schritt mit der Frage beschäftigen, was man überhaupt unter Modernisierung versteht und wie sich dieser gesellschaftliche Wandlungsprozess in der Politik niederschlägt. Die klassische Modernisierungstheorie nährte Erwartungen einer recht weitgehenden Konvergenz politischer Systeme, die sich so nicht erfüllt haben. Zwar sind durchaus politische Entwicklungen zu beobachten, die im Sinne globaler Trends gedeutet werden können, doch diese sind nicht mit dem Verschwinden von Differenz gleichzusetzen. In einem zweiten Schritt werden wir einige dieser Besonderheiten politischer Entwicklung in nichtwestlichen Gesellschaften herausgreifen und ihre gesellschaftliche Funktion beschreiben. Wir werden sie deshalb nicht einfach als Abweichungen oder gar als Pathologien, sondern als andere Formen der *Lösung* politischer Probleme begreifen. Abweichungen vom Modell eines liberalen Rechtsstaats stellen keine „Fehler" dar, sondern sind meist die Folge von Anpassungen der Politik an bestimmte gesellschaftliche Voraussetzungen.[39] Es geht also nicht darum, vor dem Hintergrund eines normativen Modells der Demokratie die Abweichungen und Defizite zu beklagen, sondern darum, ihre Genese und Reproduktion als Ausdruck spezifischer Anpassungserfordernisse der Politik zu begreifen.

---

39 Aus diesem Grund legt die Bezeichnung „defekte Demokratie", die im Zusammenhang mit einigen der zu diskutierenden Phänomene benutzt wird (siehe z. B. Croissant und Thiery 2000), eine falsche Spur.

10. Variationen und Komplikationen moderner Politik

10.1 Politische Modernisierung

Die Modernisierungstheorie wurde nach dem Zweiten Weltkrieg entwickelt und war eine Reaktion auf die sich verändernde weltpolitische Situation, in der immer mehr ehemalige Kolonien zu selbständigen Staaten wurden. Man fragte sich, wie dieser Wandel zu beschreiben sei und wie seine Zukunft aussehen würde. Die Antwort basierte auf klassischen soziologischen Ideen über die moderne Gesellschaft, wie sie beispielsweise von Max Weber und Emile Durkheim entwickelt worden waren. Diese orientierten sich an der historischen Erfahrung der Modernisierung in Europa. Vor diesem Hintergrund stellten sie die Frage nach den Gründen und Voraussetzungen dafür, dass sich ein Prozess gesellschaftlicher Differenzierung vollziehen konnte, und nach den Möglichkeiten, dies auf den Rest der Welt zu übertragen. Würde es auch dort zu einem „Verschwinden der traditionalen Gesellschaft" kommen (so der Titel einer einschlägigen Studie von Lerner (1958)? Das hieße im einfachsten Fall, dass sich der gesellschaftliche Umbruch, der sich in Europa vollzogen hatte, auch in anderen Ländern wiederholen würde. Dafür gab es durchaus Vorbilder in Europa: Zum Beispiel war bereits Deutschland ein Fall *„nachholender Modernisierung"* gewesen, insofern sich zuvor in Großbritannien beobachtete Entwicklungen dort erst später eingestellt hatten. „De te fabula narratur!" formulierte Mitte des 19. Jahrhunderts Karl Marx in Richtung Deutschland, dem „englische Verhältnisse" erst noch bevorstanden: „Das industriell entwickeltere Land zeigt dem minder entwickelten nur das Bild der eignen Zukunft" (Marx 1970, S. 12). Marx ging wie viele zeitgenössische Beobachter davon aus, dass es Gesetzmäßigkeiten gesellschaftlicher Entwicklung gibt, die an unterschiedlichen Orten zu unterschiedlichen Zeiten sehr ähnliche Ergebnisse produzieren können. Dies sollte – bei entsprechenden Voraussetzungen – zu strukturell recht ähnlichen Entwicklungen führen. Doch worin bestehen diese Voraussetzungen und in welche Richtung geht der Wandel?

Mobilität und Leistungsorientierung

Ein erster Ansatz besteht darin, Modernisierung als Einstellungswandel zu begreifen. Eine Vorlage für dieses Argument lieferte Max Webers Protestantismusthese, die einen Zusammenhang zwischen protestantischen Werten und der Entstehung des modernen Kapitalismus herstellte (Weber 1920). Allgemeiner formuliert: Damit die moderne Gesellschaft möglich wird, müssen sich gewisse Einstellungen und Handlungsorientierungen ändern. Die Individuen müssen zum Beispiel flexibler und mobiler sein als in traditionalen Gesellschaften. In der modernen Gesellschaft gibt es ständig Veränderung: Das Argument der Tradition, es sei schon immer so gewesen, zählt nicht mehr, um Innovationen abzuwehren. Das heißt aber, dass man mehr Ungewissheit ertragen muss, und das erfordert entsprechende Einstellungen. Lerner (1958) übersetzt dies so: Die Moderne setzt psychologische Mobilität voraus, Individuen müssen lernbereit sein; sie müssen mit Blick auf eine offene Zukunft handeln können; und ihr Horizont darf sich nicht auf die eigene Gruppe beschränken, sondern muss dafür offen sein, dass andere Leute anders leben. Dies nennt Lerner „Empathie". Sie ist einerseits eine Folge von Urbanisierung: Das Stadtleben bringt Menschen unterschiedlicher Herkunft in engen Kontakt miteinander. Zum anderen wird sie gefördert durch die Massenmedien, die den sozialen Horizont erweitern. Wer in einer Stadt aufwächst und Massenmedien konsumiert, wird in diesem Sinne psychologisch mobiler: Man sieht im Fernsehen, was andere Leute machen, auch jene, die man persönlich niemals kennenlernen wird. Man trifft in der Stadt tagtäglich auf Fremde und lernt, mit ihnen zu leben. Das sind, so Lerner, strukturelle Bedingungen, die psychologische Mobilität als Voraussetzung der Moderne ermöglichen und fördern.

Eine weitere wichtige Einstellungsvariable sieht die Modernisierungstheorie in der Rolle von „Leistung" (*achievement*) im Unterschied zu „Zuschreibung" (*ascription*). Die moderne Gesellschaft zeichnet sich demnach dadurch aus, dass nicht die Herkunft, sondern die individuelle Leistung entscheidend ist für Statusfragen. Es geht dabei primär um die Frage, wie Status begründet wird: Kann man zum Beispiel auf die familiäre Herkunft verweisen, um Privilegien zu erhalten? Auch wenn es unsinnig wäre anzunehmen, dass Herkunft gar keine Rolle mehr spielt, so ist ihre Bedeutung in der modernen Gesellschaft gesunken. Vor allem das Bildungssystem versucht, Erfolge leistungsabhängig zu machen. Vor diesem Hintergrund versucht McClelland in seinem Buch „*Achieving Society*" (McClelland 1961), die Leistungsorientierung verschiedener Länder zu bestimmen. Die „Leistungsmotivation" wurde nicht durch eine Befragung, sondern durch sozialpsychologische Experimente und durch die Analyse von Kindergeschichten erhoben – in der Annahme, dass diese in erzieherischer Absicht zentrale Verhaltensnormen transportieren. Im Abgleich mit Daten zur Wirtschaftsentwicklung glaubte McClelland zeigen zu können, dass leistungsorientierte Einstellungen dem Wirtschaftswachstum vorausgehen (und man diese entsprechend fördern könnte, um die wirtschaftliche und gesellschaftliche Entwicklung zu unterstützen).

Demokratie und Modernisierung

Die Studien von Lerner und McClelland stehen stellvertretend für das Interesse an Modernisierungsprozessen außerhalb Europas. Sie sind typisch für eine Verbindung sozialpsychologischer Überlegungen mit makrosoziologischen Argumenten. Die „unabhängige Variable", also den zu erklärenden Sachverhalt, stellt hierbei die wirtschaftliche Entwicklung dar. Man kann die Fragerichtung aber auch verändern oder sogar umdrehen, indem nicht nach den Ursachen wirtschaftlicher Entwicklung, sondern nach deren Folgen gefragt wird – zum Beispiel im Bereich der Politik. Eine wichtige und viel diskutierte These im Bereich der Politischen Soziologie formulierte Lipset (1959): Wirtschaftlicher Wohlstand und Demokratie hängen zusammen. Die Demokratisierung politischer Systeme ist demnach überall dort zu erwarten, wo sich eine dynamische wirtschaftliche Entwicklung einstellt. Dahinter steht die Annahme eines Zusammenhangs der Modernität verschiedener gesellschaftlicher Teilbereiche, die ein zentraler Baustein der klassischen Modernisierungstheorie ist.

Modernisierung ist ein gesamtgesellschaftlicher Prozess, aber das bedeutet auch, dass Teilbereiche wie die Politik, die Wirtschaft und die Erziehung je spezifische Modernisierungsprozesse durchlaufen. Da es gleichzeitig um einen Prozess der Differenzierung, also des Auseinandertretens dieser Gesellschaftsbereiche geht, könnte man sich eine gewisse Unabhängigkeit der einzelnen Entwicklungen vorstellen. Die Modernisierungstheorie geht aber davon aus, dass die Entwicklungen der einzelnen Teilbereiche sich wechselseitig stützen, dass es also positive Interdependenzen gibt. Der amerikanische Politikwissenschaftler Samuel Huntington bezeichnet dies als Unterstellung einer „unity of goodness: to assume that all good things go together" (Huntington 1968, S. 5): Demnach ergänzen sich technischer Fortschritt, wirtschaftliches Wachstum, politische Demokratie, wissenschaftliche Forschung und staatlich organisierte Bildung zu einem integrierten Ganzen, in dem die Entwicklungen in den verschiedenen Bereichen „wechselseitige Stützfunktionen" erfüllen (Luhmann 1995b, S. 19). Die Erwartung, dass wirtschaftliche Entwicklung zu Demokratisierung führt und umgekehrt von politischer Modernisierung profitiert, ist also nur eine Facette dessen, was man als umfassenden „Interdependenzenzirkel" (Bühl 1968, S. 266) bezeichnen könnte.

Modernisierung ist diesem Verständnis nach also die Modernisierung *eines* Landes. Gesellschaften werden als isolierbare Einheiten begriffen, deren Entwicklung aus inneren Faktoren, also „endogen" erklärbar ist. Die physischen und sozialen Ressourcen eines Landes bestimmen, ob und wie Modernisierung möglich ist. Unter diesen Bedingungen ist es möglich, sich eine nachholende Modernisierung nach dem Muster der Vorbilder vorzustellen: Es stellt dann zum Beispiel für die Modernisierung in Ghana oder in Thailand weder einen Vorteil noch einen Nachteil dar, dass es schon moderne Gesellschaften in Frankreich oder Amerika gibt. Und vor allem: Die Forschung muss dies nicht in Rechnung stellen, sondern kann sich auf die Untersuchung und den Vergleich einzelner Länder konzentrieren, ganz so, als hätte sie voneinander isolierte Individuen zum Gegenstand. Insofern diese unterschiedlichen Länder aber von demselben Prozess gesellschaftlicher Modernisierung erfasst werden, sind auch vergleichbare oder sogar identische Resultate zu erwarten. In diesem Sinne ist die Unabhängigkeit der Entwicklungen letztlich eine Voraussetzung für die *Konvergenz* in Richtung eines einheitlichen Modells moderner Gesellschaft: Insofern unterschiedliche Länder die gleiche Entwicklung nehmen, erreichen sie zu unterschiedlichen Zeitpunkten das gleiche Ziel.

Konvergenz und Divergenz

Die klassische Modernisierungstheorie steckt den Rahmen für das ab, was man im Bereich der Politik erwarten kann. Es sind vor allem Veränderungen in drei Dimensionen, die als Teilaspekte politischer Modernisierung gelten können (Huntington 1968, 34f.): Erstens die *Rationalisierung* der Herrschaft, die fragmentierte Formen traditionaler Politik ersetzt durch eine zentralisierte, territorial klar definierte, nationale politische Ordnung; zweitens die *Differenzierung* spezialisierter Institutionen, vor allem in und zwischen Politik und Verwaltung; und drittens die *Ausweitung politischer Partizipation*, die als Demokratie die Kontrolle der Regierung durch das Volk steigern kann, als Totalitarismus aber auch die Kontrolle des Volkes durch die Regierung – Kriterium ist hier allein, dass das Publikum direkt und umfassend in das politische Geschehen eingebunden wird. Wir erkennen darin Merkmale wieder, die wir im Zuge der Analyse von Grundstrukturen des politischen Systems kennengelernt haben. Doch ist politische Modernisierung notwendigerweise eine Folge gesellschaftlicher Modernisierung? Auch wenn es große Übereinstimmung in der Frage gibt, was moderne Politik ausmacht, ist der Weg dorthin keineswegs so klar vorgezeichnet, wie die klassische Modernisierungstheorie vermutet hatte.

Die Annahme einer „*unity of goodness*" ist jedenfalls nicht haltbar. Zwar gibt es durchaus Interdependenzen zwischen der Politik und anderen gesellschaftlichen Teilbereichen, aber diese nehmen nicht zwingend die Form einer wechselseitigen Unterstützung an. Vielmehr ist gerade das Gegenteil oft zu beobachten: dass Wandel und Dynamik eines Teilbereichs die Stabilität eines anderen irritiert. So bedeutet bereits der weiter oben beschriebene Einstellungswandel in erster Linie, dass Autorität infrage gestellt und Herrschaft legitimierungsbedürftig wird. Und die ungleiche Verteilung von traditionellen und modernen Einstellungen stellt ein Konfliktpotenzial dar, das der Politik zusätzliche Aufgaben beschert. Allgemeiner betrachtet führt gesellschaftliche Modernisierung zu einer schnellen, manchmal plötzlichen Ausweitung der Beteiligung und zu einem Anheben des Anspruchsniveaus, die mangels geeigneter politischer Institutionen oft nur ungenügend aufgefangen werden können. Insbesondere das Verhältnis zwischen Wirtschaft und Politik ist daher eine Quelle von Spannungen: Wenn die Wirtschaftsentwicklung zu mehr Ungleichheit führt, die Mobilisierung politischer Beteiligung aber demokratische Vorstellungen von Gleichheit fördert, entsteht ein Legitimationsproblem. Gesellschaftliche Modernisierung kann die Politik mit Problemen konfrontieren, zu deren Lösung sie (noch) nicht fähig ist. Die Analyse politischer Modernisierung kann also nicht damit rechnen, dass ein modernes politisches System eine notwendige Folge des Wandels anderer gesellschaftlicher Teilbereiche ist. Vielmehr zeigen die Erfahrungen in wirtschaftlich erfolgreichen Ländern mit autoritären politischen Regimen in Lateinamerika und Asien, dass es einen solchen direkten Zusammenhang nicht gibt (Munck 1994).

Eine Unzulänglichkeit der klassischen Modernisierungstheorie liegt demnach darin, dass sie das Verhältnis von Politik und gesellschaftlicher Modernisierung zu *linear* begreift. Doch der Wandel in einem Bereich hat eben nicht zwingend positive Auswirkungen auf alle anderen. Eine weitere Beschränkung, die zu Fehleinschätzungen führt, liegt in der Fokussierung auf *endogene* Faktoren der Entwicklung. Die Geschichte eines Landes, die zeitliche Abfolge der Entwicklungsschritte und die Konstellation sozialer Differenzen und Konflikte sind wichtige Bedingungen, aber nicht die einzigen. Große Bedeutung haben auch exogene Faktoren, wie zum Beispiel Kolonialherrschaft und weltwirtschaftliche Vernetzung. Dass die Nachzügler ähnliche Entwicklungsbedingungen vorfinden wie die Vorreiter der Modernisierung, kann mit Blick auf die gänzlich andere Ausgangslage einer bereits etablierten kapitalistischen Weltwirtschaft bezweifelt werden – und die eher mäßigen wirtschaftlichen Ergebnisse vieler Entwicklungsländer in den 1960er- und 1970er-Jahren schienen den Zweiflern recht zu geben (Frank 1967; Wallerstein 1979). Exogene Faktoren sind jedoch nicht immer Hemmnisse. Diffusion und Imitation können Modernisierungsprozesse anstoßen und beschleunigen. So kann man die relative Einheitlichkeit staatlicher Strukturen in den unterschiedlichsten Ländern kaum darauf zurückführen, dass ähnliche Voraussetzungen zu ähnlichen Ergebnissen geführt haben. Das Gegenteil ist der Fall: Nur die Orientierung an externen Vorbildern kann erklären, warum es große institutionelle Ähnlichkeiten zwischen Ländern gibt, die sich ansonsten stark unterscheiden (Meyer 1980).

Auch wenn die auf Konvergenz zielenden Erwartungen der Modernisierungstheorie nicht gut begründet sind, zeigt eine Bestandsaufnahme politischer Systeme vielfältige Übereinstimmungen. Während über Jahrtausende eine Vielzahl sehr unterschiedlicher politischer Systeme existierte, scheint insbesondere der moderne Nationalstaat ein Erfolgsmodell zu sein, das sich im Zuge der vergangenen 200 Jahre nahezu überall auf der Welt verbreitet hat (Wimmer und Feinstein 2010). Und diese Staaten weisen auch überwiegend ähnliche Merkmale auf: Es gibt einerseits Parteien und andere politische Vereinigungen und andererseits eine Verwaltung, die als Instrument der Politik verstanden wird. Es werden Straßen und Schulen gebaut und betrieben, öffentliche Versorgungswerke eingerichtet. Es gibt praktisch überall Wahlen zur Besetzung öffentlicher Ämter (auch wenn der Zusammenhang zwischen beiden manchmal nur lose ist). Mit anderen Worten: Die wesentlichen Elemente des politischen Systems, die wir in den vorangegangenen Kapiteln kennengelernt haben, scheint es mehr oder weniger überall auf der Welt zu geben. Das wäre letztlich eine Bestätigung der Modernisierungstheorie. Doch ganz so einfach ist die Sache nicht. Es reicht nicht festzustellen, dass es Ministerien, Parteien und Wahlen gibt. Eine genauere Analyse muss auch berücksichtigen, wie sie tatsächlich funktionieren. Hier zeigen sich schnell Unterschiede und Abweichungen. Übereinstimmungen auf der Ebene leicht ablesbarer Indikatoren sind nur scheinbar Anzeichen für tatsächliche Konvergenz.

10.2 Anpassung und Abweichung

Es gibt nach wie vor unterschiedliche Varianten politischer Systeme: Ein-, Zwei- und Mehrparteiensysteme; präsidentielle und parlamentarische Regierungssysteme; Republiken und Monarchien. Diese und andere Unterschiede sind klassische Gegenstände vergleichender politikwissenschaftlicher Forschung (Kesselman et al. 2013). Wir konzentrieren uns im Folgenden auf weniger offensichtliche, aber durchaus folgenreiche Unterschiede hinter den offiziellen Strukturen von Regierungs- und Parteisystemen. Häufig sind dabei Abweichungen vom Modell formaler Organisation, die vor allem die Verwaltungsbürokratie betreffen. Zweitens wird das Publikum oft nicht über die Wählerrolle, sondern über persönliche Beziehungen inkludiert. Drittens kann eine gesellschaftliche „Versäulung", also die Verhärtung und Institutionalisierung einzelner Konfliktlinien, dazu führen, dass die politischen Parteien sich programmatisch nicht an alle richten, sondern eng verflochten bleiben mit den spezifischen Interessen gesellschaftlicher Gruppen. Der Weg zu einem friedlichen Ausgleich unterschiedlicher Interessen wird dadurch leicht versperrt.

Bürokratischer Formalismus und Patronage

Im Gegensatz zu den Annahmen der klassischen Modernisierungstheorie ist die politische Entwicklung der „Nachzügler" nicht unabhängig von vorangegangenen Entwicklungen in anderen Ländern. Politische Organisationen und Institutionen werden von westlichen Vorbildern beeinflusst. Mitunter werden diese regelrecht kopiert. Damit werden Wandlungsprozesse, die in Europa viele Jahrhunderte in Anspruch nahmen, innerhalb sehr viel kürzerer Zeit vollzogen. Das ist möglich, weil *Modelle* moderner Politik abstrakt genug sind, um beinahe mühelos von einem Land in ein anderes übertragen zu werden. Aber die gesellschaftlichen Voraussetzungen für die praktische *Umsetzung* eines Modells sind damit noch nicht geschaffen. Die Übertragung in ein anderes Umfeld führt dann nicht zu den gewünschten Effekten: Andere Umweltbedingungen führen zu anderen Ergebnissen oder schlicht dazu, dass nichts funktioniert. Es ist zum Beispiel recht einfach, die offiziellen Strukturen einer Verwaltungsbürokratie an einem Vorbild abzulesen und zu entscheiden, ebensolche Strukturen an anderer Stelle einzurichten. Ob die Hierarchien und Regeln aber beachtet werden und damit tatsächlich wirksam werden, steht auf einem anderen Blatt. Wenn offizieller Anspruch und tatsächliche Realisierung auseinanderfallen, entsteht eine *Fassadenmodernität*: Es werden zwar Symbole der Modernität von Politik und Verwaltung übernommen, aber diese geben kaum Aufschluss darüber, was faktisch passiert und womit man zu rechnen hat. Als „demokratisch" bezeichnen sich mittlerweile die meisten Staaten der Welt, doch das heißt oft nicht viel mehr, als dass mehr oder weniger regelmäßig Wahlen abgehalten werden. Wie fair diese Wahlen tatsächlich sind, inwiefern die Rechtsprechung verlässlich funktioniert und ob in der Verwaltung universalistisch „ohne Ansehen der Person" entschieden wird, lässt sich den offiziellen Statistiken nicht entnehmen. In der Politikwissenschaft spricht man von „defekten Demokratien", wenn die offiziell beanspruchten Merkmale eines demokratischen Rechtsstaats nur unzureichend in die Praxis umgesetzt werden (Croissant und Thiery 2000).

Probleme mit der Umsetzung anspruchsvoller Modelle können einen einfachen Grund haben: Eine Verwaltung, die ihr Personal nicht ausreichend bezahlen kann oder keine Ressourcen für Akten und Archivierung hat, kann ihre Entscheidungen auch kaum durchsetzen. Wenn keine ausreichenden finanziellen und technischen Mittel zur Verfügung gestellt werden, kann die Verwaltung allenfalls versuchen, diesen Mangel selbst zu beheben. Dafür ist sie dann jedoch abhängig von ihrem eigenen Publikum, dem sie entsprechende Vergünstigungen zum Tausch anbieten muss. Die flexible Anwendung von Regeln kann beispielsweise genutzt werden, um Tribute einzuwerben. Dies macht es natürlich schwierig bis unmöglich, universalistische Verwaltungsprogramme durchzusetzen. Diese existieren lediglich auf dem Papier, faktisch sind die Verwaltungsentscheidungen aber abhängig von den gebotenen Gegenleistungen. Derartige Arrangements erscheinen als „korrupt". Sie entsprechen aber oft sehr viel besser den lokalen Erwartungen als die universalistische Regelorientierung – und werden deshalb als legitim angesehen. Im Gegensatz dazu wird das Prinzip, „ohne Ansehen der Person" zu entscheiden, nicht überall goutiert, schließt es doch die Rücksichtnahme auf besondere Umstände und persönliche Bekanntschaften aus. Der für die moderne Verwaltung typische Universalismus, der sich auf ein anonymes und individualisiertes Publikum bezieht, kollidiert mit einem legitimen Partikularismus. Alle gleich zu behandeln, ist gesellschaftlich gar nicht akzeptiert, sondern gilt im Gegenteil als skandalös. Wenn zum Beispiel Rangunterschiede im Alltag eine große Bedeutung haben – wie zum Beispiel in der indischen Kastenordnung –, kann es bereits eine Zumutung sein, dass alle in demselben Büro oder Warteraum sitzen sollen.

Universalistische Regeln müssen mit gesellschaftlichen Erwartungen koordiniert werden, sonst stoßen sie auf Widerstand. Eine Möglichkeit, Irritationen aufzufangen, ist *Formalismus*: Formale Regeln werden zwar mitgeteilt und akzeptiert, Entscheidungen aber ohne Bezug auf diese getroffen. Man benutzt Gesetze und Regeln als Dekoration und Legitimation, aber diese steuern nicht das Handeln. Eine solche Situation fand der amerikanische Verwaltungsforscher Fred Riggs in den 1960er-Jahren in Thailand vor: Die thailändische Verwaltung nahm zwar für sich in Anspruch, regelgeleitet und universalistisch zu entscheiden. Doch auf die Nachfrage hin, wo man sich über die geltenden Regeln informieren könnte und ob beispielsweise entsprechende Dokumente eingesehen werden könnten, lautete die Antwort regelmäßig: „Wir sind uns sicher, dass es die Dokumente gibt; aber wo sie sich gerade befinden, wissen wir leider nicht" (Riggs 1966).

> **Beispiel | Wasserwerke in „Ruritanien"**
>
> In seinem Buch „Weit hergeholte Fakten" berichtet der Ethnologe Richard Rottenburg vom Versuch die Wasserwerke in einem fiktiven Land namens Ruritanien zu reformieren (der Name ist erfunden, doch die Schilderung beruht auf Forschung in einem afrikanischen Land). Die Wasserwerke liefern zwar Wasser an die Haushalte, aber er gelingt ihnen nicht, dies profitabel zu tun. Die im Rahmen eines Projekts der Entwicklungszusammenarbeit tätigen Berater müssen feststellen, dass die ruritanische Verwaltung dem Muster des „Formalismus" folgt: Es gibt ein Regelwerk, Kompetenzen und Stellen, aber all dies hat wenig Bedeutung für die tägliche Arbeit. So können die zuständigen Stellen oft keine Entscheidungen treffen, weil ihnen das Sachwissen fehlt: „Kompetenz, Macht und Entscheidungsbefugnis sind in ruritanischen Bürokratien so verteilt, dass diejenigen, die formal zuständig sind, weder das Sachwissen noch die Entscheidungsbefugnis haben. Auf übergeordneten Ebenen findet man zwar die nötige Sachkompetenz, doch hier darf ebenfalls noch nicht entschieden werden. Dort wo schließlich entschieden werden kann, fehlt indes das nötige Sachwissen" (Rottenburg 2002, S. 138). Das führt dazu, dass grundlegende Instrumente der Verwaltung nicht vorausgesetzt werden können. So erweisen sich Kundenlisten als unbrauchbar, wenn sie überhaupt auffindbar sind – zum Beispiel, weil ohne Hausnummern keine eindeutige Adressierung möglich ist. Diese Unzulänglichkeit der Listen korreliert mit einer allgemeinen Kultur der Mündlichkeit, die in scharfem Gegensatz steht zur üblichen „Aktenmäßigkeit der Verwaltung" (Weber 1972, S. 126). Schriftliche Unterlagen gibt es zwar, aber diese nimmt niemand ernst: „Wer etwas wissen möchte und zu dem Zweck in den Papieren blättert, demonstriert nur seine Naivität" (Rottenburg 2002, S. 175). Die Verwaltung „Ruritaniens" ist in dieser Hinsicht ein typisches Beispiel dafür, dass die offiziellen Regeln nur wenig darüber aussagen, ob und wie eine Verwaltung tatsächlich funktioniert.
> Quelle: Richard Rottenburg (2002): Weit hergeholte Fakten. Eine Parabel der Entwicklungshilfe. Stuttgart: Lucius & Lucius.

Doch wozu dieser Aufwand, wenn den Beteiligten ohnehin klar ist, dass man den offiziellen Versprechen nicht vertrauen kann? Weshalb bemüht man sich dann überhaupt, die Fassade einer funktionierenden Verwaltung aufrechtzuerhalten? Man muss vermuten, dass dies keineswegs überflüssig ist, sondern eine soziale Funktion hat: Formalismus erlaubt es, zwei unterschiedlichen Bezugsgruppen gerecht zu werden: zum einen den externen Beobachtern, die Modernität erwarten, und zum anderen den lokalen Bezugsgruppen, die mit Universalismus und starren Regeln wenig anfangen können. Die öffentliche Verwaltung sieht sich mit einer widersprüchlichen Umwelt konfrontiert, die einerseits Modernität und andererseits Rücksicht auf traditionelle Loyalitäten erwartet. Die Antwort darauf ist eine „Entkopplung" (*decoupling*) der Formalstruktur von der tatsächlichen Organisationspraxis (Meyer et al. 2005). Auf diese Weise sichert man sich sowohl die Zustimmung jener Teile des Publikums, die sich mit der offiziellen Beschreibung identifizieren, als auch die Unterstützung jener, die mehr an den informellen Möglichkeiten und Leistungen interessiert sind.

Auch die Beziehungen zwischen Politik und Verwaltung weichen in vielen Ländern von dem ab, was die prinzipielle Trennung der beiden Bereiche erwarten ließe. Die politische Neutralität und Unabhängigkeit der Verwaltung gilt als eine wichtige Errungenschaft der modernen Politik. Sie stellt sicher, dass die Verwaltung bei einem Wechsel der politischen Führung weiterarbeiten kann, auch wenn sie nun ganz andere politische Programme umzusetzen hat. Doch dies gilt nicht überall: In den Vereinigten Staaten zum Beispiel war es lange Zeit üblich, nach einer Präsidentenwahl praktisch alle Stellen in der staatlichen Verwaltung neu zu vergeben – von der Generalstaatsanwältin bis zum Postboten. Da dieses Vorgehen mit einer rationalen und kontinuierlichen, auf Fachwissen beruhenden Verwaltung schwer vereinbar schien, war sie für Max Weber der Inbegriff einer „Dilettantenverwaltung durch Beutepolitiker" (Weber 1971, S. 517). Wenn auch nicht in diesem Ausmaß, so werden doch in vielen Ländern nach wie vor Verwaltungsstellen nach politischen Kriterien besetzt. Karrieren in der öffentlichen Verwaltung hängen dann ab von fluktuierenden politischen Mehrheitsverhältnissen.

Insbesondere in Ländern des Globalen Südens ist die politische Ernennung und Entlassung von Beamten häufig zu beobachten. Die Stellen dienen nicht nur als Hebel, um eigene politische Ziele umzusetzen, sondern als Ressourcen, um Loyalität zu belohnen und Weggefährten abzusichern. Wenn über eine Ernennung nicht die fachliche Qualifikation, sondern die politische oder persönliche Loyalität entscheidet, spricht man von *„Patronage"* (Scott 1969, S. 1151). Es handelt sich um eine Abweichung vom Idealtypus einer „rationalen" Bürokratie, insofern öffentliche Verwaltungsposten nach (partei-)politischen Kriterien vergeben werden. Doch unter bestimmten Bedingungen ermöglicht sie erst, dass bestimmte Formen von Politik sich entfalten können. So kann Patronage dazu beitragen, dass sich politische Parteien formieren und stabilisieren können, und damit die Aggregation von Interessen unterstützen. Sie ist darüber hinaus ein Mittel, um die Verwaltung zu kontrollieren und die Umsetzung politischer Ziele sicherzustellen. Patronage kann also die Handlungs- und Steuerungskapazität der Politik erhöhen. Insbesondere dort, wo materielle Ressourcen knapp sind, können die engen Beziehungen zwischen Verwaltung und Politik von Nutzen sein.

10. Variationen und Komplikationen moderner Politik

> **Beispiel | Vernetzte Verwaltung in Brasilien**
>
> In Brasilien ist die Besetzung von Verwaltungspositionen nach politischen Präferenzen vor allem auf kommunaler Ebene üblich, zum Beispiel bei Schuldirektoren: Sie werden oft von der Lokalpolitik ernannt, und die Qualität der Schulen wird mithilfe standardisierter Tests regelmäßig geprüft und dokumentiert. Wenn die These zutrifft, dass Beziehungen zwischen Politik und Verwaltung einen Unterschied machen, müsste sich dies insbesondere beim Wechsel politischer Mehrheiten zeigen: Politisch ernannte Schulleiter verlieren ihre Verbindungen zur örtlichen Regierung, wenn die Bürgermeisterin, die sie ernannt hat, abgewählt wird. Doch eine empirische Studie von Toral (2024) zeigt, dass sich die Qualität dieser Schulen im Vergleich zu Schulen mit einer nicht politisch ernannten Leitung verschlechtert. Dass der Wegfall von Patronagebeziehungen negative Konsequenzen hat, deutet darauf hin, dass sie nützlich sind, um die Aufgaben der Schulleitung effektiv zu erledigen. Patronage führt aber außerdem dazu, dass die Schulleitung unter genauerer Beobachtung steht: Nur für politisch bestellte Schulleiter macht es nämlich einen Unterschied, ob ihre Schulen besonders sichtbare Erfolge verzeichnen können. Die Wahrscheinlichkeit, dass sie abgesetzt werden, ist dann geringer. Im Gegensatz dazu hat das gute Abschneiden unabhängiger Schulleiter keinen Einfluss auf ihren Verbleib. Eine politische Ernennung befreit also gerade nicht davon, Leistung zu erbringen.
>
> Diese Ergebnisse bestätigen die These, dass die *„upward embeddedness"* der Verwaltung, ihre Einbindung in persönliche Beziehungen mit der Politik, in beide Richtungen von Nutzen ist: Sie stellt der Verwaltung Ressourcen zur Verfügung und erlaubt der Politik mehr Kontrolle. Dies hilft insbesondere in Fällen, in denen Materialien, Finanzmittel und Legitimität knapp sind: Die Alternative zu einer politisch abhängigen, aber dadurch gut eingebundenen Verwaltung ist unter diesen Bedingungen nämlich nicht eine autonome und rationale Verwaltung, sondern eine handlungsunfähige. Vorausgesetzt werden muss allerdings, dass die Politik tatsächlich ein Interesse an guten Ergebnissen hat – zum Beispiel, weil sie damit bei Wahlen punkten kann oder im internationalen Vergleich einen gefälligen Eindruck machen möchte.
>
> Quelle: Guillermo Toral (2024): How patronage delivers. Political appointments, bureaucratic accountability, and service delivery in Brazil. In: American Journal of Political Science 68 (2), S. 797–815. https://doi.org/10.1111/ajps.12758.

Inklusion und Klientelismus

In den Bereich der informellen Strukturen fällt auch ein Phänomen, das mit dem Verhältnis von Politik und Publikum zu tun hat, der sogenannte „Klientelismus" (Kusche 2016; Stokes 2013). Er bedeutet eine Abweichung von dem in Kapitel 5 diskutierten Modell einer zugleich universalistischen und individuellen Inklusion, die allen Bürgerinnen und Bürgern über die Wählerrolle einen direkten Zugang zur Politik eröffnet. Demgegenüber beobachten wir in vielen Ländern, dass politische Inklusion eher indirekt, über Netzwerke und persönliche Beziehungen funktioniert. Diese Netzwerke haben in der Regel die Form einer *Patron-Klienten-Beziehung*. Dies ist zum Beispiel in agrarischen Gesellschaften eine sehr wichtige Form der sozialen Beziehung, die gegenseitige Verpflichtungen mit Ungleichheit kombiniert: Individuen, die Ressourcen und Vorteile anhäufen, werden zu Patronen, die ihren Klienten Schutz und Gefälligkeiten bieten können. Im Gegenzug erhalten sie Anerkennung und Folgebereitschaft. Solche klientelistischen Strukturen sind auch für politische Eliten interessant, insofern sie Mobilisierungschancen eröffnen. Die Klienten, mit denen man persönliche Beziehungen des Tausches von Vergünstigungen unterhält, sind nicht zuletzt auch mögliche Wähler oder Unterstützer. Das heißt für den Patron allerdings, dass er – anders als im Fall einer Komplementarität von Publikums- und Leistungsrollen – dem Klienten auch zu Gegenleistungen verpflichtet ist.

> **Beispiel | Persönliche Beziehungen und politische Inklusion in Südindien**
>
> In der südindischen Stadt Bengaluru (Bangalore), so zeigen Heller et al. (2023), spielen persönliche Beziehungen eine große Rolle beim Umgang mit der öffentlichen Verwaltung im Bereich grundlegender Dienstleistungen, wie Wasser- und Elektrizitätsversorgung, Straßenbau und Ausweiswesen. In Indien ist es üblich, in wichtigen Angelegenheiten Mittelsmänner und „*Broker*" einzuschalten, um Einfluss auf Entscheidungen zu nehmen. Der Erfolg von Anträgen und Eingebungen hängt trotz formal universalistischer Normen von persönlichen Beziehungen und auch von der sozioökonomischen Position ab. In Bengalura beträgt der Anteil der über einen Broker vermittelten Kontakte insgesamt rund ein Drittel, und diese sind im Durchschnitt erfolgreicher als die direkten Kontakte. Der sozioökonomische Status führt jedoch nicht direkt, sondern nur vermittelt über die persönlichen Beziehungen zu mehr Erfolgen bei der Durchsetzung der eigenen Anliegen. Wer reich ist, kann seine partikularistischen Beziehungen zu Offiziellen einsetzen, um seine Erfolgschancen zu erhöhen. Doch auch die weniger Privilegierten nutzen Vermittler und Schmiergeldzahlungen. Hierfür können sie selten auf gut vernetzte Freunde und Bekannte zurückgreifen, aber auf Kontakte, die sich aus politischem und zivilgesellschaftlichem Engagement ergeben. Trotz großer Ungleichheit sind die Nichtprivilegierten in Indien politisch inkludiert, weil Parteien und politische Persönlichkeiten sich für ihre Anliegen einsetzen und Vermittlungsarbeit leisten. Wer sich politisch engagiert, muss folglich nicht auf die politische Umsetzung seiner Forderungen warten, sondern hat aufgrund der dadurch erworbenen Kontakte einen zusätzlichen, wenn auch indirekten Draht zur Verwaltung, um seinen Anliegen dort Nachdruck zu verleihen.
> Quelle: Patrick Heller, Siddharth Swaminathan, Ashutosh Varshney (2023): The rich have peers, the poor have patrons: Engaging the state in a South Indian city. In: American Journal of Sociology 129 (1), S. 76–122. https://doi.org/10.1086/7 25592.

Ein klientelistisches System setzt voraus, dass über tauschrelevante Ressourcen, wie zum Beispiel Ämter und Subventionen, nach Maßgabe persönlicher Interessen des Patrons entschieden werden kann. Dies bezeichnet man auch als „Neopatrimonialismus": In patrimonialen Systemen ist der Verwaltungsstab dem „Herrn" persönlich verpflichtet und damit von seiner Gunst abhängig (Weber 1972, S. 131). Das „Neue" des Neopatrimonialismus liegt darin, dass dieses traditionale Herrschaftsmuster in moderne Kontexte übertragen wird (Eisenstadt 1973). Es gibt zwar eine bürokratische Verwaltung und auch politische Wahlen, aber diese liefern lediglich die Spielräume und Ressourcen für klientelistische Netzwerke. Nicht rationale Planung oder politische Programme bestimmen die politische Entscheidung, sondern die Frage, welche Klienten von Bedeutung sind und mit welchen Vergünstigungen sie bedient werden müssen. Was als Missbrauch von Ämtern, also als Korruption erscheinen mag, ist aber auch in diesem Fall häufig gedeckt von gesellschaftlichen Normen und Erwartungen. Man würde diese enttäuschen und in diesem Sinne „falsch" handeln, wenn man auf den Buchstaben des Gesetzes oder den formalen Rollpflichten beharrte. Legitim ist vielmehr, die Ressourcen der Verwaltung und anderer Organisationen in den Dienst klientelistischer Netzwerke zu stellen.

> **Beispiel | Klientelismus in Mali**
>
> Die Situation im Mali der 1990er-Jahre, die Hanke (1999) schildert, entspricht dem Bild einer Politik, die fest im Griff klientelistischer Strukturen ist. Bei Wahlen spielen Parteiprogramme praktisch keine Rolle. Es zählen nur Personen mit ihren Klientennetzwerken. Die Patrone müssen ihre Klienten durch Versprechungen und Vergünstigungen bei Laune halten. Umgekehrt orientieren sich politische Loyalitäten an den so erreichbaren Vorteilen – und sind entsprechend mobil. Es werden ständig Anhänger des politischen Gegners abgeworben, und dem Wechsel stehen scheinbar keine programmatischen Hindernisse entgegen. Das heißt, die Parteien sind mehr oder weniger mobile Netzwerke und keine sachlich orientierten, durch Parteiprogramme sortierten Organisationen. Diese Netzwerke kolonisieren die Verwaltungsbürokratie und damit den Staat, der sozusagen zur Beute der klientelistischen Strukturen wird. Der Klientelismus genießt Legitimität, obwohl der Widerspruch zu offiziellen Normen offensichtlich ist. Es gilt das Motto: „Wenn Du nicht den Staat bestiehlst, bestiehlst Du Deine Familie" (S. 285).
> Quelle: Stefanie Hanke (1999): Klientelismus als System. Die Reproduktion klientelistischer Netzwerke im Demokratisierungsprozess in Mali. In: Hans-Joachim Lauth und Ulrike Liebert (Hg.): Im Schatten demokratischer Legitimität. Informelle Institutionen und politische Partizipation im interkulturellen Demokratievergleich. Opladen: Westdeutscher Verlag, S. 277–293.

Gestützt auf die allgemeine Verpflichtung, sich gegenseitig zu helfen, kann der Klientelismus sich an die Stelle der offiziellen Kanäle für politischen Einfluss setzen. Das klientelistische Netzwerk ist überall, denn mit Gefälligkeiten und Unterstützung können Verwandte, Nachbarn, Parteikameraden oder Freunde rechnen – und auch alle, die von ihnen „geschickt" werden (Olivier de Sardan 1999, S. 40). Die Allgegenwart des Klientelismus ist jedoch nicht etwa als Zeichen moralischer Verfehlungen von Interesse. Sie deutet vielmehr darauf hin, dass klientelistische Netzwerke gesellschaftliche Funktionen haben. Lemarchand (1972) zum Beispiel argumentiert, dass der politische Klientelismus „integrativ" wirke, indem er die Inklusion unterschiedlicher Ethnien und periphere Gruppen fördere. Im Gegensatz zu einem rein auf die Familie bezogenen, eng begrenzten Partikularismus ist die Logik des Klientelismus mit einer Ausweitung des Mitgliederkreises durchaus kompatibel. In Ländern, in denen eine direkte Inklusion des politischen Publikums ansonsten wohl ausbleiben würde, sorgt der Klientelismus dafür, dass auf diesem indirekten Weg größere Teile der Bevölkerung in den politischen Entscheidungsprozess einbezogen werden können.

„Versäulung" und Polarisierung

Die Formierung politischer Parteien ist, wie wir gesehen haben, eine Folge gesellschaftlicher Konflikte. Die Bündelung und Verallgemeinerung von Positionen in Parteiprogrammen und ihre Sortierung nach genuin politischen Kriterien wie „rechts" und „links" führt zu politischen Konfliktlinien, die sich nicht mehr 1:1 mit gesellschaftlichen Gruppen zur Deckung bringen lassen. Wer in einer Frage der einen Partei zustimmt, mag dieser in einer anderen Frage widersprechen. Die Konfliktfronten zwischen konkreten Gruppen und Personen verlaufen je nach Thema unterschiedlich: Der politische Gegner von heute kann morgen ein möglicher Verbündeter sein. Und selbst wenn sich politische Konfliktlinien so zuspitzen und verhärten, dass sich die Lager polarisiert gegenüberstehen, beschränkt sich diese Polarisierung auf den Bereich des Politischen: Sie schließt nicht aus, dasselbe Lokal aufzusuchen oder demselben Fußballverein zuzujubeln. Wer Bekannte und Freunde so wählt, dass ihre Einstellungen zu den eigenen passen, erspart sich zwar den einen oder anderen Streit. Die Vielfalt der Interessen und Beschäftigungen bringt es allerdings mit sich, dass man mit niemandem in jeder Hinsicht einer Meinung sein wird: Mit dem einen teilt man die Vorliebe für klassische Musik, aber nicht die Begeisterung für die katholische Kirche; mit der anderen trifft man sich im Atheismus, findet sich aber an Bundesligaspieltagen in getrennten Fanlagern wieder. Wer auf die gemeinsamen Interessen nicht verzichten möchte, lernt deshalb, Differenzen in anderen Hinsichten in Kauf zu nehmen. Die Konfliktbereitschaft, zum Beispiel aufgrund einer politischen Meinungsverschiedenheit, wird auf diese Weise gezügelt, weil sie andere, durchaus geschätzte Aspekte der Beziehung gefährden würde. In einer Gesellschaft mit pluralistischen Interessen und Orientierungen sind die einzelnen Gruppen deshalb durch querstehende Loyalitäten, sogenannte *crosscutting affiliations* (Lipset 1960, 88f.), die ihre Mitglieder zu anderen Gruppen haben, miteinander verwoben.

Politische Konflikte sind in diesem Sinne gegenüber anderen gesellschaftlichen Konfliktfronten ausdifferenziert. Dies ist aber nicht der Fall, wenn die Gesellschaft als Ganze entlang klarer Konfliktlinien in einzelne Gruppen zerfällt, die sich in allen wichtigen Fragen als Gegner gegenüberstehen. Verantwortlich hierfür können insbesondere religiöse und ethnische Unterschiede sein. Wenn es für jede Frage der Politik und auch für Lebensstil und Freizeit eine Rolle spielt, welcher Religion oder ethnischen Gruppe man angehört, dann entstehen kompakte Konfliktfronten, die nicht mehr durch querstehende Loyalitäten gedämpft werden. Wenn es nicht nur unter politischen Gesichtspunkten einen Unterschied macht, ob jemand katholisch oder protestantisch ist, sondern auch für Intimbeziehungen und Geschäftskontakte, dann lassen sich die politischen Themen nicht von den gesellschaftlichen Konflikten trennen. Jede politische Entscheidung wird dann zugleich eine Entscheidung für oder gegen eine bestimmte gesellschaftliche Gruppe. Eine solche Segmentierung der Gesellschaft in wechselseitig exklusive Gruppen bezeichnet man als „Versäulung".

Versäulung vermindert die Fähigkeit der Politik, Konflikte zu thematisieren und auszutragen. In allen Sachfragen stehen sich sowieso dieselben Gruppen als Gegner gegenüber. Dies ist vor allem bei ethnischen Differenzen häufig der Fall. Die politische Wahl verliert damit ihre Funktion, gesellschaftliche Konflikte zu entscheiden. Sie informiert eigentlich nicht mehr über Wahlentscheidungen, sondern über Zugehörigkeiten, ähnelt also eher einer Volkszählung bzw. könnte durch sie ersetzt werden (Horowitz 2000, S. 86). Wenn eine Gruppe die Mehrheit der Bevölkerung stellt und es ihr gelingt, ihre Mitglieder zuverlässig zu mobilisieren, kann sie einen Machtwechsel dauerhaft ausschließen. Für die Minderheit bedeutet dies, dass sie keine Aussichten darauf hat, ihre Interessen im Rahmen der politischen Verfahren durchzusetzen. Als Ausweg bleibt nur der gewaltsame Konflikt. Im günstigsten Fall entsteht – wie in den Niederlanden – ein Arrangement wechselseitiger Toleranz oder Indifferenz. Dies setzt voraus, dass keine Gruppe versucht, das politische System zu dominieren.

Beispiel	„Verzuiling" in den Niederlanden

Die Niederlande waren bis in die 1960er-Jahre geprägt von einer *„Verzuiling"* (Versäulung) der Gesellschaft, da sich drei Gruppen oder „Säulen" – einer protestantischen, einer katholischen und einer neutralen – in beinahe allen Belangen voneinander segregiert hatten. Manche Beschreibungen unterscheiden diese noch von einer weiteren, sozialistischen Säule. Jede dieser Säulen, am stärksten die beiden konfessionellen, umfasste ein umfangreiches Netzwerk von Organisationen, die ein Leben innerhalb des eigenen Milieus erlaubten. Es gab also nicht nur Parteien, sondern auch Zeitungen, Gewerkschaften, Wirtschafts- und Freizeitorganisationen, die in einer der Säulen verortet waren. Dadurch hatte jede Säule die Möglichkeit, sich mehr oder weniger komplett von den anderen Säulen zu separieren. Die Formel dafür war: „Souverän im eigenen Milieu". Das bedeutete, dass ein katholischer Junge oder ein katholisches Mädchen eine katholische Schule besuchte und Mitglied eines katholischen Sportvereins wurde. Dort fand er oder sie einen Heiratspartner aus dem eigenen Milieu. Gemeinsam hörten sie den katholischen Radiosender und lasen eine katholische Zeitung (im Fernsehen gab es jedoch zunächst nur einen Sender), schlossen sich einer katholischen Gewerkschaft an – und wählten, natürlich, die „Römisch-Katholische Staatspartei". Bei entsprechendem Interesse verfolgte man in der katholischen Säule die Fußballspiele der „Hoofdklasse" – aber nur die Sonntagsspiele, denn am Samstag spielten die protestantischen Vereine. Unter diesen Bedingungen ging es in der Politik nur noch darum, eine Koexistenz der Gruppen zu ermöglichen, nicht um die Austragung und Entscheidung von Konflikten. Erst unter dem Eindruck einer universalistischen Reformbewegung und des Zusammenschlusses vormals segregierter Parteien und Gewerkschaften kam es in den 1970er-Jahren zu einer „Entsäulung" der niederländischen Gesellschaft.
Quelle: Arend Lijphart (1975): The Politics of Accommodation: Pluralism and Democracy in the Netherlands. 2. Aufl. Berkeley, CA: University of California Press.

Die institutionalisierte Versäulung in den Niederlanden war umstritten, weil sie die Segregation konfessioneller und weltanschaulicher Milieus akzeptierte. Es könnte aber sein, dass dies der Preis für eine friedliche Lösung politischer Konflikte in einer Situation ist, in der sich einzelne gesellschaftliche Gruppen unversöhnlich gegenüberstehen. In diesem Sinne argumentierte Lijphart (1975), dass die Versäulung eine friedliche Koexistenz und Zusammenarbeit der unterschiedlichen Gruppen ermöglichte, insofern die politischen Eliten in zentralen Streitfragen zu dauerhaften Kompromissen bereit waren. Im weiteren Verlauf sank die Bedeutung der Versäulung durch die Kombination unterschiedlicher Faktoren wie Urbanisierung, Schicht- und Milieugrenzen unterlaufende Massenmedien und die Entstehung weltanschaulich geprägter „*catch-all*"-Parteien (Kaube und Kieserling 2022, Kap. 2).

Auch anderswo waren und sind entsprechende Phänomene keineswegs unbekannt, so zum Beispiel im ebenfalls konfessionell polarisierten Belgien, in Bosnien und Herzegowina sowie in Ländern des Globalen Südens (Hellemans 2020). In den letzten Jahren ist vor allem in den Vereinigten Staaten von Amerika, aber beispielsweise auch in Deutschland, immer häufiger von einer „Spaltung der Gesellschaft" die Rede. Oft sind die Anzeichen einer Spaltung allerdings wenig überzeugend, zum Beispiel, wenn entweder ökonomische Ungleichheiten oder politische Lagerbildungen angeführt werden. Doch eine Spaltung setzt eine ähnlich weitreichende Segregation zwischen Teilen der Gesellschaft wie eine Versäulung voraus. Unterschiede reichen nicht, auch wenn sie klar abgegrenzte Gruppen markieren – zum Beispiel Frauen und Männer oder Junge und Alte. Problematisch werden derartige Unterschiede erst dann, wenn sie Kontaktchancen und -hindernisse definieren.

Von einer „Spaltung" wäre zu sprechen, wenn Frauen nicht mit Männern reden und Hundeliebhaberinnen keine Katzenfreunde in der eigenen Familie dulden würden. Während derartige Entwicklungen unrealistisch sein dürften, können politische Präferenzen durchaus mit einer Sortierung in entsprechende Gruppen einhergehen. Mit Blick auf die parteipolitische Identität lässt sich eine solche Entwicklung in den USA beobachten. Dort hat sich der Meinungsstreit nicht nur zugespitzt, sondern von der Sach- auf die Beziehungsebene ausgeweitet. Als „*affektive Polarisierung*" (Iyengar et al. 2019) wird das Phänomen bezeichnet, dass man dem politischen Gegner nicht nur ablehnend, sondern feindselig gegenübersteht. Ein Indikator dafür ist die Antipathie gegen politische Gegner („*out-party hate*"): Auf einem „Gefühlsthermometer", das die Einstellung zu anderen Gruppen auf einer Skala von 0 bis 100 Grad misst, hat sich die Sympathie für die andere Seite in den Vereinigten Staaten in den letzten Jahrzehnten mehr als halbiert. Zudem hat in den letzten Jahren der Hass auf die anderen die Wertschätzung für die eigene Gruppe überholt: Weniger die Identifikation mit der eigenen Gruppe als vielmehr die Ablehnung der anderen bestimmt die politische Identität und das Wahlverhalten (Finkel et al. 2020). Während sich in den Vereinigten Staaten – und auch in einigen anderen Ländern – die Anzeichen dafür mehren, dass die Anhängerinnen und Anhänger der beiden großen Parteien auch in nichtpolitischen Zusammenhängen den Kontakt meiden, bleibt die empirische Evidenz für eine derart polarisierte Bevölkerung in Deutschland bislang schwach (Mau 2022; Westheuser 2022). Die Mehrheit vertritt in zentralen politischen Streitfragen eher gemäßigte Positionen, und vor diesem Hintergrund dürfte es die Ausnahme sein, dass Meinungsunterschiede den Abbruch sozialer Kontakte begründen. Solange man trotz gravierender Meinungsverschiedenheiten im gleichen Sportverein aktiv sein und sogar in einer Ehegemeinschaft leben kann, ist es noch ein weiter Weg bis zur Spaltung der Gesellschaft.

10.3 Populistische Bewegungen und Parteien

Eine weitere Komplikation politischer Integration stellen populistische Bewegungen und Parteien dar. Sie sind einerseits ein Ausdruck demokratischer Partizipation, insofern sie – ähnlich wie andere soziale Bewegungen – wahrgenommene Missstände und Probleme thematisieren, die ihrer Meinung nach vom politischen System nicht ausreichend bearbeitet werden. Andererseits formulieren populistische Strömungen ihre Anliegen und ihre Kritik nicht im Sinne einer Opposition *innerhalb* des politischen Systems, sondern *gegen* dessen Strukturen. Institutionalisierte Verfahren und die interne Differenzierung des politischen Systems werden infrage gestellt, indem das Publikum gegen diese in Stellung gebracht wird. Der Populismus tritt mit dem Anspruch auf, das „wahre Volk" gegen eine als korrupt wahrgenommene Elite zu repräsentieren (Müller 2019). Dies läuft sowohl der Trennung von Publikums- und Leistungsrollen als auch dem Pluralismus des Publikums zuwider. Die sparsame oder „dünne" Ideologie, die den meisten populistischen Bewegungen zugrunde liegt, zeichnet sich vor allem durch diese Anti-Establishment-Haltung und „Volkszentriertheit" aus (Mudde 2004; Lewandowsky 2022). Die *vertikale* Opposition zwischen Volk und Elite wird ergänzt durch eine *horizontale* zwischen Volk und externen Gruppen, wie zum Beispiel Migranten, die als Bedrohung für die Identität und Kohäsion der Nation dargestellt werden (Brubaker 2017). Während der „generische" Populismus sich vor allem gegen politische Eliten richtet, plädiert die „protektionistische" Variante für eine Abschottung gegen ökonomischen Wettbewerb und Einwanderung.

Als Ursachen für die Entstehung und den Erfolg populistischer Bewegungen und Parteien werden sowohl ökonomische als auch kulturelle Faktoren diskutiert. Einerseits wird, teilweise auch von den populistischen Protagonisten selbst, auf die Auswirkungen der Globalisierung und auf Finanz- und Wirtschaftskrisen verwiesen (Manow 2018). Andererseits dienen kulturelle Entwicklungen, wie zum Beispiel Wertewandel und Multikulturalismus, als Anregungen für Szenarien, die eine Bedrohung oder gar die Abschaffung des als homogen dargestellten Volkes an die Wand malen (Müller 2016). Während einzelne dieser Themen auch von anderen Parteien und Bewegungen thematisiert werden, destilliert der Populismus sie zur Diagnose einer umfassenden und tiefliegenden Krise, die von den etablierten Parteien nicht gelöst werden kann. Daraus wird der Anspruch abgeleitet, eine Lösung nicht innerhalb, sondern jenseits der institutionalisierten Entscheidungsprozesse von Parlamenten und Regierungen zu suchen. Obwohl sich populistische Parteien in vielen Ländern (und mancherorts sehr erfolgreich) an Wahlen beteiligen, ist eine Distanzierung von demokratischen Verfahren und Institutionen ein wichtiger Teil ihrer Selbstdarstellung. Wo sie an Regierungen beteiligt sind, werden zentrale Einrichtungen der repräsentativen Demokratie und des Rechtsstaats regelmäßig delegitimiert oder instrumentalisiert, beispielsweise durch Eingriffe in die Unabhängigkeit der Justiz. Die Herausforderung des Populismus liegt darin, dass er gewissermaßen ein Folgeproblem von demokratischen, auf Inklusion des Publikums beruhenden politischen Strukturen ist. Insofern er den Anspruch einer Repräsentation des Publikums in Form des „Volkes" radikalisiert, stellt er jene Verfahren und Differenzierungsprozesse, die eine Inklusion des Publikums gewährleisten sollen, nachhaltig infrage.

10.4 Zusammenfassung

Die Vielfalt gesellschaftlicher Rahmenbedingungen führt zu einer großen Varianz der Formen, in denen Politik praktiziert und institutionalisiert wird. Auch und gerade, wenn Politik sich offiziell an rechtsstaatlichen und demokratischen Prinzipien orientiert, ist angesichts der beträchtlichen Voraussetzungen mit Abweichungen zu rechnen. Die „Versäulung" der gesellschaftlichen Verhältnisse ist ein Beispiel dafür, dass Parteien lediglich Ausdruck gesellschaftlicher Segregation sein können und dann keinen eigenständigen Beitrag zur Lösung von Konflikten erbringen. Man weiß in einer solchen Situation immer schon, für wen man zu entscheiden hat. Insofern bietet die Parteienlandschaft kaum neue Informationen, weil man sie aus den sozialen Konfliktlinien ableiten kann. Eine andere Form der Schwächung von Parteipolitik stellt der Klientelismus dar. Hier wird jedoch der Kontakt mit dem Publikum über klientelistische Beziehungen vermittelt, die Unterstützung nur im direkten Tausch gegen Ressourcen und Vergünstigung liefern. Das heißt, dass Politik nicht unabhängig von diesen konkreten Interessen möglich ist, sondern in lokale und entsprechend spezifische Interessen verwickelt bleibt. Im Fall der öffentlichen Verwaltung besteht ein Problem politischer Modernisierung im Formalismus: Die Erarbeitung und Durchsetzung von Entscheidungen im Rahmen politischer Programme ist nicht möglich, weil einerseits Ressourcen fehlen und andererseits der Universalismus von Verwaltungsentscheidungen gesellschaftlich nicht akzeptiert ist. Um sowohl den Ansprüchen an moderne Verwaltungsarbeit als auch den Erwartungen des Publikums gerecht zu werden, wird zwischen der Fassade und der tatsächlichen, informellen Praxis unterschieden. Man kann und muss diese Phänomene in gewisser Hinsicht als Defizite verstehen. Wenn Publikumsrollen nicht getrennt werden, erzeugt das beispielsweise das Problem, dass die Politik in Tauschbeziehungen verwickelt bleibt. Und wenn die Verwaltung sich nicht an die eigenen Regeln hält, wird ihre Entscheidungspraxis schwer nachvollziehbar. Dennoch handelt es sich um Problemlösungen, in gewisser Weise also auch um Alternativen zum üblichen Modell. Politik muss sich mit der gesellschaftlichen Umwelt arrangieren, und Abweichungen können durchaus den Sinn haben, kollektiv bindende Entscheidungen überhaupt zu ermöglichen.

Eine Konvergenz in Richtung *eines* politischen Modells, wie sie die frühe Modernisierungstheorie erwartet hatte, ist bisher nicht eingetreten und wohl auch nicht zu erwarten. Wir beobachten zwar auf der Ebene der formalen Strukturen eine zunehmende weltweite Homogenität, vor allem eine weltweite Diffusion von Demokratie bzw. von politischen Systemen, die sich als solche bezeichnen. Aber die dahinterstehende Praxis weicht teilweise deutlich von diesem „offiziellen" Bild ab. Dies ist zu einem großen Teil den Folgeproblemen nachholender Modernisierung geschuldet: Anspruchsvolle Erwartungen an politische Partizipation und staatliche Leistungen verbreiten sich schnell, doch entsprechende Institutionen entstehen nicht mit derselben Geschwindigkeit. Die Lage politischer Systeme in vielen Ländern außerhalb Europas und insbesondere in Entwicklungsländern ist deshalb ambivalent: Sie müssen einerseits zügige Antworten auf wachsende Ansprüche finden und sich dabei an den „modernen" Vorbildern messen lassen, andererseits auf ihre unmittelbare soziale Umwelt und deren Legitimitätskriterien Rücksicht nehmen. Der Spagat zwischen unterschiedlichen und miteinander oft nicht vereinbaren Erwartungen führt zu Widersprüchen und Spannungen, die sich in den Strukturen des politischen Systems niederschlagen. Doch auch politische Systeme in westlichen Industrieländern sind mit Widersprüchen konfrontiert. Ein Beispiel hierfür ist die Konjunktur populistischer Bewegungen und Parteien, die im Namen demokratischer Repräsentation versuchen, das Publikum als homogenes „Volk" zu inszenieren und gegen die etablierte politische Ordnung in Stellung zu bringen.

Literaturempfehlungen

Huntington, Samuel P. (1968): Political Order in Changing Societies. New Haven, CT: Yale University Press.
Kesselman, Mark, Joel Krieger und William A. Joseph (2013): Introduction to Comparative Politics. Political Challenges and Changing Agendas. 6. Aufl. Boston: Wadsworth.
Lauth, Hans-Joachim, und Ulrike Liebert (Hg.) (1999): Im Schatten demokratischer Legitimität. Informelle Institutionen und politische Partizipation im interkulturellen Demokratievergleich. Opladen: Westdeutscher Verlag.
Lewandowsky, Marcel (2022): Populismus. Eine Einführung. Wiesbaden: Springer VS.
Lipset, Seymour M. (1960): Political Man. The Social Bases of Politics. New York: Doubleday.
Mau, Steffen, Linus Westheuser und Thomas Lux (2023): Triggerpunkte. Konsens und Konflikt in der Gegenwartsgesellschaft. Berlin: Suhrkamp.
Riggs, Fred W. (1964): Administration in Developing Countries. The Theory of Prismatic Society. Boston: Houghton Mifflin.
Wimmer, Hannes (2000): Die Modernisierung politischer Systeme. Staat – Parteien – Öffentlichkeit. Wien: Böhlau Verlag.

11. Politik in der Weltgesellschaft

Wenn von „Globalisierung" die Rede ist, geht es vor allem um die Ausweitung und Verdichtung *wirtschaftlicher* Beziehungen, also um den internationalen Handel und um die globale Organisation der Produktion durch multinationale Konzerne (vgl. Hirst und Thompson 1996; Dicken 1998). Die soziologische Globalisierungsforschung beschränkt sich jedoch nicht auf die Wirtschaft, sondern berücksichtigt auch andere Bereiche der Gesellschaft (Robertson 1992; Waters 1995). Sie betrachtet Globalisierung als einen multidimensionalen Prozess, der mehr oder weniger alle Teilbereiche der Gesellschaft betrifft. Lange Zeit kam die Politik bei diesen Überlegungen kaum in einer aktiven Rolle vor: Ihre globale Dimension wurde klassischerweise eher mit dem Attribut „international" beschrieben, das heißt primär unter dem Gesichtspunkt der Beziehungen zwischen Staaten (McGrew et al. 1992). Ob es darüber hinaus eine genuin „globale" Politik geben könnte, ist umstritten. Wenn man damit einen Weltstaat assoziiert, muss die Frage offensichtlich negativ beantwortet werden. Doch globale Politik erfordert nicht unbedingt eine einheitliche globale Organisation – genauso wenig wie die Weltwirtschaft. Die zumeist – und bis zu diesem Punkt auch in diesem Buch – nicht problematisierte Gleichsetzung von politischem System und Nationalstaat versperrt den Blick auf globale Politik. Nur wenn wir uns von dieser Prämisse lösen, können wir die Frage, wie global Politik ist oder sein kann, ernsthaft und produktiv stellen.

Auf der Suche nach der „Politik der Weltgesellschaft" (Albert 2002) erörtert dieses Kapitel die Beziehungen zwischen Politik und Globalisierung in drei Etappen: Im ersten Schritt geht es darum, den *Globalisierungsbegriff* zu präzisieren und von einem primär auf die ökonomische Dimension bezogenen Verständnis zu einem breiter gefassten zu gelangen; im zweiten Abschnitt werden drei Formen *politischer Globalisierung* erläutert: die Universalisierung des Nationalstaats, die Internationalisierung des Staatensystems und die Transnationalisierung politischer Prozesse, an denen staatliche wie nichtstaatliche Akteure beteiligt sind. Drittens schließlich soll geprüft werden, in welchem Sinne vor diesem Hintergrund von einem *weltpolitischen System* (und vielleicht sogar von einem Weltstaat) gesprochen werden kann.

11.1 Globalisierung

Der Globalisierungsbegriff, von dem wir im Folgenden ausgehen möchten, umfasst ökonomische Globalisierung als eine Dimension neben anderen. Einen guten und prägnanten Ausgangspunkt bieten Formeln wie „Aufheben der Entfernung" (Beck 1997, S. 44) oder „Intensivierung weltweiter sozialer Beziehungen" (Giddens 1995, S. 85). Es geht auf der einen Seite um die räumliche Ausweitung oder *„Extensivierung"*, zum anderen um die Verdichtung oder *„Intensivierung"* von Beziehungen. So verstanden lässt sich Globalisierung in den unterschiedlichsten Bereichen konstatieren: in der Wirtschaft ebenso wie im Tourismus, im Sport, in Kunst und Literatur, in Paarbeziehungen und Familien – und natürlich auch in der Politik.

11. Politik in der Weltgesellschaft

> **Begriff | Globalisierung heißt …**
>
> „Intensivierung weltweiter sozialer Beziehungen, durch die entfernte Orte in solcher Weise miteinander verbunden werden, dass Ereignisse am einen Ort durch Vorgänge geprägt werden, die sich an einem viele Kilometer entfernten Ort abspielen, und umgekehrt" (Giddens 1995, S. 85)
>
> „Transformation der räumlichen Organisation sozialer Beziehungen und Transaktionen – gemessen an ihrer Ausdehnung, Intensität, Geschwindigkeit und ihren Auswirkungen –, die zu transkontinentalen oder interregionalen Bewegungen und Netzwerken von Aktivitäten, Interaktionen und Machtbeziehungen führt" (Held et al. 1999, S. 16)

Periodisierung

Die nach wie vor lebhafte geführte sozialwissenschaftliche Debatte ist sich keineswegs einig, *was* Globalisierung ist – aber immerhin, *dass* sie existiert (Bartelson 2000: 180). Die Frage ist: seit wann? Auch wenn die Ausweitung und die Intensivierung sozialer Beziehungen erst vor relativ kurzer Zeit als Thema entdeckt wurden, sind sie natürlich kein Produkt der 1990er Jahre. Man kann auf der Suche nach dem Anfang sehr weit zurückgehen und bereits erste Handelskontakte und Völkerwanderungen als Indiz nehmen (Robertson 2003). Wenn man jedoch eher sporadische Kontakte ausklammert und auf systematische und dauerhafte Beziehungen abstellt, die eine wechselseitige Abhängigkeit konstituieren, dann beginnt die Globalisierungsgeschichte im 15. Jahrhundert. Es ist kein Zufall, dass dies zugleich der Zeitraum ist, der für viele Beobachter den Beginn der Moderne in Europa markiert. Die Verschiebung von Sinnhorizonten, vor allem in Politik, Wissenschaft und Religion, und zunehmende räumliche Mobilität gingen Hand in Hand. Die wesentlichen Elemente dieser *„take off"*-Phase der Globalisierung waren Handelsbeziehungen, Entdeckungsreisen und koloniale Expansion.

Diese frühe Globalisierung wurde im 18. und 19. Jahrhundert vertieft und beschleunigt, vor allem durch die Expansionstendenzen der modernen kapitalistischen Wirtschaft, die Intensivierung weltweiter politischer Kontrolle durch den Imperialismus und durch technische Entwicklungen: einerseits durch schnellere Transportmöglichkeiten, namentlich die Dampfschifffahrt, andererseits durch neue Kommunikationstechnologien wie die Telegraphie (Osterhammel 2009). Der letzte Punkt ist von großer Bedeutung: Die Telekommunikation erlaubte es, in Echtzeit mit weit entfernten Partnern zu kommunizieren. Die modernen Kommunikationsmittel koppelten sich damit ab vom physischen Transport (Lübbe 1996). Bis zur Erfindung der Telegraphie mussten Nachrichten, zum Beispiel in Briefform, physikalisch überbracht werden. Die „Dematerialisierung der Telekommunikation" (Wenzlhuemer 2013) machte dies überflüssig und war daher wesentlich dafür verantwortlich, dass sich Kommunikation (und damit Sozialität) vom Raum emanzipieren konnte. Registriert wurde dies bereits Ende des 19. Jahrhunderts mit dem Begriff des „Weltverkehrs", der den intensivierten weltweiten Austausch in Wirtschaft, Politik und auch im privaten Lebensbereich auf den Punkt brachte (Wirth 1906). Gleichzeitig boten die neuen Kommunikationstechnologien eine geeignete Infrastruktur für Projekte einer weltumspannenden politischen Herrschaft, wie sie beispielsweise vom *British Empire* und von anderen europäischen Kolonialmächten verfolgt wurden (Winseck und Pike 2007).

Im 20. und 21. Jahrhundert kommen jene Entwicklungen hinzu, die heute vor allem mit dem Begriff der Globalisierung in Verbindung gebracht werden. In wirtschaftlicher Hinsicht ist die stärkere wirtschaftliche Integration und Vernetzung über Finanzmärkte entscheidend: Es geht nicht mehr nur um Warenströme, sondern um Geldströme, die große Distanzen scheinbar mühelos überwinden. Eine analoge Entwicklung hin zur sofortigen Verfügbarkeit entfernter Ereignisse nehmen die Massenmedien, insbesondere das Fernsehen und später das Internet. Dadurch werden in den unterschiedlichsten Bereichen weit entfernte Ereignisse leichter verfolg- und erlebbar. Der Medienforscher Marshall McLuhan prägte schon in den 1970er-Jahren für diese neue Unmittelbarkeit den Begriff vom „globalen Dorf" (McLuhan 1964): Man kann mit beliebig weit entfernten Kontakten kommunizieren, ohne dass dies nennenswerte zusätzliche Zeit beanspruchen würde. Der Raum, so die These, verliert zunehmend an Bedeutung. Das „Schrumpfen des Globus" (Harvey 1989), das bereits mit der Beschleunigung der Transporttechnologien eingesetzt hatte, wird so weit vorangetrieben, dass räumliche Distanzen schließlich fast keine Rolle mehr zu spielen scheinen (Friedman 2005).

Denationalisierung und Transnationalisierung

An diesem Punkt zeigen sich erste Besonderheiten der Politik: Politische Macht hat trotz aller internationalen Kontakte zunächst einen spätestens an den nationalen Grenzen endenden Geltungsbereich. Sie lässt sich nicht so leicht konvertieren. Der Bürgermeister von Paderborn hat in São Paulo nicht mehr zu sagen als jeder andere Tourist. Je weniger sich andere gesellschaftliche Teilbereiche nach den Grenzen des Nationalstaats richten, desto mehr scheinen sie sich deshalb von der Politik zu unterscheiden. Globalisierung wäre demnach in erster Linie „Denationalisierung" (Beisheim et al. 1998): Soziale Beziehungen, die vormals national begrenzt waren, expandieren über die Grenzen des Nationalstaates hinaus. Mit Bezug auf die Wirtschaft hieße dies: Bis zu einem bestimmten Punkt gab es so etwas wie mehr oder weniger voneinander abgegrenzte Nationalökonomien. Doch die Wirtschaft hat sich denationalisiert, indem die Handels- und Produktionsnetzwerke zunehmend nationale Grenzen überschritten haben. In einem ähnlichen Sinne könnte man sich dies für andere Teilbereiche der Gesellschaft vorstellen, zum Beispiel für die Wissenschaft. Die Wahrheit wissenschaftlicher Aussagen endet nicht an Grenzen, ebenso wenig akademische Karrieren. Noch mehr gilt das für die Bereiche Kunst und Literatur, in denen es schon lange ein Bewusstsein für globale Zusammenhänge gab, wie z. B. der Begriff der Weltliteratur anzeigt.

Da die Expansion und Entgrenzung sozialer Beziehungen nicht zwangsläufig bedeutet, dass sich nationale Grenzen auflösen, spricht man häufiger von „Transnationalisierung" (Mau 2007): Wenn wir Produkte aus allen Teilen der Welt beziehen können und auch unsere privaten sozialen Beziehungen sich nicht auf den Nationalstaat beschränken, ist dies nicht unbedingt ein Zeichen der Auflösung staatlicher Grenzen, sondern lediglich einer gewissen, vielleicht steigenden Indifferenz ihnen gegenüber. Auch wenn es einen allgemeinen Transnationalisierungsprozess gibt, sind gesellschaftliche Bereiche in unterschiedlicher Weise transnationalisiert. So zeichnen sich Wirtschaft und Wissenschaft durch viele transnationale Kontakte aus, doch selbst innerhalb der Wissenschaft weisen einzelne Disziplinen einen unterschiedlichen Grad an Transnationalisierung auf. Misst man diesen an der Zahl internationaler Koautorschaften, stellt man beispielsweise fest, dass die Soziologie in Deutschland weniger transnationalisiert ist als die Chemie (Gerhards und Rössel 1999). Das heißt, es gibt bereichsspezifische Unterschiede, die sich zum Beispiel daraus ergeben, dass in dem einen Fach die Sprache eine größere Rolle spielt, in dem anderen die (leichter übersetzbaren) Formeln. Transnationalisierung heißt nicht, dass die ganze Welt in gleicher Weise für Kontakte infrage kommt. Bereits persönliche Beziehungen sind nicht beliebig über den Globus verteilt. Räumliche Nähe ist hier nach wie vor ein Kriterium (aber eben: kein Ausschlusskriterium). Und auch die Möglichkeiten sprachlicher Verständigung lenken persönliche Kontakte in bestimmte Bahnen: In Deutschland gibt es deshalb viele Kontakte in englischsprachige Länder und viele innerhalb Europas, aber deutlich weniger nach Afrika (Mau und Mewes 2007). Von Transnationalisierung kann man deshalb sprechen, um ein Missverständnis des Globalisierungsbegriffs zu vermeiden: dass Entgrenzung auch heißen müsste, dass alle mit allen und alles mit allem in Verbindung stünden.

Globale Interdependenz

Wir können diese kurze Geschichte der Globalisierung so zusammenfassen: Durch neue Technologien des Transports und der Kommunikation, die aus wirtschaftlichen und anderen Motiven vermehrt genutzt werden, entstehen neue „Netzwerke und Interaktionsräume" (Osterhammel und Petersson 2003, S. 20–24): Der Weltmarkt für Lebensmittel zum Beispiel macht die Reisproduzenten in Thailand und Vietnam zu Konkurrenten. Eine technische Erfindung in Südkorea, zum Beispiel in der Technologie moderner Smartphones, hat Auswirkungen in Kalifornien, wo sie vielleicht die Arbeitsplätze anderer Ingenieure gefährdet. Bereits im 19. Jahrhundert haben Marx und Engels diese primär auf wirtschaftliche Beziehungen gegründete *Interdependenz* als Folge des Kapitalismus beschrieben: Demnach jagt das „Bedürfnis nach einem stets ausgedehnteren Absatz für ihre Produkte" die Bourgeoisie „über die ganze Erdkugel" (Marx und Engels 1969b, S. 465). In der Folge wird „die ursprüngliche Abgeschlossenheit der einzelnen Nationalitäten" aufgehoben und „die Geschichte zur Weltgeschichte, so daß z.B., wenn in England eine Maschine erfunden wird, die in Indien und China zahllose Arbeiter außer Brot setzt und die ganze Existenzform dieser Reiche umwälzt, diese Erfindung zu einem weltgeschichtlichen Faktum wird" (Marx und Engels 1969a, S. 45–46).

Nicht nur in einem globalen Wirtschaftssystem können lokale Ereignisse in diesem Sinne „weltgeschichtliche" Qualität haben. Auch in anderen Gesellschaftsbereichen – man denke nur an die Religion oder an die Wissenschaft – entstehen neue globale Verflechtungen. Globalisierung ist ein *multidimensionaler* Prozess, der auch andere gesellschaftliche Bereiche betrifft und dort eigenständige Ursachen hat. Die Wissenschaft, die Massenmedien, die Religion oder auch der Sport sind gesellschaftliche Teilbereiche, die ebenso „global" sind wie die Wirtschaft, aber in durchaus unterschiedlicher Weise. So gibt es Weltreligionen (im Plural), deren Anhänger sich auf die ganze Welt verteilen – aber keineswegs gleichmäßig. Und im Bereich der Massenmedien existieren dezidiert globale Organisationen (wie z. B. CNN) neben nationalstaatlich orientierten (wie z. B. dem ZDF). Gemeinsam ist diesen unterschiedlichen Bereichen, dass sie auf politische Grenzen Rücksicht nehmen und sich daran orientieren können. Dies bedeutet aber nicht, dass sie in nationale Einzelteile zerfallen. Die Wissenschaft hört nicht an der Grenze Deutschlands auf, und auch die katholische Religion ist nicht deckungsgleich mit dem Gebiet des Vatikans, sondern auf (beinahe) der ganzen Welt vertreten. Globale Zusammenhänge zeigen sich auch dort, wo auf den ersten Blick nationale Unterschiede zu überwiegen scheinen. So gilt zum Beispiel für die Erziehung, dass bei aller Unterschiedlichkeit der Bildungssysteme ein in Deutschland erworbenes Zeugnis im Ausland nicht etwa wertlos ist – es muss nur übersetzt und anerkannt, gegebenenfalls in andere Kategorien überführt werden, ähnlich wie auch in der Wirtschaft eine Umrechnung zwischen verschiedenen Währungen bei Grenzübertritten nötig werden kann.

Die Wahrnehmung gestiegener Interdependenz kann ein Anlass sein für entsprechende politische und rechtliche Ordnungen. Früh formulierte diesen Zusammenhang Immanuel Kant in seiner Schrift *Zum Ewigen Frieden*: „Da es nun mit der unter den Völkern der Erde einmal durchgängig überhand genommenen [...] Gemeinschaft soweit gekommen ist, daß die Rechtsverletzung an *einem* Platz der Erde an *allen* gefühlt wird: so ist die Idee eines Weltbürgerrechts keine phantastische und überspannte Vorstellungsart des Rechts, sondern eine notwendige Ergänzung des ungeschriebenen Kodex sowohl des Staats- als Völkerrechts zum öffentlichen Menschenrechte" (Kant 1984 [1796], S. 24). Die Folgen intensiverer Vernetzung werden demnach bereits Ende des 18. Jahrhunderts nicht nur in wirtschaftlicher, sondern auch in rechtlich-moralischer Hinsicht notiert. Kant zufolge gibt es trotz fehlender rechtlicher Kodifizierung globale Vorstellungen darüber, was eine Rechtsverletzung ist. Er nimmt damit vorweg, was in der heutigen Globalisierungsdiskussion häufig als „*globales Bewusstsein*" bezeichnet wird: die Intensivierung eines (sozialen) Bewusstseins der Welt „als Ganzem" (Robertson 1992, S. 8). Ein globales Bewusstsein oder, weniger emphatisch formuliert, die Selbstwahrnehmung und Selbstbeschreibung der Gesellschaft als „global" ist keine notwendige Folge der weltweiten Vernetzung, aber ein logischer Schritt, um den strukturellen Veränderungen auch semantisch Rechnung zu tragen. Globalisierung hat demnach einerseits einen strukturellen Aspekt – die *wechselseitige Abhängigkeit* – und andererseits einen semantischen, den man als *globales Bewusstsein* bezeichnen kann.

11.2 Politische Globalisierung

Was sind die politischen Folgen der zunehmenden Indifferenz sozialer Beziehungen gegenüber Staatsgrenzen? Die Begriffe legen eine Spannung zwischen politischen Grenzen und gesellschaftlichen Beziehungen nahe. Das könnte zu der Schlussfolgerung führen, dass Transnationalisierung das „Ende des Nationalstaats" bedeutet (Ohmae 1995), weil die Politik des Nationalstaats im Verhältnis zum Rest der Gesellschaft an Bedeutung verliert. In der Tat entstehen neue Steuerungsprobleme für nationalstaatliche Politik. Wenn es grenzüberschreitende Kontakte und Bewegungen gibt, beispielsweise Handel und Migration, dann haben Staaten ein Interesse daran, dies kontrollieren zu können. Dass sie diese Kontakte in den meisten Fällen nicht verhindern können, schränkt die Steuerungsmöglichkeiten allerdings ein. Dennoch wäre es falsch, daraus auf eine grundsätzliche Krise des Nationalstaats zu schließen (Mann 1997). Auch wenn es Bereiche gibt, in denen Transnationalisierung eine Herausforderung für politische Entscheidungen darstellt, ist sie keineswegs gegen die Politik gerichtet. Politik nimmt vielmehr am Prozess der Globalisierung teil. Es gibt nicht nur Globalisierung auf der einen und Politik auf der anderen Seite, sondern es gibt auch eine Globalisierung der Politik.

Es besteht keine Notwendigkeit, Globalisierung und Politik in einen Gegensatz zu bringen. Deshalb werden wir im Folgenden allgemein von „politischer Globalisierung" sprechen und darunter drei miteinander zusammenhängende Entwicklungen verstehen: Erstens die *Universalisierung* und weltweite Diffusion des Modells des modernen Nationalstaats; zweitens die *Internationalisierung* der Politik, d. h. die Entstehung und Verdichtung von Beziehungen zwischen Staaten; und drittens die *Transnationalisierung* der Politik, d. h. die zunehmende Bedeutung weiterer, nichtstaatlicher politischer Akteure für die Identifizierung und Entscheidung politischer Probleme auf globaler Ebene.

Universalisierung des Nationalstaats

Eine erste und wichtige, in ihren Konsequenzen jedoch oft übersehene Form der politischen Globalisierung besteht in der *Universalisierung* nationalstaatlicher Politik, also in der Diffusion und nahezu weltweiten Akzeptanz einer bestimmten Vorstellung von Staatlichkeit. Die heutige Situation, dass wir beinahe überall auf der Welt politische Systeme mehr oder weniger gleicher Art vorfinden, ist eine historische Besonderheit. Die Gesellschaftsgeschichte war in politischer Hinsicht über Jahrtausende dadurch gekennzeichnet, dass es sehr unterschiedliche politische Systeme gab, die sich – so sie überhaupt Kenntnis voneinander hatten – untereinander nicht als vergleichbar verstanden. Die Herrschaftsform der Maya in Zentralamerika spielte keine Rolle für die Römische Republik. Auch die größten und bedeutendsten politische Reiche erstreckten sich bis zum „British Empire" allenfalls über einen Teil des Planeten. So war es kein Problem, dass vollkommen unterschiedliche politische Systeme gleichzeitig existierten. Heute wäre das hingegen ein Problem, denn alle politischen Systeme sehen sich mit der Erwartung konfrontiert, ein Nationalstaat zu sein (Meyer et al. 2005). Das ist eine Entwicklung der letzten 150 Jahre, die mit jeder Neugründung eines Nationalstaats fortgesetzt wird. Während noch bis weit in das 19. Jahrhundert andere Herrschaftsformen weit verbreitet waren und noch im 20. Jahrhundert Kolonien existierten, ist der unabhängige Nationalstaat heute die Norm (siehe Abbildung 11.1). Alle politischen Systeme verstehen sich als Nationalstaaten (und die meisten davon auch als demokratisch). Das ist eine Situation, die in der Gesellschaftsgeschichte einmalig ist.

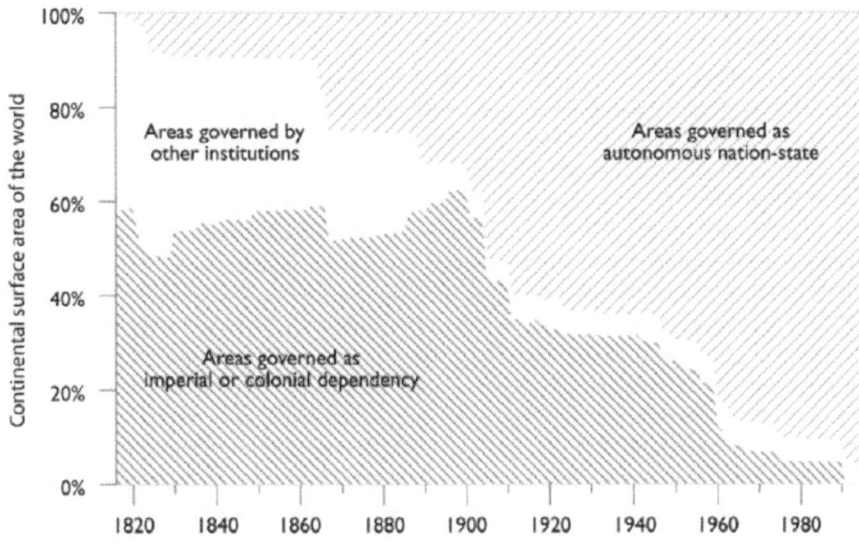

Figure 1. Percentage of Land Surface Governed by Empires, Nation-States, or other Institutions, 1816–2001

Abbildung 11.1: Die Universalisierung des Nationalstaats (Wimmer und Min 2006, S. 870)

Internationalisierung und Transnationalisierung

Die Universalisierung des modernen Nationalstaats vollzog sich von Beginn an im Rahmen von Beziehungen zu anderen Staaten: Jeder Nationalstaat ist darauf angewiesen, dass er von anderen Nationalstaaten anerkannt wird. Das heißt, was ein Nationalstaat ist und was nicht, entscheidet sich im System internationaler Beziehungen. Dessen europäische Wurzeln reichen zurück bis zum Wiener Kongress (1815), teilweise sogar bis zum Westfälischen Frieden (1648), wo die Grundlagen moderner staatlicher Souveränität ausgehandelt wurden. Im 20. Jahrhundert konnte sich auf dieser Grundlage ein organisatorisch eigenständiger Bereich internationaler Politik etablieren: in Form internationaler Organisationen, also Zusammenschlüssen wie den „Vereinten Nationen". Internationale Organisationen haben zwar Staaten als Mitglieder, aber gleichwohl eine eigenständige politische Relevanz (Barnett und Finnemore 2004). Die „Vereinten Nationen" sind nicht nur eine Plattform ihrer Mitglieder für deren Kontakte untereinander, sondern die Mitglieder unterhalten auch Beziehungen mit der internationalen Organisation, die in vielen Bereichen selbstständig Politik betreibt. Das Feld internationaler Organisationen ist vor allem im 20. Jahrhundert stark gewachsen: Neben den großen und bekannten Organisationen wie dem Internationalen Währungsfonds (IWF), der Welthandelsorganisation (WTO) und der Weltbank hatten daran auch die zahlreichen Unterorganisationen der „Vereinten Nationen", wie z. B. UNESCO, WHO und ITU, einen gewichtigen Anteil. Staaten sind die Mitglieder all dieser

Organisationen, und gleichzeitig erhalten sie Anerkennung ihrer Staatlichkeit dadurch, dass sie als Mitglied akzeptiert werden.

Der Begriff der Transnationalisierung, den wir bereits kennengelernt haben, wurde in der Politikwissenschaft zunächst in einem etwas spezifischeren Sinn verwendet (Nye und Keohane 1971). Wenn wir von *inter-nationalen* Beziehungen sprechen, sind damit im engeren Sinne nur Beziehungen zwischen Staaten gemeint. Beziehungen *über die Grenzen von Nationalstaaten hinweg* wären demgegenüber als *transnational* zu bezeichnen. Mit Blick auf politische Beziehungen geht es also nicht um Beziehungen zwischen Staaten, sondern um jene zu und zwischen nichtstaatlichen Akteuren. Zu denken ist hier insbesondere an Nichtregierungsorganisationen (NGOs): Sie sind, auch wenn sie nationalstaatliche Wurzeln oder nationale Unterorganisationen haben, nicht nationalstaatlich verfasst. „Greenpeace", „Friends of the Earth" und „Amnesty International" zeichnen sich vielmehr dadurch aus, dass sie globale Organisationen darstellen und mit anderen Organisationen in transnationale Beziehungen verflochten sind: Sie kooperieren mit anderen NGOs und treten auch mit Staaten in Kontakt, zum Beispiel, wenn sie Staaten mit ihren Anliegen unter Druck setzen. Dadurch entstehen *transnationale Beziehungen* – zwischen einem Nationalstaat und nichtstaatlichen Akteuren. Es handelt sich um einen Bereich politischer Globalisierung, der im 20. Jahrhundert stark gewachsen ist (Boli und Thomas 1999). Die recht bunte Landschaft der globalen Politik mit vielen unterschiedlichen NGOs, die ihre Interessen geltend machen, hat sich vor allem nach dem Zweiten Weltkrieg herausgebildet.

Das Zusammenspiel von staatlichen und nichtstaatlichen Akteuren gehört zu den interessanten Folgen politischer Globalisierung. Die klassische Betrachtung globaler Politik hatte sich auf Staaten im Netz internationaler Beziehungen konzentriert, da sie im Verhältnis zu nichtstaatlichen Akteuren inner- wie außerhalb ihrer Grenzen deutlich überlegen schienen. Doch mittlerweile ist deutlich geworden, dass politische Entscheidungen auf globaler Ebene durchaus von nichtstaatlichen Akteuren wie NGOs maßgeblich beeinflusst werden. Das gilt erstens in dem allgemeinen Sinn, dass transnationale NGOs Themen wie den Umweltschutz „entdeckt" und auf die politische Agenda gesetzt haben; diese Aktivitäten sind dafür verantwortlich, dass sich sowohl innerhalb einzelner Staaten als auch auf der zwischenstaatlichen Ebene entsprechende Regulierungsstrukturen und „Regime" herausgebildet haben (Meyer et al. 1997). Zweitens beeinflussen NGOs auch auf sehr spezifische Weise die Politik einzelner Staaten. Dafür mobilisieren sie einerseits die Weltöffentlichkeit, indem sie Missstände, zum Beispiel in Sachen Menschenrechte, anprangern.[40] Andererseits können NGOs auch versuchen, vermittelt über andere Staaten Druck auszuüben. Wenn es aussichtslos ist, mit einem Anliegen in einem Staat Gehör zu finden (zum Beispiel, weil das Regime autoritär ist), können NGOs in anderen Ländern als Resonanzkörper dienen: Sie nehmen sich dann des Themas an und nehmen ihre eigene Regierung in die Verantwortung, auf zwischenstaatlicher Ebene aktiv zu werden.

---

40 Hier wird wieder die enge Verbindung zwischen sozialen Bewegungen und massenmedialer Öffentlichkeit deutlich, die uns bereits in Kapitel 8 begegnet ist.

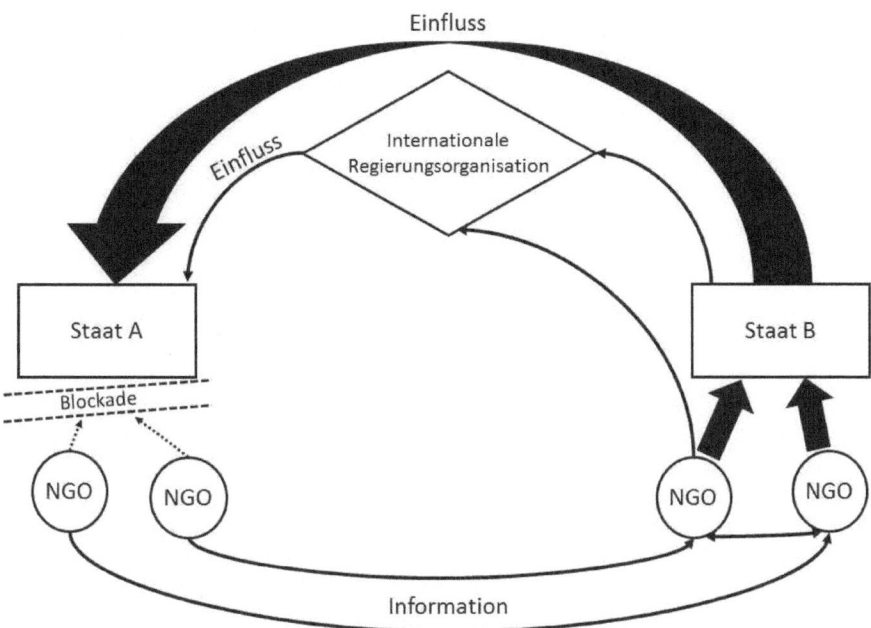

Abbildung 11.2: Bumerang-Modell (Keck und Sikkink 1998, S. 13)

Keck und Sikkink (1998) bezeichnen dies als „Bumerang-Modell" des transnationalen politischen Aktivismus (siehe Abbildung 11.2): Politische Anliegen werden über den Umweg interorganisatorischer und zwischenstaatlicher Beziehungen in einzelnen Staaten auf die Tagesordnung gesetzt. Kontakte zwischen transnationalen Aktivistengruppen, sogenannten *„transnational advocacy networks"* und die Mobilisierung einer Weltöffentlichkeit eröffnen dieser transnationalen Form von Politik viele Möglichkeiten.

11.3 Das politische System der Weltgesellschaft

Welches Bild globaler Politik ergibt sich, wenn wir Universalisierung, Internationalisierung und Transnationalisierung zusammen in den Blick nehmen? Es ist offensichtlich zu kurz gegriffen, Politik als nationalstaatliche Angelegenheit zu verstehen und diese der Globalisierung gegenüberzustellen. Im Gegenteil: Es erscheint folgerichtig, von einem globalen politischen System zu sprechen. Es gibt nicht nur Staaten und ihre zwischenstaatlichen Beziehungen. Die internationalen Beziehungen sind vielmehr ein zentraler (aber nicht: der einzige) Bestandteil eines politischen Systems der Weltgesellschaft. Die soziale Ordnung endet nicht an den Grenzen des Nationalstaates. Wenn wir die weiter oben festgestellte Globalisierung gesellschaftlicher Teilbereiche ernstnehmen, bedeutet das: Es gibt Gesellschaft gar nicht als nationalstaatliche „Gesellschaft", sondern es gibt sie *nur* als Weltgesellschaft (Luhmann 1975). Nationalstaaten sind keine Gesellschaften. Für die Politische Soziologie stellt sich deshalb im Gegensatz zur Theorie Internationaler Beziehungen nicht das Problem, ob man zwischen Staaten überhaupt irgendeine Art von Normen erwarten könnte oder nicht vielmehr „Anarchie" (Bull 1977). Eine Weltgesellschaft jenseits des Nationalstaats, sogar jenseits der Politik können wir voraussetzen. Die Politik muss als Teil dieser Weltgesellschaft begriffen werden.

Es ist kein Widerspruch, dass wir „das" politische System in den vorangegangenen Kapiteln unter den Vorzeichen nationalstaatlicher Strukturen beschrieben haben: In der Tat sind Nationalstaaten und deren politische Systeme Teile, genauer gesagt: Teilsysteme des weltpolitischen Systems. Dies lässt sich mit den Mitteln der Differenzierungstheorie verdeutlichen. Man muss lediglich das weltpolitische System als intern differenziert begreifen, und zwar: in Nationalstaaten. Wir haben im dritten Kapitel gesellschaftliche Differenzierungsformen unterschieden: segmentär, stratifiziert oder funktional differenziert. Auch Teilsysteme können nach diesen Prinzipien differenziert sein. Die Differenzierung der Weltpolitik in Nationalstaaten wäre demnach ein Fall *segmentärer* Differenzierung: strukturell gleiche Einheiten, die jeweils die gleichen Funktionen erfüllen – das ist ein Merkmal nationalstaatlicher Politik (Luhmann 2000, 189ff.). Es gibt schließlich keine Verteilung politischer Funktionen auf unterschiedliche Regionen – es wird nicht etwa in China nur Innenpolitik, in Deutschland nur Umweltpolitik und in den USA nur Außenpolitik betrieben, sondern in jedem dieser Nationalstaaten jeweils alle diese Formen von Politik. Im Hinblick auf das weltpolitische System als Ganzes gilt: Der Wegfall oder das Hinzutreten einzelner Elemente, also das Verschwinden oder Entstehen von Nationalstaaten, stellen keine Katastrophen für das Gesamtsystem dar. In dieser Hinsicht sind die Segmente also (formal) gleichrangig.

Vom Kolonialismus zur formalen Gleichheit

Die bereits zuvor beschriebene „Universalisierung des Nationalstaats" kam allerdings erst mit der Dekolonialisierung der globalen Politik zu einem vorläufigen Abschluss. Bis ins 20. Jahrhundert hinein standen große Teile der Welt unter der Kontrolle einiger weniger, überwiegend europäischer Kolonialmächte, wie zum Beispiel dem Vereinigten Königreich, Frankreich, Belgien, Portugal und Spanien. In den Kolonien praktizierten sie eine auf Abhängigkeit, Repression und wirtschaftliche Ausbeutung ausgerichtete Form imperialistischer Herrschaft, die einer nach eigenen Prinzipien organisierten Verwaltung überlassen wurde und für die kolonialisierte Bevölkerung allenfalls untergeordnete Positionen vorsah. Die politischen Strukturen der Kolonialreiche waren nicht nur asymmetrisch, sondern auch heterogen: Die Kolonialverwaltung erfolgte oft „indirekt", indem sie auf vorgefundene und traditionelle Formen der Herrschaft und Streitschlichtung zurückgriff und deshalb nur selten direkten Kontakt mit der kolonisierten Bevölkerung hatte (Trotha 2009). Erst mit dem Rückzug der Kolonialmächte, meist verbunden mit der Entstehung von Nationalstaaten in den vormals kolonialisierten Gebieten, entwickelte sich ein weltpolitisches System, das auf einer einheitlichen Struktur politischer Herrschaft beruhte.

Aber ist die Weltpolitik nicht nach wie vor durch deutliche Machtunterschiede gekennzeichnet und müsste man dies deshalb als hierarchisch bzw. stratifiziert bezeichnen? Die USA sind beispielsweise deutlich mächtiger als Andorra, und man könnte daraus eine Rangordnung der Nationalstaaten in der globalen Politik ableiten. Damit würde man jedoch übersehen, dass es für die Struktur der Weltpolitik ganz entscheidend ist, dass sie diese tatsächlich vorhandenen Ungleichheiten in zentralen Punkten neutralisiert, sodass die USA und Andorra eben doch *gleichrangig* sind, auch wenn sie unterschiedlich *mächtig* sind. So gilt die Souveränität uneingeschränkt für kleine und weniger mächtige Staaten genauso wie für große und mächtige. Früher ist die Tatsache, dass kleine Staaten sich schlecht verteidigen können, ihnen oft zum Verhängnis geworden: Sie wurden von großen Konkurrenten annektiert oder existierten in faktischer Abhängigkeit. Im modernen weltpolitischen System haben im Gegensatz dazu kleine und große Staaten relativ gleiche Überlebenschancen, weil sie *beide* vom weltpolitischen System als Ganzem abhängig sind und umgekehrt von diesem geschützt werden (Geser 1992). Wenn kleine Staaten zum Opfer militärischer Aggression werden, besteht die Möglichkeit, dass sich der Rest der politischen Welt gegen den Aggressor wendet. Die Differenzierungsform des weltpolitischen Systems kann auf diese Weise Machtungleichgewichte neutralisieren oder zumindest für spezifische Belange ausblenden: Protokollarisch wird nicht zwischen „großen" und „kleinen" Mächten unterschieden, und in vielen internationalen Organisationen gilt: ein Staat, eine Stimme. Derartige Einrichtungen sprechen dagegen, dass die Weltpolitik als stratifizierte Ordnung zu begreifen ist, denn dann wären Rangungleichheiten legitime Grundlage aller Entscheidungen.

Beispiel | Einfluss in einer internationalen Organisation

Der Klimarahmenkonvention der Vereinten Nationen (*United Nations Framework Convention on Climate Change*, UNFCCC), die eine weitere Beschleunigung der globalen Erwärmung verhindern soll, haben sich mittlerweile 198 Staaten angeschlossen. Jährlich berät die *Conference of the Parties* (COP) über den Stand der Entwicklung und weitere Schritte. Dort gilt das Prinzip „*one state, one vote*", allerdings sind keine Mehrheitsentscheidungen möglich, sodass einzelne Mitglieder einen Beschluss blockieren können. Das bedeutet einerseits, dass kleinere, weniger mächtige oder ärmere Staaten eine Stimme haben, andererseits aber auch, dass niemand – und schon gar nicht ein mächtiger Akteur – sich mit Entscheidungen abfinden müsste, die den eigenen Interessen zuwiderlaufen. Zu den Themen, die vor allem den Industrieländern einiges abverlangen, gehören Kompensationszahlungen für Schäden durch den Klimawandel und die Festlegung des Temperaturziels auf höchstens 1,5 Grad Celsius. Gray und Cointet (2023) haben untersucht, wie *„least developed countries"* (LDC) in den COP-Verhandlungsrunden von 1995 bis 2016 ihre Forderungen durchsetzen konnten. Durch das Engagement afrikanischer Länder und einiger LDCs entstand eine Gruppe, die als Stimme des „Globalen Südens" auftrat und die eigenen Anliegen koordinierte, aber in wechselnden Koalitionen artikulierte. Sie trat nicht als Opfer des Klimawandels, sondern als in ihren Rechten betroffene und dafür zu entschädigende Partei auf. Die jährlichen Verhandlungsrunden belohnten Hartnäckigkeit und langfristiges Engagement, das Abstimmungsver-

fahren die vielstimmige, aber koordinierte Vertretung der eigenen Anliegen. Die Länder der Peripherie hatten also sowohl die Mehrheitsverhältnisse als auch die Argumente auf ihrer Seite. Dem konnten die Industrieländer wenig entgegensetzen, obwohl absehbar war, dass die Umsetzung Probleme bereiten würde.
Quelle: Ian Gray; Jean Philippe Cointet (2023): Multilateralism of the marginal: How the least developed countries find their Voice in international political deliberations. In: American Journal of Sociology, online: https://doi.org/10.1086/727753.

Die These einer segmentären Differenzierung des weltpolitischen Systems wirft die Frage auf, wie es um die Fähigkeit zu kollektiv bindendem Entscheiden, also um die Funktion der Politik auf globaler Ebene bestellt ist. Angesichts der Souveränität der Einzelstaaten gibt es offensichtlich Probleme damit, globale Verbindlichkeit von Entscheidungen sicherzustellen. Es gibt durchaus Institutionen – wie z. B. den UN-Sicherheitsrat –, die dazu eingerichtet sind, *verbindlich* für alle Mitglieder zu entscheiden. Ob bei Zuwiderhandlungen sanktioniert werden kann, steht auf einem anderen Blatt. Doch es ist die Frage, ob man sich als Bezugspunkt der Weltpolitik zwingend das Großkollektiv der „Weltbevölkerung" vorstellen muss. Wenn man vom Sachverhalt interner Differenzierung ausgeht, ist es bereits eine Systemleistung, wenn die Bindungswirkung von Entscheidungen für ein Kollektiv von *anderen* Kollektiven anerkannt wird. Die kollektive Handlungsfähigkeit eines einzelnen Nationalstaats wird in diesem System dadurch gesichert, dass andere diese respektieren. Das heißt: Ein weltpolitisches System erfüllt nicht erst dann eine politische Funktion, wenn es verbindliche Entscheidungen für alle ermöglicht, sondern bereits dadurch, dass es kollektive Verbindlichkeit im nationalen Maßstab unterstützt. Die Nation ist als Kollektiv letztlich im Zusammenhang der Weltpolitik abgesichert.

Weltstaat

Wenn es ein weltpolitisches System gibt, warum sieht es anders aus als die politischen Systeme auf nationaler Ebene? Warum gibt es keinen „Weltstaat"? Oder müsste man formulieren: Warum gibt es *noch* keinen „Weltstaat"? Wir konnten diese Frage zunächst ausblenden, weil der Begriff des politischen Systems ohne den Staat auskommt. Dennoch haben wir uns daran gewöhnt, moderne politische Systeme als „Staaten" beschreiben zu können. Das ist beim weltpolitischen System nicht der Fall; es handelt sich um ein „staatenloses" System (Meyer 2000, S. 236). Diese Auskunft setzt jedoch voraus, dass wir uns einen Weltstaat in Form eines auf globale Maßstäbe ausgedehnten Nationalstaats vorstellen. Dann macht es keinen Sinn, die „Nation" einfach durch die „Welt" zu ersetzen. Das durch den Begriff der Nation beschriebene Kollektiv kann nicht durch die Welt ersetzt werden. Und auch aus der Perspektive des in dieser Richtung vorstellbaren staatlichen Handelns wäre eine solche Version des Weltstaats weder denkbar noch wünschenswert. Allein eine globale Verwaltung, die dann sehr große Distanzen für den Kontakt zu den Klienten überbrücken müsste, ist keine sonderlich inspirierende Vorstellung. Diese Art von simpler Maßstabsvergrößerung des Nationalstaates kann man sich weder vorstellen noch wirklich wünschen. Die faktische Entwicklung entspricht dieser Einschätzung, denn sie deutet eher darauf hin, dass neue Nationalstaaten gebildet werden oder diese sich zu suprastaatlichen Verbänden zusammenschließen, ohne dass daraus eine einheitliche staatliche Struktur entstehen würde.

Allerdings gibt es vor diesem Hintergrund auch Beobachter, die überraschenderweise behaupten: Den Weltstaat gibt es bereits – nicht im Sinne eines allumfassenden Nationalstaates, sondern im Sinne von „Weltstaatlichkeit": Diese beruht auf dem bereits diskutierten Sachverhalt, dass es eine Art weltweite normierte Staatlichkeit gibt, zu der auch die Erwartung gehört, dass es überall einen Staat geben sollte (Stichweh 2007).[41] Dies zeigt sich insbesondere daran, dass dort, wo der Staat zusammenbricht, koordinierte Versuche unternommen werden, Abhilfe zu schaffen – also eine Art Ersatzstaatlichkeit, beispielsweise ein Protektorat oder eine UN-Verwaltung zu etablieren. Während es unter anderen weltpolitischen Bedingungen unproblematisch war, wenn es irgendwo weiße Flecken auf der politischen Landkarte gab, wirkt ein solcher heutzutage irritierend und ist eine Herausforderung für das weltpolitische System. Wo der Staat fehlt oder vom Zusammenbruch bedroht ist, setzen Versuche der Kompensation und des *„state-building"* ein. Die universelle Erwartung staatlicher Strukturen ist ein Element von Weltstaatlichkeit, denn sie stellt vor allem sicher, dass eine Regierung sowohl von der eigenen Bevölkerung als auch von anderen Staaten für kollektiv bindende Entscheidungen in die Pflicht genommen werden kann. Weltstaatlichkeit ist demnach nicht unbedingt *eine* bestimmte Form politischer Organisation. Sie kann sich auch als Einheitlichkeit einer *Vielzahl* unterschiedlicher Staaten darstellen.

Damit ist bereits klar, dass der Weltstaat nicht als Konkurrenz zum Nationalstaat aufgefasst werden muss. Der Weltstaat ersetzt nicht den Nationalstaat. Das gilt für die Ebene der globalen Erwartungen an Staatlichkeit, aber auch für die Ebene globalen Regulierungsbedarfs. Ansätze zu globaler Koordination bzw. zu einer Art *„Global Governance"* stellen eine weitere, zusätzliche Ebene des Regierens dar, die speziell auf das Treffen von Entscheidungen mit globaler Reichweite abgestellt ist – und keine Form politischer Organisation, die an die Stelle des Nationalstaates tritt. In den vielfältigen Kontakten und Vereinbarungen zwischen Nationalstaaten, internationalen Organisationen und nichtstaatlichen Akteuren hat sich eine globale Ebene des Aushandelns und Entscheidens herausgebildet, die bereits Züge einer globalen politischen Organisation zeigt (McGrew 2000). Gerade weil es sich hierbei um ein „Regieren ohne Regierung" handelt (Rosenau und Czempiel 1992), passt es zu einem weltpolitischen System, das Regieren auf der Ebene der Nationalstaaten vorsieht – aber dennoch einen Bedarf hat für Entscheidungen, die das System als Ganzes betreffen oder sogar binden können. Wir müssen auf den Weltstaat also nicht warten, sondern können sagen: Weltstaatlichkeit ist – im Sinne universeller Staatlichkeit und globaler Regulierung – durchaus bereits ein Merkmal des gegenwärtigen weltpolitischen Systems.

---

41 Andere Positionen in der Debatte vertreten Shaw (2000), der von einem „globalen Staat" spricht und damit das Zentrum der (westlichen) Staatenwelt meint, und Wendt (2003), der den Weltstaat als (zu realisierendes) globales Gewaltmonopol beschreibt.

11.4 Zusammenfassung

Globalisierung und Politik sind kein Gegensatz, sondern Politik nimmt Teil am Globalisierungsprozess. Es gibt nicht nur wirtschaftliche Globalisierung, die nationalstaatliche Politik vor neue Herausforderungen stellt, sondern auch eine politische Globalisierung. Sie ist daran erkennbar, dass das Modell des Nationalstaats sich weltweit verbreitet hat, die Beziehungen der Staaten untereinander sich zu einem System internationaler Beziehungen verdichtet haben und neue, nichtstaatliche politische Akteure hinzugekommen sind, die genuin globale Themen und Anliegen vertreten. Wenn wir die Tatsache ernst nehmen, dass der moderne Nationalstaat bereits ein Produkt von Globalisierung ist und alle Nationalstaaten voneinander und damit von einer weltpolitischen Ebene abhängig sind, gibt es ein politisches System der Weltgesellschaft. Insofern Nationalstaaten Ausdruck der internen Differenzierung dieses weltpolitischen Systems sind, stehen Weltpolitik und nationalstaatliche Politik nicht im Widerspruch. Ganz im Gegenteil: Die weltweite Normierung von Staatlichkeit lässt sich bereits als ein wesentlicher Baustein einer „Weltstaatlichkeit" begreifen. Diese beruht einerseits darauf, dass überall staatliche Strukturen erwartet werden können, andererseits auf neuen Formen und Ebenen politischen Entscheidens, die auf den Bedarf nach globalen Problemlösungen reagieren.

Literaturempfehlungen

Albert, Mathias (2016): A Theory of World Politics. Cambridge: Cambridge University Press.
Albert, Mathias, und Rudolf Stichweh (Hg.) (2007): Weltstaat und Weltstaatlichkeit. Beobachtungen globaler politischer Strukturbildung. Wiesbaden: VS Verlag für Sozialwissenschaften.
Barnett, Michael N., und Martha Finnemore (2004): Rules for the World: International Organizations in Global Politics. Ithaca, NY: Cornell University Press.
Boli, John, George M. Thomas (Hg.) (1999): Constructing World Culture. International Nongovernmental Organizations since 1875. Stanford, CA: Stanford University Press.
Luhmann, Niklas (1975): Die Weltgesellschaft. In: ders.: Soziologische Aufklärung, Band 2. Opladen: Westdeutscher Verlag, S. 51–71.
Meyer, John W., John Boli, George M. Thomas und Francisco O. Ramirez (2005): Die Weltgesellschaft und der Nationalstaat. In: ders.: Weltkultur: Wie westliche Prinzipien die Welt durchdringen. Frankfurt/Main: Suhrkamp, S. 85–132.
Osterhammel, Jürgen (2009): Die Verwandlung der Welt. Eine Geschichte des 19. Jahrhunderts. München: C.H. Beck.
Ritzer, George (2011): Globalization: The Essentials. Chichester: John Wiley & Sons.

12. Herausforderungen und Perspektiven

Wir haben die Politische Soziologie in diesem Buch als Spezialdisziplin der Soziologie, nicht der Politikwissenschaft behandelt. Ihr Gegenstandsbereich beschränkt sich nicht auf einzelne Teilbereiche der Politik, wie zum Beispiel auf das Wahlverhalten oder die politischen Parteien. Sie umfasst vielmehr das gesamte Spektrum politischer Phänomene. Daraus resultieren Überschneidungen mit dem Gebiet der Politikwissenschaft, die durchaus gewollt sind. Es sollte deutlich geworden sein, dass die Soziologie einige Themen anders behandelt als die Politikwissenschaft. Im Vergleich zu anderen Gebieten, in denen der Soziologie eine andere, spezialisierte Disziplin gegenübersteht (zum Beispiel in Form der Wirtschaftswissenschaft, der Rechtswissenschaft oder der Pädagogik), sind die Unterschiede allerdings nicht sonderlich gravierend. Das hat damit zu tun, dass Politikwissenschaft und Soziologie in vielen Fällen auf die gleichen Ressourcen der sozialwissenschaftlichen Theoriebildung zurückgreifen. Während die Politikwissenschaft nur ihren speziellen Gegenstand im Blick hat, muss die Soziologie allgemeinere Begriffe verwenden, die nicht nur im Bereich der Politik anwendbar sind. Dies wird deutlich an einem Begriff wie dem „Staat", der auf den ersten Blick ein nur im politischen Bereich beobachtbares Phänomen beschreibt. Für die Politikwissenschaft ist dies unproblematisch. Die Soziologie tendiert aber dazu, einen derart spezifischen Begriff durch einen allgemeineren zu ersetzen, zum Beispiel durch jenen des „politischen Systems". Auf diese Weise lassen sich Fragen formulieren, die nicht nur die Politik, sondern auch die Wirtschaft oder die Religion betreffen.

12.1 Die gesellschaftliche Stellung der Politik

Wie zahlreiche andere Spezialsoziologien definiert sich die Politische Soziologie nicht durch einen exklusiv von ihr betreuten *Gegenstand*, sondern vielmehr durch die besondere *Perspektive*, aus der sie ihre Fragen und Problemstellungen formuliert (Bach 2004, S. 18). Sie ist, wie die Soziologie allgemein, zu einem wesentlichen Teil eine besondere „Methode" (Simmel 1958 [1908], S. 3): Wenn die Soziologie sich mit der Politik, aber auch mit dem Recht oder mit der Erziehung beschäftigt, unterscheidet sie sich durch ihre Herangehensweise und ihre Begriffe, nicht aber durch den Gegenstand von der Politikwissenschaft, der Rechtswissenschaft oder der Pädagogik. Eine Besonderheit der soziologischen Perspektive besteht darin, dass sie jeden gesellschaftlichen Teilbereich nicht nur als Teil eines Ganzen, sondern als einen Teil neben anderen begreift. Ihr Interesse richtet sich deshalb vor allem auf Vergleichsmöglichkeiten.

Viele der in diesem Buch am Beispiel der Politik diskutierten Aspekte haben Entsprechungen in anderen Teilsystemen der Gesellschaft, und das macht sie besonders interessant. Wir haben zum Beispiel die Ausdifferenzierung des politischen Systems behandelt. Die Einrichtung spezialisierter Rollen, die zu einer Entflechtung von politischen und anderen gesellschaftlichen Beziehungen führen, beobachten wir in analoger Weise in anderen gesellschaftlichen Teilsystemen: Die Unternehmerin muss in wirtschaftlichen Fragen nicht auf ihre politischen Vorlieben, der Lehrer in Erziehungsfragen nicht auf seinen Kontostand Rücksicht nehmen. Auch die Inklusion immer größerer Teile der Bevölkerung, die in der Politik durch das allgemeine Wahlrecht realisiert wird, ist aus Wirtschaft und Erziehung – ebenso wie aus anderen Teilsystemen – bekannt: In den Publikumsrollen des Konsumenten oder der Schülerin können alle an den Leistungen dieser Teilsysteme partizipieren. Für die Politische Soziologie bedeuten diese Anknüpfungspunkte, dass sie die Begriffe der allgemeinen soziologischen Theorie benutzen kann, um die Besonderheiten ihres eigenen Gegenstands hervorzuheben.

Der Befund, dass die Politische Soziologie ihre besondere Perspektive auf solche Vergleichsmöglichkeiten stützt, gilt nicht nur für die Differenzierungstheorie im Anschluss an Talcott Parsons und Niklas Luhmann. Auch Pierre Bourdieus Soziologie des politischen Feldes und Anthony Downs' ökonomische Theorie der Demokratie sind Beispiele dafür, dass allgemeine soziologische Theorie auf den Bereich der Politik angewandt wird. Bei Bourdieu ist zum Beispiel der Begriff des „Kapitals" so gebaut, dass er sich in verschiedenen Feldern unterschiedlich bestimmen lässt. Bei Downs steht die Frage nach der spezifisch politischen Rationalität im Vordergrund, die sich von der ökonomischen unterscheidet. Bei Parsons und Luhmann wiederum erlaubt die Theorie der Kommunikationsmedien, Ähnlichkeiten zwischen Geld und Macht aufzuzeigen, ohne sie als austauschbar zu betrachten. Diese Beispiele zeigen, wie Politik aus soziologischer Perspektive als Teil und Vollzug von Gesellschaft zu verstehen ist: Sie setzt bestimmte Möglichkeiten voraus (zum Beispiel: rational zu handeln), wird durch gesellschaftliche Innovationen verändert (zum Beispiel durch neue Kommunikationstechnologien) und fügt sich ein in das Muster moderner gesellschaftlicher Differenzierung.

Das heißt aber keineswegs, dass sich der Gegenstand gewissermaßen in Gesellschaft auflösen würde. Trotz der neuen Aufmerksamkeit für Formen der Politik jenseits staatlicher Institutionen – wie zum Beispiel *life politics* (Giddens 1991), „Politik der Lebensstile" (Berking und Neckel 1990) oder „Subpolitik" (Beck 1993) – können wir uns keine Gesellschaft vorstellen, die auf kollektiv bindende Entscheidungen und damit auf ein politisches System verzichten könnte. Um ihre Funktion *für* die Gesellschaft zu erfüllen, muss sich Politik *von* der Gesellschaft unterscheiden, also eine gewisse Autonomie besitzen. Politik, die für eine ganze Gesellschaft bindende Entscheidungen treffen soll, muss eigene Kriterien dafür entwickeln, wie sie auf die Fülle gesellschaftlicher Interessen und Erwartungen reagieren kann. Von einer zu engen Orientierung an allgemeinen gesellschaftlichen Norm- und Moralvorstellungen hat die moderne Politik sich bereits recht früh verabschiedet. Dafür stehen Ideen wie die „Staatsräson", die den Unterschied zwischen gesellschaftlicher Moral und politischer Entscheidung und damit die eigenständige Logik der Politik betont. In der Verselbstständigung der Politik erkennen wir eine weitere Parallele zu anderen gesellschaftlichen Teilsystemen: Die Kunst gibt sich als „autonome" Kunst ohne gesellschaftlichen Auftrag; die Wissenschaft beansprucht, in der Grundlagenforschung allein um der Erkenntnis willen zu forschen; und die Wirtschaft beschränkt sich schon lange nicht mehr darauf, bereits vorgefundene Bedürfnisse zu befriedigen, sondern stimuliert und produziert diese selbst. In all diesen Fällen beobachten wir, dass Autonomie zur Voraussetzung von Leistungs- und Komplexitätssteigerungen wird.

Vor diesem Hintergrund verliert die Politik die Sonderstellung, die ihr eine ausschließlich politische Theorie häufig zusprechen möchte: Sie ist ein gesellschaftlicher Teilbereich unter anderen und kann deshalb nicht dafür in Anspruch genommen werden, die Gesellschaft als solche zu begründen. Allzu hohe Ansprüche an die sozialtheoretische Rolle und an die gesellschaftliche Steuerungsfähigkeit der Politik müssen aus soziologischer Perspektive relativiert werden. Eine Folge der Autonomie gesellschaftlicher Teilsysteme ist, dass es innerhalb der unterschiedlichen gesellschaftlichen Bereiche keine Hierarchie und damit auch keine Spitze oder Zentrale gibt. Auch wenn wir der Politik mit der Funktion kollektiv bindender Entscheidungsfindung einen großen Einfluss auf den Rest der Gesellschaft zusprechen, ist dies nicht gleichzusetzen mit der Position eines Kontroll- oder Steuerungsorgans. Die Politik kann den Rest der Gesellschaft nur insoweit beeinflussen, als dieser das auch zulässt. Ob die mit politischen Entscheidungen verfolgten Ziele dann auch erreicht werden, steht auf einem anderen Blatt.

12.2 Zukunftsperspektiven einer Soziologie der Politik

Die Soziologie der Politik orientiert sich oft an aktuellen Entwicklungen in ihrem Gegenstandsbereich. Diese dienen ihr eher dazu, „Theorien mittlerer Reichweite" zu entwickeln, als „große" Theorien miteinander ins Gespräch zu bringen. Das heißt jedoch nicht, dass man mit dem „Ende der großen Theorien" konfrontiert wäre – oder gar mit deren Scheitern, wie es für andere Bereiche diagnostiziert wurde (vgl. z. B. Menzel 1992). Man könnte eher von einer Koexistenz sprechen, vielleicht sogar von einer gewissen Indifferenz. Wer sich an handlungstheoretischen Konzepten orientiert, tut dies nicht, um systemtheoretische zu widerlegen. Und wer die ökonomische Theorie der Politik anwendet und weiterentwickelt, begreift sich nicht als Gegner der Feldtheorie von Bourdieu. Gemeinsam ist den unterschiedlichsten Zugängen, dass sie von einem breiten Politikbegriff ausgehen, der nicht auf die staatlichen Institutionen beschränkt ist. Durch ihre so geschaffene Distanz zu einem staatszentrierten Verständnis von Politik findet die Politische Soziologie leicht Zugang zu aktuellen Themen, wie zum Beispiel Protestbewegungen, Digitalisierung und Populismus. Die vielfältigen Herausforderungen, mit denen sich die Politik und der moderne Nationalstaat konfrontiert sehen, und das Entstehen immer neuer Protestbewegungen sorgen dafür, dass an neuen Fragen und empirischen Problemen kein Mangel besteht. Die Relevanz der Politischen Soziologie und ihrer Forschung profitiert davon, dass der Politik insgesamt nach wie vor eine hohe Bedeutung zugesprochen wird und sie dementsprechend stets im Fokus der massenmedialen Aufmerksamkeit steht.

Eine Herausforderung für die Politische Soziologie besteht darin, ihre in den unterschiedlichen Bereichen gewonnenen Erkenntnisse zu integrieren. Leider zeigt sich das Gebiet gerade in dieser Hinsicht hoch differenziert, man könnte auch sagen: fragmentiert. Die Bewegungsforschung nimmt die Parteiensoziologie allenfalls sporadisch zur Kenntnis, und diese wiederum bemüht sich nicht unbedingt darum, mit der vergleichenden Forschung in Kontakt zu bleiben. Aktuelle Entwicklungen, wie zum Beispiel die Konjunktur rechtspopulistischer Parteien und Bewegungen, werden selten genutzt, um vorhandene Theorieressourcen auszu-

12. Herausforderungen und Perspektiven

schöpfen und weiterzuentwickeln. Dies führt zu einer lebendigen und variantenreichen Forschungslandschaft. Die Folge ist jedoch, dass Fortschritte sich nur schwer zu einem Gesamtbild zusammenfügen. Eine repräsentative Übersicht über den Stand der Politischen Soziologie, wie sie beispielsweise die Bände von Bendix (1968) und Eisenstadt (1971b) bieten, erscheint aktuell kaum möglich. Zu heterogen wären die Beiträge und zu unklar, in welchen Theorierahmen sie eingeordnet werden könnten. Diese Heterogenität schafft aber auch neue Anschluss- und Vergleichsmöglichkeiten, vor allem zur Politikwissenschaft, und trägt damit zu einem zunehmend facettenreichen Verständnis politischer Sachverhalte bei.

Das Spektrum der Politischen Soziologie hat sich über die Jahre beträchtlich erweitert. Die Ausweitung auf klassisch politikwissenschaftliche Themen wie den Staat oder den Vergleich politischer Systeme entzieht jeglicher Vorstellung einer Arbeitsteilung zwischen Soziologie und Politikwissenschaft, die sich an den konkreten Gegenständen und Inhalten festmachen könnte, den Boden. Dieser expansive Zug weist eine gewisse Ähnlichkeit mit Entwicklungen der Wirtschaftssoziologie auf: Diese hatte mit allgemein gehaltenen Überlegungen zum Verhältnis von wirtschaftlichen Institutionen und Gesellschaft sowie zum Modernisierungsprozess begonnen, sich aber lange Zeit damit zurückgehalten, auch Themen der Wirtschaftswissenschaft als ihre eigenen zu begreifen. Mit der *„New Economic Sociology"* (Guillén et al. 2002; Dobbin 2004) hat sie diese Zurückhaltung zugunsten eines Forschungsprogramms aufgegeben, das auch auf den Kern wirtschaftlicher Aktivität zielende Fragen der Konstitution von Märkten und der Rationalität wirtschaftlicher Entscheidungen umfasst. Die Politische Soziologie hat sich demgegenüber lange Zeit darauf konzentriert, von der Politikwissenschaft vernachlässigte Themen zu bearbeiten, zum Beispiel nichtstaatliche Formen politischen Handelns. Eine solche Spezialisierung und Selbstbeschränkung der Politischen Soziologie auf einzelne Gegenstände ist einem zunehmend inklusiveren Verständnis gewichen. Eine Reihe neuer Anregungen verdankt die Politische Soziologie dabei der geschichtswissenschaftlichen Forschung. Die neueren Ansätze der Globalgeschichte haben zum Beispiel dazu beigetragen, dass die historische politische Soziologie sich auf ein differenzierteres Bild unterschiedlicher politischer Systeme und ihrer Wechselwirkungen stützen kann. Darüber hinaus sind Themen wie Digitalisierung und Populismus zu Querschnittsthemen geworden, die mit Blick auf soziologische, politikwissenschaftliche und (sozial-)psychologische Forschungsinteressen analysiert werden. Die systematische Einbeziehung historischer und vergleichender Perspektiven sollte es der Politischen Soziologie erlauben, in diesen und anderen Themenfeldern die Zuständigkeit für ihren Gegenstand in der Zukunft noch konsequenter wahrzunehmen. Eine solche Politische Soziologie wird sowohl der allgemeinen soziologischen Theorie als auch der Politikwissenschaft weiterhin neue und wichtige Anstöße geben.

Literaturverzeichnis

Albert, Mathias. 2002. Zur Politik der Weltgesellschaft. Identität und Recht im Kontext internationaler Vergesellschaftung. Weilerswist: Velbrück.
Albert, Mathias. 2016. A Theory of World Politics. Cambridge: Cambridge University Press.
Albert, Mathias, und Rudolf Stichweh, Hrsg. 2007. Weltstaat und Weltstaatlichkeit. Beobachtungen globaler politischer Strukturbildung. Wiesbaden: VS Verlag für Sozialwissenschaften.
Altay, Sacha, Manon Berriche und Alberto Acerbi. 2023. Misinformation on misinformation: Conceptual and methodological challenges. Social Media + Society 9:205630512211504.
Arendt, Hannah. 1970. Macht und Gewalt. München: Piper.
Argyle, Lisa P., Christopher A. Bail, Ethan C. Busby, Joshua R. Gubler, Thomas Howe, Christopher Rytting, Taylor Sorensen und David Wingate. 2023. Leveraging AI for democratic discourse: Chat interventions can improve online political conversations at scale. Proceedings of the National Academy of Sciences 120:e2311627120.
Aristoteles. 2012. Politik. Hamburg: Felix Meiner.
Arzheimer, Kai, Jocelyn Evans und Michael S. Lewis-Beck, Hrsg. 2017. The SAGE Handbook of Electoral Behaviour. Los Angeles: Sage.
Bach, Maurizio. 2004. Denken Soziologen anders über Politik als Politikwissenschaftler? Zur Eigenständigkeit der Politischen Soziologie. Soziologie 33:17–34.
Bachrach, Peter, und Morton S. Baratz. 1962. Two faces of power. American Political Science Review 56:947–952.
Bail, Christopher A. 2021. Breaking the Social Media Prism. How to Make Our Platforms Less Polarizing. Princeton, NJ: Princeton University Press.
Bail, Christopher A., Lisa P. Argyle, Taylor W. Brown, John P. Bumpus, Haohan Chen, M. B. F. Hunzaker, Jaemin Lee, Marcus Mann, Friedolin Merhout und Alexander Volfovsky. 2018. Exposure to opposing views on social media can increase political polarization. Proceedings of the National Academy of Sciences 115:9216–9221.
Bailey, Erica R., Dan Wang, Sarah A. Soule und Hayagreeva Rao. 2023. How Tilly's WUNC works. Bystander evaluations of social movement signals lead to mobilization. American Journal of Sociology 128:1206–1262.
Banfield, Edward C. 1958. The Moral Basis of a Backward Society. New York: Free Press.
Barnett, Michael N., und Martha Finnemore. 2004. Rules for the World: International Organizations in Global Politics. Ithaca, NY: Cornell University Press.
Beck, Ulrich. 1983. Jenseits von Stand und Klasse? Soziale Ungleichheiten, gesellschaftliche Individualisierungsprozesse und die Entstehung neuer sozialer Formationen und Identitäten. In Soziale Ungleichheiten (Sonderband 2 der Sozialen Welt), Hrsg. Reinhard Kreckel, 35–74. Göttingen: Schwartz.
Beck, Ulrich. 1986. Risikogesellschaft. Auf dem Weg in eine andere Moderne. Frankfurt/Main: Suhrkamp.
Beck, Ulrich. 1993. Die Erfindung des Politischen. Zu einer Theorie reflexiver Modernisierung. Frankfurt/Main: Suhrkamp.
Beck, Ulrich. 1997. Was ist Globalisierung? Frankfurt/Main: Suhrkamp.
Beisheim, Marianne, Sabine Dreher, Gregor Walter, Bernhard Zangl und Michael Zürn. 1998. Im Zeitalter der Globalisierung? Thesen und Daten zur gesellschaftlichen und politischen Denationalisierung. Baden-Baden: Nomos.
Bendix, Reinhard. 1964. Nation-Building and Citizenship. New York: John Wiley & Sons.
Bendix, Reinhard, Hrsg. 1968. State and Society: A Reader in Comparative Political Sociology. Boston: Little, Brown & Co.

Bendix, Reinhard, und Seymour M. Lipset. 1957. Political sociology: an essay with special reference to the development of research in the United States of America and Western Europe. Current Sociology 6:79–99.

Benford, Robert D., und David A. Snow. 2000. Framing processes and social movements. an overview and assessment. Annual Review of Sociology 26:611–639.

Berking, Helmuth, und Sighard Neckel. 1990. Die Politik der Lebensstile in einem Berliner Bezirk. Zu einigen Formen nachtraditionaler Vergemeinschaftung. In Lebenslagen, Lebensläufe, Lebensstile (Sonderband 7 der Sozialen Welt), Hrsg. Peter A. Berger und Stefan Hradil, 481–500. Göttingen: Schwartz.

Blau, Peter M. 1964. Exchange and Power in Social Life. New York: Wiley.

Bob, Clifford. 2005. The Marketing of Rebellion. Insurgents, Media and International Activism. Cambridge: Cambridge University Press.

Böhret, Carl. 1983. Politik und Verwaltung. Beiträge zur Verwaltungspolitologie. Opladen: Westdeutscher Verlag.

Boli, John, und George M. Thomas, Hrsg. 1999. Constructing World Culture. International Nongovernmental Organizations since 1875. Stanford, CA: Stanford University Press.

Bommes, Michael. 1999. Migration und nationaler Wohlfahrtsstaat. Ein differenzierungstheoretischer Entwurf. Wiesbaden: Westdeutscher Verlag.

Bommes, Michael. 2003. Migration in der modernen Gesellschaft. Geographische Revue 5:41–58.

Bottomore, Thomas B. 1981. Politische Soziologie. Stuttgart [u. a.]: Kohlhammer.

Bourdieu, Pierre. 1991. Politisches Feld und symbolische Macht. Berliner Journal für Soziologie 1:483–488.

Bourdieu, Pierre. 1993. Die öffentliche Meinung gibt es nicht. In Soziologische Fragen, 212–223. Frankfurt/Main: Suhrkamp.

Bourdieu, Pierre. 2010a. Das politische Feld. In Politik. Schriften zur politischen Ökonomie 2, 97–112. Konstanz: UVK.

Bourdieu, Pierre. 2010b. Die politische Repräsentation. Elemente einer Theorie des politischen Feldes. In Politik. Schriften zur politischen Ökonomie 2, 43–96. Konstanz: UVK.

Bourdieu, Pierre. 2014. Über den Staat. Vorlesungen am Collège de France 1989–1992. Berlin: Suhrkamp.

Bourdieu, Pierre, und Jean-Claude Passeron. 1971. Die Illusion der Chancengleichheit. Stuttgart: Klett.

Brubaker, Rogers. 1992. Citizenship and Nationhood in France and Germany. Cambridge, MA: Harvard University Press.

Brubaker, Rogers. 2017. Why populism? Theory and Society 46:357–385.

Brunsson, Nils. 1989. The Organization of Hypocrisy. Talk, Decisions and Actions in Organizations. Chichester: John Wiley & Sons.

Bühl, Walter L. 1968. Konvention als System. Zur Theorie der Modernisierung. Arch. europ. sociol. 9:264–291.

Bukow, Sebastian, und Thomas Poguntke. 2013. Innerparteiliche Organisation und Willensbildung. In Handbuch Parteienforschung, Hrsg. Oskar Niedermayer, 179–209. Wiesbaden: Springer VS.

Bull, Hedley. 1977. The Anarchical Society. A Study of Order in World Politics. London: Macmillan.

Bürklin, Wilhelm, und Markus Klein. 1998. Wahlen und Wählerverhalten: Eine Einführung. 2. Aufl. Opladen: Leske + Budrich.

Butler, Judith. 1990. Gender Trouble. Feminism and the Subversion of Identity. New York, London: Routledge.

Campbell, Angus, Philip E. Converse, Warren E. Miller und Donald E. Stokes. 1960. The American Voter. New York: John Wiley & Sons.

Cohen, Bernard C. 1963. The Press and Foreign Policy. Princeton, NJ: Princeton University Press.

Cohen, Jean K., und Andrew Arato. 1992. Civil Society and Political Theory. Cambridge, MA/London: MIT Press.
Croissant, Aurel, und Peter Thiery. 2000. Defekte Demokratie. Konzept, Operationalisierung und Messung. In Demokratiemessung. Konzepte und Befunde im internationalen Vergleich, Hrsg. Hans-Joachim Lauth, Gert Pickel und Christian Welzel, 89–111. Wiesbaden: Westdeutscher Verlag.
Cyba, Eva. 2010. Patriarchat. Wandel und Aktualität. In Handbuch Frauen- und Geschlechterforschung. Theorie, Methoden, Empirie. 3. Aufl. Hrsg. Ruth Becker und Beate Kortendiek, 17–22. Wiesbaden: VS Verlag für Sozialwissenschaften.
Czerwick, Edwin. 2011. Politik als System. Eine Einführung in die Systemtheorie der Politik. München: Oldenbourg.
Dalton, Russell J., Scott C. Flanagan und Paul A. Beck. 1984. Electoral Change in Advanced Industrial Democracies. Realignment or Dealignment? Princeton, NJ: Princeton University Press.
Delanty, Gerard. 2000. Citizenship in a Global Age. Buckingham: Open University Press.
Deutsch, Karl Wolfgang. 1963. The Nerves of Government. Models of Political Communication and Control. New York/London: Free Press/Collier-Macmillan.
Diani, Mario. 1992. The concept of social movement. The Sociological Review 40:1–25.
Dicken, Peter. 1998. Global Shift. Transforming the World Economy. 3. Aufl. London: Paul Chapman Publishing.
Diederich, Nils. 1965. Empirische Wahlforschung: Konzeptionen und Methoden im internationalen Vergleich. Köln/Opladen: Westdeutscher Verlag.
Dobbin, Frank, Hrsg. 2004. The New Economic Sociology: A Reader. Princeton/Oxford: Princeton University Press.
Dörner, Andreas. 2001. Politainment. Politik in der medialen Erlebnisgesellschaft. Frankfurt/Main: Suhrkamp.
Downs, Anthony. 1968. Ökonomische Theorie der Demokratie. Tübingen: Mohr.
Downs, Anthony. 1972. Up and down with the ecology – the „issue attention cycle". The Public Interest 28: 38–50.
Dryzek, John S., David Downes, Christian Hunold, David Schlosberg und Hans-Kristian Hernes. 2003. Green States and Social Movements. Environmentalism in the United States, United Kingdom, Germany, and Norway. Oxford: Oxford University Press.
Duesenberry, James. 1960. Comment on „An economic analysis of fertility". In Demographic and Economic Change in Developed Countries, Hrsg. National Bureau of Economic Research, 231–234. New York/London: Columbia University Press.
Durkheim, Émile. 1961. Die Regeln der soziologischen Methode (1895). Neuwied: Luchterhand.
Durkheim, Émile. 1988 [1893]. Über soziale Arbeitsteilung. Studie über die Organisation höherer Gesellschaften. 2. Aufl. Frankfurt/Main: Suhrkamp.
Easton, David. 1957. An approach to the analysis of political systems. World Politics 9:383–400.
Easton, David. 1965. A Systems Analysis of Political Life. New York: Wiley & Sons.
Eisenstadt, Shmuel N. 1963. The Political Systems of Empires. New York: Free Press.
Eisenstadt, Shmuel N. 1971a. General introduction: the scope and development of political sociology. In Political Sociology: A Reader, Hrsg. Shmuel N. Eisenstadt, 3–24. New York/London: Basic Books.
Eisenstadt, Shmuel N., Hrsg. 1971b. Political Sociology: A Reader. New York/London: Basic Books.
Eisenstadt, Shmuel N. 1973. Traditional Patrimonialism and Modern Neopatrimonialism. London: Sage.
Eisinger, Peter K. 1973. The conditions of protest behavior in American cities. The American Political Science Review 67:11–28.
Elias, Norbert. 2003. Die Gesellschaft der Individuen. Frankfurt/Main: Suhrkamp.

Eliasoph, Nina. 1998. Avoiding Politics. How Americans Produce Apathy in Everyday Life. Cambridge: Cambridge University Press.

Engels, Friedrich. 1972. Die Lage der arbeitenden Klasse in England. In Marx-Engels-Werke (MEW), Band 2, 225–506. Berlin: Dietz.

Etzioni, Amitai. 1965. Dual leadership in complex organizations. American Sociological Review 30:688–698.

Evans-Pritchard, E. E. 1940. The Nuer: A Description of the Modes of Livelihood and Political Institutions of a Nilotic People. Oxford: Clarendon Press.

Faas, Thorsten, Kai Arzheimer und Sigrid Roßteutscher, Hrsg. 2010. Information – Wahrnehmung – Emotion. Politische Psychologie in der Wahl- und Einstellungsforschung. Wiesbaden: Springer VS.

Fallers, Lloyd. 1963. Political sociology and the anthropological study of African polities. European Journal of Sociology / Archives Européennes de Sociologie 4:311–329.

Feddersen, Timothy J. 2004. Rational choice theory and the paradox of not voting. Journal of Economic Perspectives:99–112.

Feinberg, Matthew, Robb Willer und Chloe Kovacheff. 2020. The activist's dilemma: Extreme protest actions reduce popular support for social movements. Journal of Personality and Social Psychology 119:1086–1111.

Fine, Gary A., und Brooke Harrington. 2004. Tiny publics: Small groups and civil society. Sociological Theory 22:341–356.

Finer, Samuel E. 1997. The History of Government from the Earliest Times (3 Volumes). Oxford: Oxford University Press.

Finkel, Eli J., Christopher A. Bail, Mina Cikara, Peter H. Ditto, Shanto Iyengar, Samara Klar, Lilliana Mason, Mary C. McGrath, Brendan Nyhan, David G. Rand, Linda J. Skitka, Joshua A. Tucker, Jay J. van Bavel, Cynthia S. Wang und James N. Druckman. 2020. Political sectarianism in America. Science 370:533–536.

Fiorina, Morris P. 1981. Retrospective Voting in American Presidential Elections. New Haven, CT: Yale University Press.

Fortes, Meyer. 1945. The Dynamics of Clanship among the Tallensi. London: Oxford University Press.

Fortes, Meyer, und E. E. Evans-Pritchard, Hrsg. 1940. African Political Systems. London: Oxford University Press.

Foucault, Michel. 1977a. Der Wille zum Wissen. Sexualität und Wahrheit 1. Frankfurt/Main: Suhrkamp.

Foucault, Michel. 1977b. Überwachen und Strafen. Die Geburt des Gefängnisses. Frankfurt/Main: Suhrkamp.

Foucault, Michel. 1986a. Der Gebrauch der Lüste. Sexualität und Wahrheit 2. Frankfurt/Main: Suhrkamp.

Foucault, Michel. 1986b. Die Sorge um sich. Sexualität und Wahrheit 3. Frankfurt/Main: Suhrkamp.

Foucault, Michel. 2005. Analytik der Macht. Frankfurt/Main: Suhrkamp.Foucault, Michel. 2019. Die Geständnisse des Fleisches. Sexualität und Wahrheit 4. Frankfurt/Main: Suhrkamp.

Frank, Andre Gunder. 1967. Capitalism and Underdevelopment in Latin America. New York/London: Monthly Review Press.

Freeman, Jo. 1972/73. The tyranny of structurelessness. Berkeley Journal of Sociology 17:151–165.

Friedman, Thomas L. 2005. The World Is Flat. A Brief History of the Twenty-First Century. New York: Farrar, Straus and Giroux.

Gabriel, Oscar W. 2005. Politische Partizipation. In Deutschland in Europa, Hrsg. Jan W. van Deth, 317–338. Wiesbaden: VS Verlag für Sozialwissenschaften.

Gamson, W., und A. Modigliani. 1989. Media discourse and public opinion on nuclear power. A constructionist approach. American Journal of Sociology 95:1–37.

Gamson, William A. 1992. Talking Politics. Cambridge: Cambridge University Press.
Gentzkow, Matthew, und Jesse M. Shapiro. 2011. Ideological segregation online and offline *. The Quarterly Journal of Economics 126:1799–1839.
Gerber, Alan S., Donald P. Green und Ron Shachar. 2003. Voting may be habit-forming: evidence from a randomized field experiment. American Journal of Political Science 47:540–550.
Gerhards, Jürgen. 2001. Der Aufstand des Publikums. Zeitschrift für Soziologie 30:163–184.
Gerhards, Jürgen, und Jörg Rössel. 1999. Zur Transnationalisierung der Gesellschaft der Bundesrepublik. Entwicklungen, Ursachen und mögliche Folgen für die europäische Integration. Zeitschrift für Soziologie 28:325–344.
Geser, Hans. 1992. Kleinstaaten im internationalen System. Kölner Zeitschrift für Soziologie und Sozialpsychologie 44:627–654.
Geys, Benny. 2006. ‚Rational' theories of voter turnout: a review. Political Studies Review 4:16–35.
Giddens, Anthony. 1991. Modernity and Self-Identity. Self and Society in the Late Modern Age. Cambridge: Polity Press.
Giddens, Anthony. 1995. Konsequenzen der Moderne. Frankfurt/Main: Suhrkamp.
Gladwell, Malcolm. 2010. Small change: why the revolution will not be tweeted. The New Yorker.
Gluckman, Max. 1940. The kingdom of the Zulu of South Africa. In African Political Systems, Hrsg. Meyer Fortes und E. E. Evans-Pritchard, 25–55. London: Oxford University Press.
Goodin, Robert E. 1988. What is so special about our fellow countrymen? Ethics 4:663–686.
Goodwin, Jeff, und James M. Jasper, Hrsg. 2009. The Social Movements Reader: Cases and Concepts. Chichester: Wiley-Blackwell.
Gray, Ian, und Jean P. Cointet. 2023. Multilateralism of the marginal: How the least developed countries find their Voice in international political deliberations. American Journal of Sociology.
Gregg, Richard B. 1966 [1935]. The Power of Nonviolence. New York: Schocken.
Guess, Andrew M., Neil Malhotra, Jennifer Pan, Pablo Barberá, Hunt Allcott, Taylor Brown, Adriana Crespo-Tenorio, Drew Dimmery, Deen Freelon, Matthew Gentzkow, Sandra González-Bailón, Edward Kennedy, Young M. Kim, David Lazer, Devra Moehler, Brendan Nyhan, Carlos V. Rivera, Jaime Settle, Daniel R. Thomas, Emily Thorson, Rebekah Tromble, Arjun Wilkins, Magdalena Wojcieszak, Beixian Xiong, Chad K. de Jonge, Annie Franco, Winter Mason, Natalie J. Stroud und Joshua A. Tucker. 2023a. How do social media feed algorithms affect attitudes and behavior in an election campaign? Science 381:398–404.
Guess, Andrew M., Neil Malhotra, Jennifer Pan, Pablo Barberá, Hunt Allcott, Taylor Brown, Adriana Crespo-Tenorio, Drew Dimmery, Deen Freelon, Matthew Gentzkow, Sandra González-Bailón, Edward Kennedy, Young M. Kim, David Lazer, Devra Moehler, Brendan Nyhan, Carlos V. Rivera, Jaime Settle, Daniel R. Thomas, Emily Thorson, Rebekah Tromble, Arjun Wilkins, Magdalena Wojcieszak, Beixian Xiong, Chad K. de Jonge, Annie Franco, Winter Mason, Natalie J. Stroud und Joshua A. Tucker. 2023b. Reshares on social media amplify political news but do not detectably affect beliefs or opinions. Science 381:404–408.
Guillén, Mauro F., Randall Collins, Paula England und Marshall Meyer, Hrsg. 2002. The New Economic Sociology. Developments in an Emerging Field. New York: Russel Sage Foundation.
Gurr, Ted R. 1970. Why Men Rebel. Princeton, NJ: Princeton University Press.
Habermas, Jürgen. 1981. Theorie des kommunikativen Handelns (2 Bände). Frankfurt/Main: Suhrkamp.

Habermas, Jürgen. 1989. Volkssouveränität als Verfahren. Ein normativer Begriff von Öffentlichkeit. Merkur 43:465–477.
Habermas, Jürgen. 1990. Strukturwandel der Öffentlichkeit. Untersuchungen zu einer Kategorie der bürgerlichen Gesellschaft. Frankfurt/Main: Suhrkamp.
Habermas, Jürgen. 1992. Faktizität und Geltung. Beiträge zur Diskurstheorie des Rechts und des demokratischen Rechtsstaats. Frankfurt/Main: Suhrkamp.
Habermas, Jürgen. 2022. Ein neuer Strukturwandel der Öffentlichkeit und die deliberative Politik. Berlin: Suhrkamp.
Hanisch, Carol. 1969. The Personal is Political. The Women's Liberation Movement Classic with a New Explanatory Introduction from 2006. http://www.carolhanisch.org/CHwritings/PIP.html (Zugegriffen: 06.05.2025).
Hanke, Stefanie. 1999. Klientelismus als System. Die Reproduktion klientelistischer Netzwerke im Demokratisierungsprozess in Mali. In Im Schatten demokratischer Legitimität. Informelle Institutionen und politische Partizipation im interkulturellen Demokratievergleich, Hrsg. Hans-Joachim Lauth und Ulrike Liebert, 277–293. Opladen: Westdeutscher Verlag.
Harvey, David. 1989. The Condition of Postmodernity. Oxford: Blackwell.
Heberle, R. 1951. Social Movements. An Introduction to Political Sociology. New York: Appleton-Crofts.
Held, David, Anthony McGrew, David Goldblatt und Jonathan Perraton. 1999. Global Transformations. Politics, Economics and Culture. Stanford: Stanford University Press.
Hellemans, Staf. 2020. Pillarization (,Verzuiling'). On organized ,self-contained worlds' in the modern world. The American Sociologist 51:124–147.
Heller, Patrick, Siddharth Swaminathan und Ashutosh Varshney. 2023. The rich have peers, the poor have patrons: Engaging the state in a South Indian city. American Journal of Sociology 129:76–122.
Herbst, Susan. 1993. The meaning of public opinion. citizens' constructions of political reality. Media, Culture and Society 15:437–454.
Hirst, Paul Q., und Grahame Thompson. 1996. Globalization in Question. The International Economy and the Possibilities of Governance. Cambridge: Polity.
Hollifield, James F. 1992. Immigrants, Markets, and States: The Political Economy of Postwar Europe. Cambridge, MA: Harvard University Press.
Hölscher, Lucian. 1978. Öffentlichkeit. In Geschichtliche Grundbegriffe, Band 4, Hrsg. Otto Brunner, Werner Conze und Reinhard Koselleck, 413–468. Stuttgart: Klett-Cotta.
Hooghe, Liesbet, und Gary Marks. 2018. Cleavage theory meets Europe's crises: Lipset, Rokkan, and the transnational cleavage. Journal of European Public Policy 25:109–135.
Horowitz, Donald L. 2000. Ethnic Groups in Conflict. 2. Aufl. Berkeley, CA: University of California Press.
Huntington, Samuel P. 1968. Political Order in Changing Societies. New Haven, CT: Yale University Press.
Inglehart, Ronald. 1989. Kultureller Umbruch. Wertewandel in der westlichen Welt. Frankfurt/New York: Campus.
Iyengar, Shanto, Yphtach Lelkes, Matthew Levendusky, Neil Malhotra und Sean J. Westwood. 2019. The origins and consequences of affective polarization in the United States. Annual Review of Political Science 22:129–146.
Japp, Klaus P. 1984. Selbsterzeugung oder Fremdverschulden. Thesen zum Rationalismus in den Theorien Sozialer Bewegungen. Soziale Welt 35:313–329.
Jarren, Otfried, und Patrick Donges. 2006. Politische Kommunikation in der Mediengesellschaft. Eine Einführung. 2. Aufl. Wiesbaden: VS Verlag für Sozialwissenschaften.
Joppke, Christian. 2017. Multiculturalism by liberal law. The empowerment of gays and Muslims. European Journal of Sociology / Archives Européennes de Sociologie 58:1–32.

Jun, Uwe. 2009. Politische Parteien als Gegenstand der Politischen Soziologie. In Politische Soziologie. Ein Studienbuch, Hrsg. Viktoria Kaina und Andrea Römmele, 235–265. Wiesbaden: VS Verlag für Sozialwissenschaften,
Kant, Immanuel. 1784. Beantwortung der Frage. Was ist Aufklärung? Berlinische Monatsschrift Dezember:481–494.
Kant, Immanuel. 1984 [1796]. Zum ewigen Frieden. Stuttgart: Reclam.
Kassim, Saleem. 2012. Twitter Revolution. How the Arab Spring Was Helped by Social Media. https://www.mic.com/articles/10642/twitter-revolution-how-the-arab-spring-was-helped-by-social-media (Zugegriffen: 06.05.2025).
Katz, Richard S., und Peter Mair. 1992. Introduction: the cross-national study of party organizations. In Party Organizations: A Data Handbook on Party Organizations in Western Democracies, 1960–90, Hrsg. Richard S. Katz und Peter Mair, 1–20. London: Sage.
Katz, Richard S., und Peter Mair. 1995. Changing models of party organization and party democracy: the emergence of the cartel party. Party Politics 1:5–28.
Kaube, Jürgen, und André Kieserling. 2022. Die gespaltene Gesellschaft. Berlin: Rowohlt Berlin.
Keck, Margaret E., und Kathryn Sikkink. 1998. Transnational advocacy networks in international politics. introduction. In Activists Beyond Borders. Advocacy Networks in International Politics, Hrsg. Margaret E. Keck und Kathryn Sikkink, 1–36. Ithaca, N.Y.: Cornell University Press.
Kelly, Petra. 1982. SPIEGEL Gespräch: Wir sind die Antipartei-Partei. Der Spiegel 24/1982.
Kern, Thomas. 2008. Soziale Bewegungen: Ursachen, Wirkungen, Mechanismen. Wiesbaden: VS Verlag für Sozialwissenschaften.
Kesselman, Mark, Joel Krieger und William A. Joseph. 2013. Introduction to Comparative Politics. Political Challenges and Changing Agendas. 6. Aufl. Boston: Wadsworth.
Kieserling, André. 2008. Felder und Klassen: Pierre Bourdieus Theorie der modernen Gesellschaft. Zeitschrift für Soziologie 37:3–24.
Kirchheimer, Otto. 1965. Der Wandel des westeuropäischen Parteiensystems. Politische Vierteljahresschrift 6:20–41.
Kißler, Leo. 2007. Politische Soziologie: Grundlagen einer Demokratiewissenschaft. Konstanz: UVK/UTB.
Kühl, Stefan. 2011. Organisationen. Eine sehr kurze Einführung. Wiesbaden: VS Verlag für Sozialwissenschaften.
Kurzman, Charles. 1996. Structural opportunity and perceived opportunity in social-movement theory: the Iranian revolution of 1979. American Sociological Review 61:153–170.
Kusche, Isabel. 2016. Politischer Klientelismus. Informelle Macht in Griechenland und Irland. Frankfurt/New York: Campus.
Landshut, Siegfried. 1956. Zum Begriff und Gegenstand der politischen Soziologie. Kölner Zeitschrift für Soziologie und Sozialpsychologie 8:410–414.
Lange, Max G. 1961. Politische Soziologie. Eine Einführung. Berlin/Frankfurt a.M.: Vahlen.
Lasswell, Harold, D. 1936. Politics: Who Gets What, When, How. New York: Whittlesey House.
Lauth, Hans-Joachim, und Ulrike Liebert, Hrsg. 1999. Im Schatten demokratischer Legitimität. Informelle Institutionen und politische Partizipation im interkulturellen Demokratievergleich. Opladen: Westdeutscher Verlag.
Lazarsfeld, Paul F., Bernard Berelson und Hazel Gaudet. 1948. The People's Choice: How the Voter Makes Up His Mind in a Presidential Election. 2. Aufl. New York: Columbia University Press.
Lemarchand, René. 1972. Political clientelism and ethnicity in tropical Africa. Competing solidarities in nation-building. American Political Science Review 66:68–90.

Lerner, Daniel. 1958. The Passing of Traditional Society. Modernizing the Middle East. Glencoe, IL: Free Press.

Lewandowsky, Marcel. 2022. Populismus. Eine Einführung. Wiesbaden: Springer VS.

Lijphart, Arend. 1975. The Politics of Accommodation: Pluralism and Democracy in the Netherlands. 2. Aufl. Berkeley, CA: University of California Press.

Lipset, Seymour M. 1959. Some social requisites of democracy: economic development and political legitimacy. The American Political Science Review 53:69–105.

Lipset, Seymour M., und Stein Rokkan. 1967. Cleavage structures, party systems, and voter alignments. an introduction. In Party Systems and Voter Alignments, Hrsg. Stein Rokkan und Seymour M. Lipset, 1–64. New York: Free Press.

Lipset, Seymour Martin. 1960. Political Man. The Social Bases of Politics. New York: Doubleday.

Lübbe, Hermann. 1996. Netzverdichtung. Zur Philosophie industriegesellschaftlicher Entwicklungen. Zeitschrift für philosophische Forschung 50:133–150.

Luhmann, Niklas. 1964. Funktionen und Folgen formaler Organisation. Berlin: Duncker & Humblot.

Luhmann, Niklas. 1965. Grundrechte als Institution. Ein Beitrag zur politischen Soziologie. Berlin: Duncker & Humblot.

Luhmann, Niklas. 1971a. Funktionen der Rechtssprechung im politischen System. In Politische Planung, 46–52. Opladen: Westdeutscher Verlag.

Luhmann, Niklas. 1971b. Öffentliche Meinung. In Politische Planung, 9–34. Opladen: Westdeutscher Verlag.

Luhmann, Niklas. 1971c. Opportunismus und Programmatik in der öffentlichen Verwaltung. In Politische Planung, 165–180. Opladen: Westdeutscher Verlag.

Luhmann, Niklas. 1971d. Zweck – Herrschaft – System. Grundbegriffe und Prämissen Max Webers. In Politische Planung, 90–112. Opladen: Westdeutscher Verlag.

Luhmann, Niklas. 1972a. Gesellschaft. In Soziologische Aufklärung 1, 3. Aufl., 137–153. Opladen: Westdeutscher Verlag.

Luhmann, Niklas. 1972b. Soziologie als Theorie sozialer Systeme. In Soziologische Aufklärung 1, 3. Aufl., 113–136. Opladen: Westdeutscher Verlag.

Luhmann, Niklas. 1972c. Soziologie des politischen Systems. In Soziologische Aufklärung 1, 3. Aufl., 154–177. Opladen: Westdeutscher Verlag.

Luhmann, Niklas. 1975. Die Weltgesellschaft. In Soziologische Aufklärung 2, 51–71. Opladen: Westdeutscher Verlag.

Luhmann, Niklas. 1977. Probleme eines Parteiprogramms. In Freiheit und Sachzwang. Beiträge zu Ehren Helmut Schelskys, Hrsg. Horst Baier, 167–181. Opladen: Westdeutscher Verlag.

Luhmann, Niklas. 1981a. Organisation und Entscheidung. In Soziologische Aufklärung, Band 3, 335–389. Opladen: Westdeutscher Verlag.

Luhmann, Niklas. 1981b. Politische Theorie im Wohlfahrtsstaat. München/Wien: Olzog.

Luhmann, Niklas. 1983a. Anspruchsinflation in Krankheitssystem. Eine Stellungnahme aus gesellschaftstheoretischer Sicht. In Die Anspruchsspirale: Schicksal oder Systemdefekt?, Hrsg. Philipp Herder-Dorneich und Alexander Schuller, 28–49. Stuttgart: Kohlhammer.

Luhmann, Niklas. 1983b. Legitimation durch Verfahren. Frankfurt/Main: Suhrkamp.

Luhmann, Niklas. 1984. Soziale Systeme. Grundriß einer allgemeinen Theorie. Frankfurt/Main: Suhrkamp.

Luhmann, Niklas. 1988. Macht. 2. Aufl. Stuttgart: Enke.

Luhmann, Niklas. 1991. Soziologie des Risikos. Berlin/New York: De Gruyter.

Luhmann, Niklas. 1995a. Inklusion und Exklusion. In Soziologische Aufklärung 6. Die Soziologie und der Mensch, 237–264. Opladen: Westdeutscher Verlag.

Luhmann, Niklas. 1995b. Kausalität im Süden. Soziale Systeme 1 95:7–28.

Luhmann, Niklas. 1996a. Die Realität der Massenmedien. 2. Aufl. Opladen: Westdeutscher Verlag.

Luhmann, Niklas. 1996b. Protest. Systemtheorie und soziale Bewegungen. Frankfurt/Main: Suhrkamp.
Luhmann, Niklas. 1997. Die Gesellschaft der Gesellschaft. Frankfurt/Main: Suhrkamp.
Luhmann, Niklas. 2000. Die Politik der Gesellschaft. Frankfurt/Main: Suhrkamp.
Luhmann, Niklas. 2010. Politische Soziologie. Frankfurt/Main: Suhrkamp.
Luhmann, Niklas. 2012. Macht im System. Berlin: Suhrkamp.
Mackert, Jürgen. 2006. Staatsbürgerschaft. Eine Einführung. Wiesbaden: VS Verlag für Sozialwissenschaften.
Mahlert, Bettina. 2008. Familie und Nationalstaat. In Transnationalisierung sozialer Ungleichheit, Hrsg. Peter A. Berger und Anja Weiß, 89–104. Wiesbaden: VS Verlag für Sozialwissenschaften.
Maier, Michaela, Karin Stengel und Joachim Marschall. 2010. Nachrichtenwerttheorie. Baden-Baden: Nomos.
Mann, Michael. 1997. Has globalization ended the rise and rise of the nation-state? Review of International Political Economy 4:472–496.
Manow, Philip. 2004. Der demokratische Leviathan – eine kurze Geschichte parlamentarischer Sitzordnungen seit der Französischen Revolution. Leviathan 32.
Manow, Philip. 2018. Die politische Ökonomie des Populismus. Berlin: Suhrkamp.
Marshall, T.H. 1950. Citizenship and Social Class, and Other Essays. Cambridge: Cambridge University Press.
Marshall, T.H. 1992. Staatsbürgerrechte und soziale Klassen (1950). In Bürgerrechte und soziale Klassen, 33–94. Frankfurt/New York: Campus.
Marx, Karl. 1970. Das Kapital. Kritik der politischen Ökonomie. Erster Band [1867]. Marx-Engels-Werke (MEW), Band 23. Berlin: Dietz Verlag.
Marx, Karl, und Friedrich Engels. 1969a. Die deutsche Ideologie [1845/46]. In Marx-Engels-Werke (MEW), Band 3, 5–530. Berlin: Dietz.
Marx, Karl, und Friedrich Engels. 1969b. Manifest der Kommunistischen Partei [1848]. In Marx-Engels-Werke (MEW), Band 4, 459–493. Berlin: Dietz.
Mau, Steffen. 2007. Transnationale Vergesellschaftung. Die Entgrenzung sozialer Lebenswelten. Frankfurt/New York: Campus.
Mau, Steffen. 2022. Kamel oder Dromedar? Zur Diagnose der gesellschaftlichen Polarisierung. Merkur 76:5–18.
Mau, Steffen, und Jan Mewes. 2007. Transnationale soziale Beziehungen: Eine Kartographie der deutschen Bevölkerung. Soziale Welt 58:203–222.
Mau, Steffen, Linus Westheuser und Thomas Lux. 2023. Triggerpunkte. Konsens und Konflikt in der Gegenwartsgesellschaft. Berlin: Suhrkamp.
Mayntz, Renate. 1978. Soziologie der öffentlichen Verwaltung. Heidelberg: C.F. Müller.
McAdam, Doug. 1986. Recruitment to high-risk activism. the case of Freedom Summer. American Journal of Sociology 92:64–90.
McAdam, Doug, Sidney Tarrow und Charles Tilly. 2001. Dynamics of Contention. Cambridge: Cambridge University Press.
McCarthy, J. D., und M. N. Zald. 1977. Resource mobilization and social movements. A partial theory. American Journal of Sociology 82:1212–1241.
McClelland, David C. 1961. The Achieving Society. Princeton, NJ: Van Nostrand.
McCombs, Maxwell E., und Donald L. Shaw. 1972. The agenda-setting function of mass media. Public Opinion Quarterly 36:176–187.
McGrew, Anthony. 2000. Power shift. from national government to global governance? In A Globalizing World? Culture, Economics, Politics, Hrsg. David Held, 127–166. London/New York: Routledge.
McGrew, Anthony, Paul G. Lewis und et al., Hrsg. 1992. Global Politics. Globalization and the Nation-State. Cambridge: Polity Press/Open University.
McLuhan, Marshall. 1964. Understanding Media. The Extensions of Man. New York: McGraw-Hill.

Literaturverzeichnis

Menzel, Ulrich. 1992. Das Ende der Dritten Welt und das Scheitern der großen Theorie. Frankfurt/Main: Suhrkamp.

Merton, Robert K. 1936. The unanticipated consequences of purposive social action. American Sociological Review 1:894–904.

Meuser, Michael. 2003. Politische Soziologie – Ortsbestimmungen und aktuelle Forschungsgebiete. Soziologie 32:48–65.

Meyer, John W. 1980. The world polity and the authority of the nation-state. In Studies of the Modern World System, Hrsg. Albert Bergesen, 109–137. New York: Academic Press.

Meyer, John W. 2000. Globalization. sources and effects on national states and societies. International Sociology 15:233–248.

Meyer, John W., John Boli, George M. Thomas und Francisco O. Ramirez. 2005. Die Weltgesellschaft und der Nationalstaat. In Weltkultur: Wie westliche Prinzipien die Welt durchdringen (hg. von Georg Krücken), 85–132. Frankfurt/Main: Suhrkamp.

Meyer, John W., David J. Frank, Ann Hironaka, Eva Schofer und Nancy B. Tuma. 1997. The structuring of a world environmental regime, 1870–1990. International Organization 51:623–651.

Michels, Robert. 1911. Zur Soziologie des Parteiwesens in der modernen Demokratie: Untersuchungen über die oligarchischen Tendenzen des Gruppenlebens. Leipzig: W. Klinkhardt.

Möllers, Christoph. 2008. Die drei Gewalten. Legitimation der Gewaltengliederung in Verfassungsstaat, europäischer Integration und Internationalisierung. Weilerswist: Velbrück.

Moore, Barrington. 1987. Ungerechtigkeit. Die sozialen Ursachen von Unterordnung und Widerstand. Frankfurt/Main: Suhrkamp.

Mudde, Cas. 2004. The populist Zeitgeist. Government and Opposition 39:541–563.

Müller, Jan-Werner. 2016. Was ist Populismus? Ein Essay. Berlin: Suhrkamp.

Müller, Jan-Werner. 2019. „Das wahre Volk" gegen alle anderen. Rechtspopulismus als Identitätspolitik. Aus Politik und Zeitgeschichte (APuZ):18–24.

Munck, Ronaldo. 1994. Democracy and development. deconstruction and debates. In Capitalism and Development, Hrsg. Leslie Sklair, 21–39. London/New York: Routledge.

Mutz, Diana C. 2001. Facilitating communication across lines of political difference: The role of mass media. The American Political Science Review 95:97–114.

Nadel, Siegfried F. 1953. Social control and self-regulation. Social Forces 31:265–273.

Nassehi, Armin, und Gerd Nollmann, Hrsg. 2004. Bourdieu und Luhmann. Ein Theorienvergleich. Frankfurt/Main: Suhrkamp.

Nedelmann, Birgitta. 1994. Die Wiederentdeckung der Politischen Soziologie. Soziologische Revue 17:265–272.

Neidhardt, Friedhelm, Hrsg. 1994. Öffentlichkeit, Öffentliche Meinung, Soziale Bewegungen (Sonderheft 34 der KZfSS). Opladen: Westdeutscher Verlag.

Niedermayer, Oskar. 2013. Parteimitgliedschaften. In Handbuch Parteienforschung, Hrsg. Oskar Niedermayer, 147–177. Wiesbaden: Springer VS.

Noelle-Neumann, Elisabeth. 1989. Die Theorie der Schweigespirale als Instrument der Medienwirkungsforschung. In Massenkommunikation (Sonderband 20 der KZfSS), Hrsg. M. Kaase und W. Schulz, 418–440. Opladen: Westdeutscher Verlag.

Nye, Joseph S., und Robert O. Keohane. 1971. Transnational relations and world politics. an introduction. In Transnational Relations and World Politics, Hrsg. Robert O. Keohane und Joseph S. Nye, ix–xxix. Cambridge, MA: Harvard University Press.

Nyhan, Brendan, Jaime Settle, Emily Thorson, Magdalena Wojcieszak, Pablo Barberá, Annie Y. Chen, Hunt Allcott, Taylor Brown, Adriana Crespo-Tenorio, Drew Dimmery, Deen Freelon, Matthew Gentzkow, Sandra González-Bailón, Andrew M. Guess, Edward Kennedy, Young M. Kim, David Lazer, Neil Malhotra, Devra Moehler, Jennifer Pan, Daniel R. Thomas, Rebekah Tromble, Carlos V. Rivera, Arjun Wilkins, Beixian Xiong, Chad K. de Jonge, Annie Franco, Winter Mason, Natalie J. Stroud und Joshua A. Tucker. 2023. Like-minded sources on Facebook are prevalent but not polarizing. Nature 620:137–144.

Ohmae, Kenichi. 1995. The End of the Nation State. London: HarperCollins.

Olivier de Sardan, Jean-Pierre. 1999. A moral economy of corruption in Africa? The Journal of Modern African Studies 37:25–62.

Olson, Mancur. 1965. The Logic of Collective Action: Public Goods and the Theory of Groups. Cambridge, MA: Harvard University Press.

Osterhammel, Jürgen. 2009. Die Verwandlung der Welt. Eine Geschichte des 19. Jahrhunderts. München: C.H. Beck.

Osterhammel, Jürgen, und Niels P. Petersson. 2003. Geschichte der Globalisierung. München: C.H. Beck.

Ostrogorski, Moisei. 1902. Democracy and the Organization of Political Parties. New York: Macmillan.

Pappi, Franz Urban. 2011. Politische Soziologie. In Kleines Lexikon der Politik. 5. Aufl. Hrsg. Dieter Nohlen, 479. München: C.H. Beck.

Paris, Rainer. 2015. Der Wille des Einen ist das Tun des Anderen. Aufsätze zur Machttheorie. Weilerswist: Velbrück.

Parsons, Talcott. 1963. On the concept of political power. American Philosophical Society 107:232–262.

Parsons, Talcott. 1964. Evolutionary universals in society. American Sociological Review 29:339–357.

Parsons, Talcott. 1965. Full citizenship for the Negro American? A sociological problem. Daedalus 94:1009–1054.

Parsons, Talcott. 1969a. Politics and Social Structure. New York: Free Press.

Parsons, Talcott. 1969b. The political aspect of social structure and process. In Politics and Social Structure, 317–351. New York: Free Press.

Parsons, Talcott. 1969c. Voting and the equilibrium of the American political system. In Politics and Social Structure, 204–240. New York: Free Press.

Parsons, Talcott. 1970. Equality and inequality in modern society, or social stratification revisited. Sociological Inquiry 40:13–72.

Parsons, Talcott, und Robert F. Bales. 1955. Family, Socialization and Interaction Process. Glencoe, IL: Free Press.

Peters, Bernhard. 1993. Die Integration moderner Gesellschaften. Frankfurt/Main: Suhrkamp.

Poguntke, Thomas. 1994. Basisdemokratie and political realities: the German Green Party. In How Political Parties Work: Perspectives from Within, Hrsg. Kay Lawson, 3–22. Westport, CO: Praeger.

Pollack, Detlef. 1990. Das Ende einer Organisationsgesellschaft: Systemtheoretische Überlegungen zum gesellschaftlichen Umbruch in der DDR. Zeitschrift für Soziologie 19:292–307.

Polletta, Francesca. 2002. Freedom Is an Endless Meeting. Democracy in American Social Movements. Chicago: University of Chicago Press.

Popitz, Heinrich. 1992. Phänomene der Macht. 2., stark erw. Aufl. Tübingen: J. C. B. Mohr (Paul Siebeck).

Popkin, Samuel L. 1994. The Reasoning Voter: Communication and Persuasion in Presidential Campaigns. 2. Aufl. Chicago: University of Chicago Press.

Raschke, Joachim. 1985. Soziale Bewegungen. Ein historisch-systematischer Grundriß. Frankfurt/New York: Campus.

Riggs, Fred W. 1964. Administration in Developing Countries. The Theory of Prismatic Society. Boston: Houghton Mifflin.

Riggs, Fred W. 1966. Thailand. The Modernization of a Bureaucratic Polity. Honolulu: East-West Center Press.

Riker, William H., und Peter C. Ordeshook. 1968. A theory of the calculus of voting. American Political Science Review 62:25–42.
Ritzer, George. 2011. Globalization: The Essentials. Chichester: John Wiley & Sons.
Robertson, Robbie. 2003. The Three Waves of Globalization. A History of a Developing Global Consciousness. London: Zed Books.
Robertson, Roland. 1992. Globalization. Social Theory and Global Culture. London: Sage.
Rosenau, J. N., und E. O. Czempiel, Hrsg. 1992. Governance without Government. Order and Change in World Politics. Cambridge/New York: Cambridge University Press.
Roth, Roland, und Dieter Rucht, Hrsg. 2008. Die sozialen Bewegungen in Deutschland seit 1945. Ein Handbuch. Frankfurt/New York: Campus.
Rottenburg, Richard. 2002. Weit hergeholte Fakten. Eine Parabel der Entwicklungshilfe. Stuttgart: Lucius & Lucius.
Rucht, Dieter. 1994. Öffentlichkeit als Mobilisierungsfaktor für soziale Bewegungen. In Öffentlichkeit, Öffentliche Meinung, Soziale Bewegungen (Sonderheft 34 der KZfSS), Hrsg. Friedhelm Neidhardt, 337–358. Opladen: Westdeutscher Verlag.
Runciman, W. G. 1969. Social Science and Political Theory. Cambridge: Cambridge University Press.
Russell, Bertrand. 1938. Power. A New Social Analysis. London: Allen & Unwin.
Sahlins, Marshall D. 1963. Poor man, rich man, big-man, chief: political types in Melanesia and Polynesia. Comparative Studies in Society and History 5:285–303.
Sarcinelli, Ulrich. 2011. Politische Kommunikation in Deutschland. Medien und Politikvermittlung im demokratischen System. 3. Aufl. Wiesbaden: VS Verlag für Sozialwissenschaften.
Sartori, Giovanni. 1969. From the sociology of politics to political sociology. Government and Opposition 4:195–214.
Scharpf, Fritz. 1973. Komplexität als Schranke der politischen Planung. In Planung als politischer Prozeß, 73–113. Frankfurt/Main: Suhrkamp.
Schelling, Thomas C. 1966. Arms and Influence. New Haven: Yale University Press.
Schlesinger, Joseph A. 1984. On the theory of party organization. The Journal of Politics 46:369–400.
Schmitt-Beck, Rüdiger. 1990. Über die Bedeutung der Massenmedien für soziale Bewegungen. Kölner Zeitschrift für Soziologie und Sozialpsychologie 42:642–662.
Schoen, Harald. 2009. Wahlsoziologie. In Politische Soziologie. Ein Studienbuch, Hrsg. Viktoria Kaina und Andrea Römmele, 181–208. Wiesbaden: VS Verlag für Sozialwissenschaften.
Schulz, Winfried. 1976. Die Konstruktion von Realität in den Nachrichtenmedien. Analyse der aktuellen Berichterstattung. Freiburg/München: Alber.
Schumpeter, Joseph A. 1950. Kapitalismus, Sozialismus und Demokratie. 2., erw. Aufl. Tübingen: Francke.
Schweiger, Wolfgang, und Klaus Beck, Hrsg. 2019. Handbuch Online-Kommunikation. 2. Aufl. Wiesbaden: VS Verlag für Sozialwissenschaften.
Scott, James C. 1969. Corruption, machine politics, and political change. American Political Science Review 63:1142–1158.
Service, Elman R. 1962. Primitive Social Organization: An Evolutionary Perspective. New York: Random House.
Shachar, Ayelet. 2009. The Birthright Lottery. Citizenship and Global Inequality. Cambridge, MA: Harvard University Press.
Shaw, Martin. 2000. Theory of the Global State. Globality as Unfinished Revolution. Cambridge: Cambridge University Press.
Simmel, Georg. 1958 [1908]. Soziologie. Untersuchungen über die Formen der Vergesellschaftung. 4. Aufl. Leipzig: Duncker & Humblot.
Siri, Jasmin. 2012. Parteien. Zur Soziologie einer politischen Form. Wiesbaden: VS Verlag für Sozialwissenschaften

Smelser, Neil. 1962. Theory of Collective Behavior. New York: Free Press.
Snow, David A., und Robert D. Benford. 1988. Ideology, frame resonance, and participant mobilization. International Social Movement Research 1:197–217.
Snow, David A., E. B. Rochford, Steven K. Worden und Robert D. Benford. 1986. Frame alignment processes, micromobilization, and movement participation. American Sociological Review 51:464–481.
Snow, David A., Sarah A. Soule, und Hanspeter Kriesi, Hrsg. 2004. The Blackwell Companion to Social Movements. Malden, MA: Blackwell.
Soysal, Yasemin Nuhoglu. 1994. Limits of Citizenship. Migrants and Postnational Membership in Europe. Chicago: University of Chicago.
Spencer, Herbert. 1877. The Principles of Sociology. 2nd. London & Edinburgh: Williams & Norgate.
Stammer, Otto. 1955. Politische Soziologie. In Soziologie, Hrsg. Arnold Gehlen und Helmut Schelsky, 277–333. Düsseldorf/Köln: Diederichs.
Stammer, Otto. 1965. Politische Soziologie und Demokratieforschung. Berlin: Duncker & Humblot.
Stammer, Otto, und Peter Weingart. 1972. Politische Soziologie, Bd. 14. München: Juventa.
Stark, Birgit, Melanie Magin und Pascal Jürgens. 2021. Maßlos überschätzt. Ein Überblick über theoretische Annahmen und empirische Befunde zu Filterblasen und Echokammern. In Digitaler Strukturwandel der Öffentlichkeit. Historische Verortung, Modelle und Konsequenzen, Hrsg. Mark Eisenegger, Marlis Prinzing, Patrik Ettinger und Roger Blum, 303–321. Wiesbaden: Springer VS.
Stein, Lorenz von. 1850. Geschichte der socialen Bewegung in Frankreich: von 1789 bis auf unsere Tage. Leipzig: Otto Wigand.
Stichweh, Rudolf. 1997. Inklusion/Exklusion, funktionale Differenzierung und die Theorie der Weltgesellschaft. Soziale Systeme 3:123–136.
Stichweh, Rudolf. 1998. Zur Theorie der politischen Inklusion. Berliner Journal für Soziologie 8:539–547.
Stichweh, Rudolf. 2005. Inklusion und Exklusion. Studien zur Gesellschaftstheorie. Bielefeld: transcript.
Stichweh, Rudolf. 2007. Dimensionen des Weltstaats im System der Weltpolitik. In Weltstaat und Weltstaatlichkeit. Beobachtungen globaler politischer Strukturbildung, Hrsg. Mathias Albert und Rudolf Stichweh, 25–36. Wiesbaden: VS Verlag für Sozialwissenschaften.
Stokes, Susan C. 2013. Political clientelism. In The Oxford Handbook of Political Science, Hrsg. Robert E. Goodin, 648–672. Oxford: Oxford University Press.
Tarrow, Sidney. 1998. Power in Movement. Social Movements and Contentious Politics. 2. Aufl. Cambridge: Cambridge University Press.
Tessler, Michael H., Michiel A. Bakker, Daniel Jarrett, Hannah Sheahan, Martin J. Chadwick, Raphael Koster, Georgina Evans, Lucy Campbell-Gillingham, Tantum Collins, David C. Parkes, Matthew Botvinick und Christopher Summerfield. 2024. AI can help humans find common ground in democratic deliberation. Science (New York, N.Y.) 386:eadq2852.
Tilly, Charles. 1979. Social Movements and National Politics. CRSO Working Paper 197. Ann Arbor, MI: Center for Research on Social Organization, University of Michigan.
Tilly, Charles. 1985. War making and state making as organized crime. In Bringing the State Back In: Strategies of Analysis in Current Research, Hrsg. Peter B. Evans, Dietrich Rueschemeyer und Theda Skocpol, 169–191. Cambridge: Cambridge University Press.
Tilly, Charles. 1992. Coercion, Capital, and European States, AD 990–1992. Cambridge, MA: Blackwell.
Tilly, Charles. 1993–1994. Social movements as historically specific clusters of political performances. Berkeley Journal of Sociology 38:1–30.

Toral, Guillermo. 2024. How patronage delivers. Political appointments, bureaucratic accountability, and service delivery in Brazil. American Journal of Political Science 68:797–815.

Törnberg, Petter. 2022. How digital media drive affective polarization through partisan sorting. Proceedings of the National Academy of Sciences 119:e2207159119.

Toulmin, Stephen. 1964. The complexity of scientific choice: a stocktaking. Minerva 2:343–359.

Trotha, Trutz von. 2009. Colonialism. In A Companion to Nineteenth-century Europe, 1789–1914, Hrsg. Stefan Berger, 432–447. Oxford: Wiley-Blackwell.

Tufekci, Zeynep. 2017. Twitter and Tear Gas. The Power and Fragility of Networked Protest. New Haven, CT: Yale University Press.

van Deth, Jan W. 2009. Politische Partizipation. In Politische Soziologie. Ein Studienbuch, Hrsg. Viktoria Kaina und Andrea Römmele, 141–161. Wiesbaden: VS Verlag für Sozialwissenschaften.

van Laer, Jeroen, und Peter van Aelst. 2010. Internet and social movement action repertoires. Information, Communication & Society 13:1146–1171.

Vosoughi, Soroush, Deb Roy und Sinan Aral. 2018. The spread of true and false news online. Science 359:1146–1151.

Waldmann, Peter. 2002. Der anomische Staat. Über Recht, öffentliche Sicherheit und Alltag in Lateinamerika. Opladen: Leske + Budrich.

Walker, Edward T., Andrew W. Martin und John D. McCarthy. 2008. Confronting the state, the corporation, and the academy: the influence of institutional targets on social movement repertoires. American Journal of Sociology 114:35–76.

Wallerstein, Immanuel. 1979. Dependence in an interdependent world. The limited possibilities of transformation within the capitalist world-economy. In The Capitalist World Economy, 66–94. Cambridge: Cambridge University Press.

Waters, Malcolm. 1995. Globalization. London/New York: Routledge.

Weaver, David H. 2007. Thoughts on agenda setting, framing, and priming. Journal of Communication 57:142–147.

Weber, Max. 1920. Die protestantische Ethik und der Geist des Kapitalismus (orig. 1904). In Gesammelte Aufsätze zur Religionssoziologie I, 17–206. Tübingen: J. C. B. Mohr (9. Aufl. 1988).

Weber, Max. 1968. Die Objektivität sozialwissenschaftlicher Erkenntnis (1904). In Gesammelte Aufsätze zur Wissenschaftslehre, 146–214. Tübingen: J. C. B. Mohr.

Weber, Max. 1971. Politik als Beruf (1919). In Gesammelte politische Schriften. 3. Aufl., 505–560. Tübingen: J. C. B. Mohr (Paul Siebeck).

Weber, Max. 1972. Wirtschaft und Gesellschaft. Grundriß der verstehenden Soziologie (orig. 1921/22). 5. Aufl. Tübingen: J. C. B. Mohr (Paul Siebeck).

Weber, Max. 1985. Wissenschaft als Beruf (1919). In Gesammelte Aufsätze zur Wissenschaftslehre. 6. Aufl., 582–613. Tübingen: J. C. B. Mohr (Paul Siebeck).

Wendt, Alexander. 2003. Why a world state is inevitable. European Journal of International Relations 9:491–542.

Wenzlhuemer, Roland. 2013. Connecting the Nineteenth-Century World: The Telegraph and Globalization. Cambridge: Cambridge University Press.

Westheuser, Linus. 2022. This is not America: Politische Polarisierung in Deutschland als Schimäre. Forschungsjournal Soziale Bewegungen 35:422–427.

Wimmer, Andreas, und Yuval Feinstein. 2010. The rise of the nation-state across the world, 1816 to 2001. American Sociological Review 75:764–790.

Wimmer, Andreas, und Brian Min. 2006. From empire to nation-state: explaining wars in the modern world, 1816–2001. American Sociological Review 71:867–897.

Wimmer, Hannes. 1996. Evolution der Politik. Von der Stammesgesellschaft zur modernen Demokratie. Wien: WUV-Universitätsverlag

Winseck, Dwayne Roy, und Robert M. Pike. 2007. Communication and Empire. Media, Markets, and Globalization, 1860–1930. Durham, NC: Duke University Press.

Winter, Thomas von, und Ulrich Willems, Hrsg. 2007. Interessenverbände in Deutschland. Wiesbaden: VS Verlag für Sozialwissenschaften.

Wirth, Albrecht. 1906. Der Weltverkehr. Frankfurt/Main: Literarische Anstalt Rütten & Loening.

Yearley, Steven. 1992. The Green Case. A Sociology of Environmental Issues, Arguments and Politics. London: Routledge.

Young, Iris Marion. 1990. Justice and the Politics of Difference. Princeton, NJ: Princeton University Press.

Sachregister

Die Angaben verweisen auf die Seitenzahlen des Buches.

A

Agenda-Setting 132
Algorithmen 126–130
Aufklärung 121
Aufklärungsphilosophie 122
Ausdifferenzierung 36, 41–45, 51, 52, 61, 68, 80, 81, 169
- Horizontal 42–45, 81
- vertikale 43, 44
Autonomie 45, 51, 59, 60, 82, 170, 171

B

Big Man 38, 39, 49
Bumerang-Modell 163
Bürokratie 53, 145

C

cleavage structures 89

D

Demokratie 16, 17, 45, 64, 73, 74, 77, 80, 94, 98, 100, 123, 137, 139, 140, 152, 153, 170
Denationalisierung 157
Differenzierungsformen 41, 42, 164
- funktionale 42, 67–69, 91, 164
- segmentäre 36–40, 42, 43, 149, 164–166
- stratifikatorische 42–44, 164–166

E

Echokammern 127
Entkopplung 78, 81, 83, 84, 145
Entscheidungen 35, 36, 43, 44, 48–50, 52–58, 77–80, 83, 88, 98, 99, 107, 116–119, 131, 132, 165–167, 170
- kollektiv bindende 29, 35, 37, 43, 48–51, 53, 69, 73, 153, 167, 170
Entwicklungsländer 137, 141, 153
Evolution 19, 35, 36, 41, 45, 52

F

Fake News 126, 129
Fassadenmodernität 143
Filterblasen 127

Formalisierung 105
Formalismus 142, 144, 145, 153
Framing 111, 112, 115, 132
Freiheit 28, 65, 81, 87, 88, 92, 94
Funktion 47, 48, 50, 78, 117, 121, 123, 125, 130, 137, 145, 150, 166, 170, 171

G

Generalisierung 31, 61, 82, 134
Gewalt 19, 24–28, 33, 56, 78, 113–115
Gewaltenteilung 52
Gewaltentrennung 52, 53, 55
Global Governance 167
Globalisierung 20, 71, 90, 152, 155–160, 162, 163, 168
Grundrechte 64, 65, 71, 124

H

Herrschaft 19, 30–33, 36, 40–44, 50, 57, 59, 60, 63, 68, 73, 95, 106, 107, 119, 122–124, 140, 141, 156, 164
- Typen legitimer Herrschaft 32
Hierarchie 61, 96–98, 105, 171

I

informale Strukturen 97, 98
Inklusion 19, 63, 64, 66–71, 118, 146–148, 152, 153, 170
Internationalisierung 155, 160, 161, 163

K

Klientelismus 146, 148, 153
kollektives Handeln 49, 113
Kolonialismus 164
Kommunikationsmedien 30, 170
- symbolisch generalisierte Kommunikationsmedien 30
Konflikt 26, 27, 39, 41, 48–50, 61, 87, 88, 90, 94, 97, 106, 116, 121, 124, 125, 133, 149, 150, 153
Konsens 23, 48, 49, 53, 87, 97, 99, 124
Kontingenz 23, 49, 77

L

Legitimität 31, 32, 42, 44, 45, 53, 60, 61, 65, 107, 112, 146, 148
Leistungsorientierung 138, 139

M

Machtkreislauf 55, 56
Massenmedien 19, 47, 112, 115, 116, 119, 121, 124–126, 128, 131–134, 139, 151, 157–159
Migration 69, 70, 160
Modernisierung 68, 137–141, 153
Modernisierungstheorie 20, 137–142, 153

N

Nachrichtenfaktoren 115
Nation 106, 152, 166
Neopatrimonialismus 147
Netzwerke 77, 104, 105, 146–148, 158
neue soziale Bewegungen 103, 106–109, 119
Neutralisierung 123

O

Öffentlichkeit 19, 93, 95, 100, 106, 109, 115, 121–127, 129–132, 134, 137, 162
- liberale 123, 124
- Strukturwandel 123, 127
Oligarchie 94, 95
Opportunitätsstrukturen 110, 111
Organisationen 19, 25, 29, 36, 40, 51, 53, 56, 87, 90, 91, 93, 94, 96–100, 104, 105, 108, 117, 118, 142, 148, 150, 159, 161, 162, 165, 167
- formale Organisationen 19, 87, 94, 96, 100, 108
- internationale Organisationen 161, 165, 167
- NGOs 105, 162
- Nichtregierungsorganisationen 162

P

Parlament 52, 53, 55, 57, 92, 94, 121, 125
Parteien 53–56, 59, 60, 73–75, 78–80, 82, 83, 87–101, 105, 116, 117, 126, 145, 148, 149
- Parteidifferential 78–80
- Parteien als formale Organisationen 94, 96

Parteiensysteme 89, 90
- Einparteiensysteme 90
- Mehrparteiensysteme 90, 142
Partizipation 19, 73, 104, 108, 116, 126, 140, 148, 152, 153
Patriarchat 29
Plattformen 116, 126–130, 161
Polarisierung 126, 128, 129, 149, 151
Politik als Beruf (Max Weber) 50
politisches Feld 50, 51, 170
Populismus, populistische Bewegungen/Parteien 90, 129, 152, 153, 171
Postmaterialismus 107
Professionalisierung 100, 124, 134
Publikum 19, 53–56, 60, 61, 68, 75, 112, 116, 121, 123–126, 129, 132–135, 140, 142, 143, 146, 152–154

R

radikale Flanke 113, 114
rationale Wahl 84
Rationalität 19, 57, 61, 77–81, 84, 122, 123, 170, 172
Reich 40
- Empire 157, 160
- Imperium 156, 164
Rekrutierung 44, 81, 82
Ressourcenmobilisierung 111
Rolle

Leistungs- und Berufsrollen

Rollen 38, 40, 41, 44, 45, 47, 50, 51, 54, 55, 61, 80–83, 88, 94, 108, 123, 133, 169
- Fordern und Unterstützen 83
- Komplementärrollen 45
- Leistungs- und Berufsrollen 45, 50, 68, 81, 124, 147, 152
- Publikumsrollen 45, 53, 54, 68, 69, 153, 170
- Zuschauen 133, 134

S

Sanktionen 23–26, 28–30, 33
- negative 23–25, 28–30, 33
- positive 24
Social Media 126

Staat 26, 30, 35–37, 40, 41, 50, 53, 63, 71, 116–119, 122, 148, 162, 165–167, 169, 172
staatenlose Gesellschaften 36, 41
Staatlichkeit 20, 33, 40, 71, 160, 162, 167, 168
– Nationalstaat 40, 69, 71, 89, 142, 155, 157, 160–162, 167, 168, 171
– Rechtsstaat 32, 64, 65, 71, 137, 143, 152
– Weltstaat 155, 166, 167
Stammesgesellschaften 19, 36, 38, 39, 41, 42
strukturelle Kopplung 115

T
Transnationalisierung 155, 157–163

U
Ungleichheit 43, 65–67, 109, 141, 146, 147, 151, 165
Universalismus 67, 143, 145, 153

V
Verfassung 32, 52, 65, 88, 113, 118, 121, 124
Versäulung 84, 142, 149–151, 153
Verwaltung 40, 41, 44, 52–61, 83, 91, 92, 142–148, 164, 166

W
Wählerrolle 19, 80–83, 142, 146
Wahlforschung 73–77, 83, 84
Wahlparadoxon 80
Weltgesellschaft 155, 163, 164, 168
Werte 64, 87–89, 93, 94, 107
Wertkomplexität 88
Wohlfahrtsstaat 63, 64, 66, 67, 69, 71, 118

Z
Zentralisierung 33, 39–41, 89
Zwang 26, 27, 68
Zweck/Mittel-Verschiebung 98, 99

Bereits erschienen in der Reihe
STUDIENKURS SOZIOLOGIE

Zur Reihe im **Nomos**Shop:

Migrationssoziologie
Von PD Dr. Marina Liakova
2025, 230 Seiten, broschiert,
ISBN 978-3-8487-7997-0

Transnationalismus
Von Prof. Dr. Magdalena Nowicka
2., aktualisierte und erweiterte Auflage
2024, 186 Seiten, broschiert,
ISBN 978-3-7560-1316-6

Familiensoziologie
Von Prof. Dr. Michael Feldhaus und Dr. Monika Schlegel
2023, 222 Seiten, broschiert,
ISBN 978-3-8487-6069-5

Klassiker der Soziologie
Von Sen.-Prof. em. Dr. Maurizio Bach
2023, 144 Seiten, broschiert,
ISBN 978-3-7560-0506-2

Bereits erschienen in der Reihe STUDIENKURS SOZIOLOGIE

Bildungssoziologie
Von Prof. Dr. Janna Teltemann
2. Auflage 2022, 215 Seiten, broschiert,
ISBN 978-3-8487-7320-6

Umweltsoziologie
Von Prof. Dr. Cordula Kropp und
Dr. Marco Sonnberger
2021, 237 Seiten, broschiert,
ISBN 978-3-8487-5035-1

Politische Soziologie
Von Prof. Dr. Boris Holzer
2. Auflage 2020, 199 Seiten, broschiert,
ISBN 978-3-8487-6109-8

Öffentliche Soziologie
Von PD Dr. Oliver Neun
2019, 225 S., broschiert,
ISBN 978-3-8487-4758-0